本书为教育部、国家语委甲骨文等古文字研究与应用专项重点项目"北京大学藏秦、汉简牍文字、文本综合研究"（YWZ-J020）的阶段性成果之一

凯俤君子 民之父母

战国楚竹书中的君子与社会

杨博　著

九 州 出 版 社
JIUZHOUPRESS | 全国百佳图书出版单位

图书在版编目（CIP）数据

凯俤君子 民之父母：战国楚竹书中的君子与社会 / 杨博著. -- 北京：九州出版社，2020.7
ISBN 978-7-5108-9294-3

Ⅰ．①凯… Ⅱ．①杨… Ⅲ．①竹简文－研究－中国－战国时代②政治思想－研究－中国－战国时代－秦汉时代 Ⅳ．①K877.54②D092.3

中国版本图书馆CIP数据核字(2020)第126028号

凯俤君子 民之父母：战国楚竹书中的君子与社会

作　　者	杨博 著
责任编辑	古秋建
出版发行	九州出版社
地　　址	北京市西城区阜外大街甲 35 号（100037）
发行电话	（010）68992190/3/5/6
网　　址	www.jiuzhoupress.com
印　　刷	三河市九洲财鑫印刷有限公司
开　　本	710 毫米 ×1000 毫米　16 开
印　　张	19
字　　数	220 千字
版　　次	2021 年 5 月第 1 版
印　　次	2021 年 5 月第 1 次印刷
书　　号	ISBN 978-7-5108-9294-3
定　　价	89.00 元

序

《凯俤君子 民之父母：战国楚竹书中的君子与社会》一书，是杨博在其博士学位论文最后一部分"楚竹书于诸子学术与儒家政治思想研究之意义"的基础上修改增补而成的。2011 年，杨博在河北师范大学沈长云教授的指导下获得硕士学位后，到北京大学历史学系朱凤瀚教授门下攻读博士学位。2017 年 6 月，他博士后出站后进入历史所工作，与我建立了学术联系。两年多来，他不仅在《历史研究》《文物》《北京大学学报》《人民日报》等刊物上发表论文多篇，还承担了国家社科基金青年项目和国家语委甲骨文等古文字研究与应用专项重点项目，继《战国楚竹书史学价值探研》于 2019 年 3 月由上海古籍出版社出版后，这本专著将由九州出版社推出，我衷心为他取得的这些成绩感到高兴。

他的博士学位论文《战国楚竹书史学价值探研》是从史学研究的角度，论述出土的战国楚简中的典籍类文献（通称为"楚竹书"）所蕴含的史学价值，其中一个很重要的部分就是"子"书等文献中所包含的反映先秦学术、思想史的内容。遗憾的是，《战国楚竹书史学价值探研》出版时，限于篇幅，这部分内容未能收入。然而楚竹书中"子"书类文献最为丰富，如何以其作为同时代的思想史素材，

1

勾勒战国时期学术发展轨迹，并从中钩沉出当时流行的政治思想史观念，应是一种史学的探讨。当然，这并非很容易的事情。

近年来，杨博从资料考释与具体论证两个方面，尤其注意利用近年来新公布的楚竹书、古文字与考古资料等对本书作了不少增补，同时关注近年来学界新的研究成果，从而使本书在学术思想方面更加深入，学术水平得到扎实提升。他首先由"思想与社会互动"这一着眼点入手，在楚竹书所见战国早期的社会与学术图景的基础上，以诸子学说、学派为重点，对楚竹书所反映之学术史的发展作了有深度的探讨，并提出了自己的见解；继而从"天人关系""人伦思想""治世思想"等方面对楚竹书中突出反映的儒家政治思想作了细致深入的剖析，力图说明其与战国社会之间的互动关系。

与上述讨论相呼应，本书取得的学术成绩及创新处，择其要者可以归纳为如下几点：

第一，在学术发展的纵向与共时两个层面，楚竹书填补了早期儒道学派发展、相互关系等诸多先秦诸子学术认识之断层。

以"子"书类文献为主的楚竹书，在学术发展的纵向上有助于我们更好地了解早期儒家的学术传播和学派传承谱系、早期道家的丰富理论形态及其与黄老道家的渊源，甚至提供了带有"鬼神不明"思想、反映墨家衰败期的文献。这些使我们对先秦学术发展、学说演变的认识更为深刻全面。在学术发展的共时性方面，楚竹书使我们既注意到子书"言公"的表现，又看到诸家互摄，改造别家典型概念以为己说张本的现象，还对先秦时期地域文化间交流的广度和深度有了更加深入的了解，特别是中原文化对楚文化的影响程度，超出了我们以往的认知。

第二，楚竹书所揭示的学派之间（如早期儒、道之间）与地域之间（如齐、楚之间）的交流、互摄现象，引起学界对学派判定标准问题的进一步讨论。

鉴于以《鬼神之明》为代表的楚竹书文献在判定学派性质上的矛盾与复杂情况，有学者对学派属性的判定持谨慎态度，这是非常有意义的。但是这种认识提出了新问题，即学者所建议的用"百家"或"某学"的新标准是否比"六家""九流十派"更加合适，更易为人接受。其实，汉人以"六家""九流十派"来判定学派属性是有着深刻的历史渊源与学术背景的，今后的研究仍不能忽视这一重要标准。

第三，通过从个体、家族到国家、天下的逻辑轨迹，楚竹书"君子"政治思想提供了"德治"思想的发展实例。

楚竹书中反映的"天人关系"体现着儒道对现实政治的共同关注，通过对"天人有分"的辨析，勾勒出君子应专注"修己"的逻辑理路。"天人关系"下，以人为主，"君子"以"爱"与"礼"的个体修养所表现的"孝""悌"等原则，均强调个体的德行修养及其对家族和社会所施加的影响。楚竹书对君子个体与家族伦理的终极关怀，仍然要回落到现实政治之道上来。楚竹书通过对个体成为"君子"的修养途径和"君子"修己的逻辑展现，构筑出"君子"政治思想的坚定基石，进而为家族乃至理想社会构筑完美人格。

第四，诸子政治思想在"致治"之目的上的统一，使诸子明了无论何种学说，如在"政治上无所用，其学必不长久"。因此，作者认为，探析楚竹书诸文本中所体现的"君子"政治思想，是对楚竹书作史学研究的一个重要层面。

楚竹书中所体现的"君子"政治思想体系中，关于"政道"问题的论述，对现实政治的关怀表现得最为突出，其一方面承认"血统"在君位继承者选择标准上的优势地位，另一方面强调"德行"的作用，进而提出对君王个人德行的具体要求，以此来表达自己的政治理想。楚竹书中有关"君子"与"治世"问题的讨论，体现出德治为本的政治思想。楚竹书中对个体的强调、对君子修养以及君臣德行的要求显示出逻辑上的承继性，"为政以德"的德治思想通过这些层面的论述得以依次展开。楚竹书中关于"君子"修己、治人等的篇章展现了"君子"政治思想中修、齐、治、平这一传统"君子"精神在战国早期的逻辑发展轨迹。

第五，本书最引人注意的是，作者在结语部分对楚竹书"君子"思想与战国秦汉社会之间的互动进行了专门讨论。作者特别提出，由楚竹书这一横断面体现的某种以德治教化为核心观念的政治思想结构，和讲求"君人南面之术"的黄老道家之学的渊源与相互运作，对历史的纵深产生了深远的影响。这一观点显示出作者较宏阔的历史视野。

本书所阐述的从西周经春秋到战国，"君子"概念由"享有高贵的政治地位"，"同时也被要求承担有某种与地位相当的、与生俱来的责任"，转变为"道德修养的楷模"，从而"成为构筑理想社会的坚定基石"，是精彩而深刻的。"君子"概念内涵的这一转变，与春秋战国时期的社会转型是密不可分的。我的同仁刘源教授曾提出，商代、西周和春秋是"贵族社会"，战国是"官僚社会"。我是很赞成的，并将之进一步表述为：商代、西周、春秋是"宗子贵族社会"，从战国开始进入"地主官僚社会"。从春秋战国政治思想与社会互动的角度来看，"君子"概念内涵的转变与从"宗子贵族社会"向"地主官僚社会"的演变是相辅相成的。杨博博士的研究，打通了思想史与社会史的关联，是难能可贵的。类似的学术梳理和学术创新，散见于本书各章节、各论题之中，限于篇幅，这里不再一一列举了。

本书的特点和长处，就是资料非常丰富、多学科研究方法有机结合。本书对楚竹书等出土文献和传世文献的搜集是全面系统的，对这些资料的分析是细致透彻的，对楚竹书的相关研究是融会贯通的。这些都显示出本书作者用力甚勤，本书堪称一部有学术创新的力作。

最后，我衷心祝愿杨博在这一领域不断耕耘，继续深入，有新的不同凡响的成果问世。

王震中

2020 年 1 月 1 日

目 录

绪论　本书研究主旨与楚竹书文献概述

一、君子：构筑政治理想社会的坚实基石

君子，在今天是品德高絜、情趣高雅的人格象征，但其概念内涵在先秦时期经历了一个发展演变的过程。"君子"一词在传世文献中最早出现于《尚书·无逸》。其文曰："君子所，其无逸。"孔颖达疏引郑玄曰："君子，止谓在官长者。"殷墟卜辞中，"君""子"虽各数见，但未有"君子"连称者。《尚书》中的"君子"，《无逸》之外，《酒诰》《召诰》中亦各出现一次。《无逸》《酒诰》《召诰》均为"周书"，可视作反映西周早期历史之"同时代的文献史料"。[①]《周易》卦爻辞中，"君子"凡 20 见。据学者统计，《诗经》中 179 次提到"君子"一词，[②]其中，《国风》53 次，《小雅》95 次，《大雅》28次。《君子阳阳》等标题带"君子"者 3 次。[③]值得留意的是，《周书》《周易》卦爻辞与《诗经》的大部分篇章均是西周时期成篇的，特别是《无逸》《酒诰》《召诰》与《周易》卦爻辞，更是反映了周

---

① 朱凤瀚、徐勇：《先秦史研究概要》，天津教育出版社，1996，第 41—42 页。

② 林义正：《孔子的"君子"概念》，《台湾大学文史哲学报》1984 年第 33 期。

③ 袁宝泉、陈智贤：《谈〈诗经〉中的"君子"》，载氏著《诗经探微》，花城出版社，1987，第 228 页。

初的历史与社会现实，^① 故而"君子"一词应产生于西周初年。

由于"君子"由"君""子"二字相合而成，故西周至春秋时期的"君子"常被视为"君之子"的简称，指有地位或出身高贵的人。俞樾《群经评议》云："古书言君子小人大都以位言，汉世师说如此；后儒专以人品言君子小人，非古义也。"^② 朱东润先生在比较了《诗经》语词后提出："君子二字，可以上赅天子、诸侯，下赅卿、大夫、士，殆为统治阶级之通称。"^③ 屈万里先生指出："《诗经》中之君子，多指有官爵者言，与后世专指品德高尚之人言者，异。"^④ 萧公权先生认为："惟《诗》《书》君子殆悉指社会之地位，而不指个人之品性，即或间指品性，亦兼地位言之，离地位而专指品性者，绝未之见。"^⑤ 可知，春秋之前，"君子"主要指"有位者"，尚未具备"有德者"的内涵。

究其原因在于，西周至春秋时期，出身高贵者在文化教育方面也居于垄断地位，而接受教育是"君子"才有的权利。就西周早期的"君子"而言，他们不仅享有高贵的政治地位，也是礼乐文化的代言人。所谓"礼不下庶人"，在很大程度上表明早期的"君子"专指出身高贵的人。

需要指出的是，"君子"并不仅限于身份地位的含义。《周易》卦爻辞中的"利""咎""悔""吉"等与"君子"连用，表示的是"君子"不同行为产生的结果。《乾卦》九三爻辞："君子终日乾乾，夕

---

① 朱凤瀚、徐勇：《先秦史研究概要》，天津教育出版社，1996，第41—44页。
② [清]俞樾：《群经评议》，《续修四库全书·经部·群经总义类》，上海古籍出版社，1996，第491页。
③ 朱东润：《国风出于民间论质疑》，载氏著：《诗三百篇探故》，上海古籍出版社，1981，第1—46页。
④ 屈万里：《诗经诠释》，（台北）联经出版事业股份有限公司，1983，第4页。
⑤ 萧公权：《中国政治思想史》，（台北）联经出版事业股份有限公司，1982，第68页。

惕若，厉无咎。"高亨先生解释道："君子日则黾勉，夕则惕惧，虽处危境，亦可无咎。"①《乾卦》象辞"天行健，君子以自强不息"，更成为彰显君子精神的至理名言。《坤卦》卦辞"君子有攸往，先迷；后得主，利"，表达的是对君子某种行为的期许。② 由此可见，早期的"君子"并非只是身份地位的标志，同时也被要求承担有某种与地位相当的、与生俱来的责任。《尚书·无逸》中，周公通过将"君子"与"小人"对举，告诫成王不要耽于逸乐、荒废政务，"无逸"成为对于"君子"的高标准和严要求。"君子所其无逸"不再局限于劝诫和说教，被上升到"敬德保民"的理论高度。周公对君子"无逸""敬德"等的期许，与《周易》对君子"终日乾乾"的要求有相通之处。可见，周初的"君子"背负有某种责任和使命。春秋时期，"君子"的内涵日益复杂，其或是指"正是国人"，如《诗·曹风·鸤鸠》云："淑人君子，正是国人。"或是称颂"君子"的尊贵身份与美好德行，如"既见君子，为龙为光"；"既见君子，乐且有仪"；"淑人君子，其德不回"等。或是强调"君子"的治民身份，如"乐只君子，邦家之基"；"乐只君子，民之父母"；"岂弟君子，民之父母"。鉴于早期"君子"的具体含义千差万别，有学者将之归纳为五类，分别是国王或国君、诸侯、圣明贤达之人、宾客、妻子对丈夫的敬称。③ 也有学者将之归纳为三类，分别是尊称贵族统治者、尊称人格高尚的人、女子尊称恋人或丈夫。④

　　上述分类的不同，是由研究角度和分类标准的不同造成的。如

---

① 高亨：《周易古经今注（重订本）》，清华大学出版社，2010，第163页。

② 高亨：《周易古经今注（重订本）》，中华书局，1984，第165页。

③ 石群勇：《〈诗经〉君子观探析》，《船山学刊》2010年第2期。

④ 张宝林：《〈诗经〉君子考论》，载夏传才主编：《诗经研究丛刊（第二十四辑）》，学苑出版社，2013，第100—112页。

《诗经》中指代贵族统治者的"君子"，可以进一步细化为天子、诸侯、卿大夫等多种类型。大体而言，"君子"在《雅》《颂》中偏重于上层人物，在《国风》中多是女子对恋人或丈夫的称呼。《诗经》中不同的君子形象，是"君子"在不同场合下身份内涵的表现。无论是正面歌颂（美），还是反面讽谏（刺），均反映出周人对君子之德的向往和期待。再结合《周易》《尚书》等对君子"终日乾乾""无逸"等的要求，笔者基本可以认定，"君子"概念自产生之日起，就并非只是身份地位的标志，同时包含了"敬德""终日乾乾""无逸"等与其身份地位相应的要求和责任，是德位合一的混合体。[①]如"岂弟君子，民之父母"，孔颖达疏曰："以此设祭者，是乐易之君子，能有道德，为民之父母，上天爱其诚信，故歆飨之。然则为人君者，安可以不行道德，而作民父母？"即是此理。

以复兴"周道"为己任的孔子，对"君子"人格进行了根本性的改造，使"君子"与"小人"逐渐演变为"有德者"与"无德者"的称谓，"君子"由此成为一种理想的德行范式。如《礼记·曲礼上》："博闻强识而让，敦善行而不怠，谓之君子。"有学者统计，《论语》中"君子"出现了107处，其中，指身份地位者仅有12处，多数情况下都是和"小人"对举的。这就意味着，君子、小人已由等级身份向人格分层全面转折。[②]在君子人格的坐标上，孔子最为崇敬的是尧舜之类的圣人。如《公冶长》："子贡曰：如有博施于民而能济众，何如？可谓仁乎？子曰：何事于仁，必也圣乎。尧舜其犹病诸！"但是，圣人是可遇而不可求的。《述而》："子曰：圣人，吾不

---

① 杨凡：《观念与名分——以〈论语〉为中心试论孔子的君子思想》，硕士学位论文，清华大学人文学院，2016，第12—16页。

② 刘冬颖：《上博简〈民之父母〉与孔子的"君子"观念》，《古籍整理研究学刊》2004年第4期。

得而见之矣；得见君子者，斯可矣。"在孔子看来，得见君子尚且不易，行如君子更为不易，故《宪问》云："子曰：君子道者三，我无能焉：仁者不忧，知者不惑，勇者不惧。""我无能焉"固不无自谦之意，但显示出孔子不轻易以君子许人。孔子所称许为君子者，有名相子产。《公冶长》："子谓子产，有君子之道四焉：其行己也恭，其事上也敬，其养民也惠，其使民也义。"在孔子看来，"君子"虽然不及圣人，却是可以求得的人格典范。① 《左传·隐公元年》所述"郑伯克段于鄢"事之"君子曰"，杨伯峻注云："君子之称，或以德，或以位。"② 可知，春秋时期，"德"逐渐成为考量"君子"的重要标准。"君子"作为政治之理想人格，在荀子之思想中表现出强烈的精英治国或贤人政治的特色。③ 君子、小人作为一种德行分层，由对"人"的关心转变为构筑理想社会的坚定基石的历史进程，亦是值得重点关注的问题。

关于君子成为构筑理想社会的坚定基石的具体过程，学界据以研究的传世典籍，不外乎《论语》《孟子》等先秦诸子的著作。正如顾炎武所言："自《左传》之终以至此，凡一百三十三年，史文阙轶，考古者为之茫昧。"④ 由于文献阙如，"君子"思想在春秋末期至战国早期的发展脉络一直晦暗不明，"君子"由理想人格到"贤人政治"之间的缺环亦有待索解。幸赖地不爱宝，自 1942 年长沙子弹库楚帛书出土以来，楚国故地又陆续出土了大量的简牍帛书，其中既有思

---

① 胡发贵：《试论孔子君子人格的要义》，《江苏大学学报（社会科学版）》2016 年第 1 期。
② 杨伯峻：《春秋左传注（修订本）》，中华书局，2009，第 15 页。
③ 东方朔：《"无君子则天地不理"——荀子思想中作为政治之理想人格的君子》，《邯郸学院学报》2015 年第 4 期。
④ [清] 顾炎武撰，黄汝成集释：《日知录集释·周末风俗》，上海古籍出版社，2006，第 749 页。

想文化方面的珍贵典籍，又有对先秦史研究大有裨益的"书"类典籍、专门的史著。由于这批简牍帛书保留了古代典籍的原貌，成为通往古代世界的"时空锁钥"，为研究先秦学术史、思想史提供了新的实物资料。学界普遍认为，楚竹书所蕴含的史学价值主要体现在一些长期争议又难以解决的思想史问题的研究方面，如早期儒学，儒道关系，先秦道家史，黄老思想的形成与发展，《周易》经传，齐楚之间的文化交流，先秦学派划分，等等。①

　　值得重点关注的是，楚竹书中多次出现"君子"一词。关于其出现篇目与频次，请参见表0-1。

表0-1 "君子"一词在楚竹书中的出现情况

篇名	次数	篇名	次数	篇名	次数
郭店竹书《老子》	1	上博竹书《孔子诗论》	2	上博竹书《孔子见季桓子》	8
郭店竹书《太一生水》	1	上博竹书《缁衣》	13	上博竹书《颜渊问于孔子》	5
郭店竹书《缁衣》	16	上博竹书《性情论》	2	上博竹书《三德》	1
郭店竹书《穷达以时》	1	上博竹书《民之父母》	3	上博竹书《慎子曰恭俭》	1
郭店竹书《五行》	22	上博竹书《从政》	10	上博竹书《昭王毁室》	1
郭店竹书《忠信之道》	5	上博竹书《内豊》	10	上博竹书《曹沫之陈》	4
郭店竹书《成之闻之》	16	上博竹书《周易》	4	上博竹书《李颂》	1
郭店竹书《尊德义》	2	上博竹书《仲弓》	4	清华竹书《耆夜》	2
郭店竹书《性自命出》	3	上博竹书《季庚子问于孔子》	15	清华竹书《芮良夫毖》	6
郭店竹书《六德》	7	上博竹书《君子为礼》	1		
郭店竹书《语丛》（四）	1	上博竹书《弟子问》	5		

---

　　① 曹峰：《价值与局限：思想史视野下的出土文献研究》，载刘笑敢主编：《中国哲学与文化》第6辑《简帛文献与新启示》，广西师范大学出版社，2009，第74—76页。

春秋末期至战国早期，关于"君子"的论述主要出现在儒家文献中，其他学派的文献中也有出现，如道家的《老子》《太一生水》、法家的《慎子曰恭俭》等。可知，春秋末期至战国早期，"君子"已作为一种人格分层出现在诸家关于政治思想的论述中。有鉴于此，战国楚竹书为重新考索"君子"观念在春秋战国之际的历史演变轨迹，提供了宝贵的实物资料。

二、其他相关词语的解释

（一）简帛典籍

本书所讨论的"简帛典籍"，是中国古代书写于简牍或缣帛上典籍的简称，主要是指 20 世纪初迄今在中国出土的简帛书籍，所属年代为先秦至魏晋。因此，文书类简帛文献、非书籍的帛画等均不在本书的讨论范围之内。

（二）楚简帛典籍

学界通常将二十世纪四五十年代以来，在先秦楚国故地（今湖北、湖南及河南等地区）出土的、以战国楚文字书写的简牍帛书称作"楚简帛"。故本书所讨论的"楚简帛典籍"，就是指"楚简帛"中的典籍类文献。

（三）战国楚竹书

广义上是指在先秦楚国故地出土的所有战国中晚期简牍文字。狭义上是指特定的专书，如上海博物馆收藏的"战国楚竹书"。自汲冢竹书后，学界普遍将"竹书"中的"书"解读为狭义的书籍，专指《纪年》《易经》之类的著作，与《史记·老子韩非列传》所说的"申子、韩子皆著书"之"书"意义相同，与《汉书·艺文志》所列的"书"相类。① 因部分上博藏简的背面记有书的篇题（如《子羔》

---

① 杨泽生：《战国竹书研究》，中山大学出版社，2009，第 3 页。

《恒先》等），失去篇题的竹简所载内容也都是古籍，故马承源先生循晋人将魏墓中出土的记述史事的简册称作《竹书纪年》的旧例，将其称作《楚竹书》。① 按照现在的简帛文献分类方法，楚竹书中的楚简帛均可归入"典籍类简帛"，故用"战国楚竹书"来指代"楚简帛"中的典籍类文献，应不会造成歧义。有鉴于此，本书将"战国楚竹书"简称为"竹书"。如郭店竹书、上博竹书、清华竹书等。

三、楚竹书文献概说

笔者拟以发现时间为序，根据整理者意见，并在参考学界相关研究成果的基础上，② 将目前已知的楚竹书进行简要梳理，并对其形制、完残程度及内涵等作概括介绍。

（一）长沙子弹库楚帛书

楚帛书是我国近代以来，最早出土的、可称作简帛书籍的一批重要文献。1942 年 9 月，楚帛书被盗掘于湖南省长沙市东南郊子弹库的一座古墓，包括较完整的帛书一件和一些帛书残片。很长一段时期内，子弹库楚帛书都是仅指那件比较完整者而言，该幅长 38.7 厘米，宽 47 厘米。而蔡季襄的《晚周缯书考证》和商承祚的《战国楚帛书述略》都提及，与这件较完整者同出的，还有一批帛书残片。迄今为止，所知帛书残片（包括原件、照片及摹本的材料）共有 14

---

① 马承源：《战国楚竹书的发现保护和整理》，载氏著：《上海博物馆藏战国楚竹书（一）》，上海古籍出版社，2001，"前言"第 4 页。李学勤先生亦曾就信阳竹书发表过意见："这些书籍都是用竹简书写的。遣策虽表明战国有字竹简的形制，但它们还不是真正的书。"参见李学勤：《信阳楚墓中发现最早的战国竹书》，《光明日报》1957 年 11 月 27日，后收入氏著：《李学勤早期文集》，河北教育出版社，2008，第 69—70 页。可见，李先生也认为，"竹书"应指"典籍"。

② 关于楚竹书文献的情况简介，除参考整理者的情况简介、整理报告外，还参考了下列著作：胡平生、李天虹：《长江流域出土简牍与研究》，湖北教育出版社，2004。李均明、刘国忠、刘光胜、邬文玲：《当代中国简帛学研究（1949—2009）》，中国社会科学出版社，2011。限于篇幅，下文不再一一注明。

件，其中，朱丝栏者 7 件，乌丝栏者 6 件，无丝栏者 1 件。7 件朱丝栏者可能属于同一帛书，内容与占星术有关。6 件乌丝栏者可能属于另一帛书，只能推断出是一种与军事有关的占书。[①]1996 年，商志馫先生将商承祚先生珍藏的帛书残片赠予湖南博物馆。该残片最长处 4.6 厘米，最宽处 2.7 厘米，用朱丝栏界为 3 行，上存墨书 14 字。[②]那件比较完整的帛书与其他一些残片经辗转流传，现藏美国的赛克勒美术馆。李零先生目验，这些帛书残片大概有 4 种，也是占书。[③]

楚帛书属数术类文献，残片帛书原来的结构现已无法考证和知晓，那件比较完整的帛书的结构与后来发现的尹湾汉简《神龟占》《六甲占雨》《博局占》等数术类文献的结构相似，通过改变文字的常规行文习惯以配合图像，来表示特定的含义。帛书由两组图像和三部分文字组成，四角为青、赤、白、黑四色树枝图像。四周边有文字十二段，各段分别附十二月月神的图像。中间是两段书写方向相反的文字，其一十三行，其二八行，各段文字均又分为三节，末以朱色方框为记。全文共九百余字，内容丰富。多年来，国内外学者在不断对其进行文字辨识与释读的基础上，对其内容的认识也越来越深入。该帛书是一种类似《月令》的古代日月禁忌书，其所蕴含的古天文历法、数术、禁忌等方面的思想，有助于我们考察先秦时期的宇宙观与自然观。关于其文字释读及思想内容的考释成果，反映在《楚帛书诂林》《子弹库帛书》等著作中。[④]

---

① 李学勤：《试论长沙子弹库楚帛书残片》，《文物》1992 年第 11 期。

② 商志馫：《记商承祚教授藏长沙子弹库楚国残帛书》，《文物》1992 年第 11 期。

③ 李零：《楚帛书的再认识》，载氏著：《李零自选集》，广西师范大学出版社，1998，第 227—262 页。

④ 参见徐在国：《楚帛书诂林》，安徽大学出版社，2010。李零：《子弹库帛书》，文物出版社，2017。

（二）信阳长台关楚墓竹书佚篇

1956 年 3 月，河南省信阳市长台关镇小刘庄发现一座战国中期偏早的封君级贵族墓葬。① 该墓同出战国楚竹简两批，其中对话体短文的那批古书简出于墓葬前室。古书简共 119 枚，三道编绳，全部残断。

残存约 470 字，简宽 0.7—0.8 厘米，厚 0.10—0.15 厘米，长短不一，最长者 33 厘米。估计原简长 45 厘米，每简 30 字左右。1957 年，《文物参考资料》公布了两组图版，河南省文物考古研究所编的《信阳楚墓》、商承祚的《战国楚竹简汇编》收有竹简照片和释文考释。②

这组竹简中记载的周公与申狄徒的对话，学界起初认为与儒家有关。如史树青先生认为，从"贱人格上，则刑戮至""天子""卿大夫""君子""先王""三代"等词句来看，其可能是一篇春秋战国之际儒家阐发周公政治思想的著述。③ 中山大学古文字研究室以为，其内容与《太平御览》珍宝部《墨子》佚文"周公见申狄徒曰，贱人强气则罚至"相似。④ 随后，李学勤先生认为，"贱人"见于《墨子》，而罕见于其他典籍，"尚贤"同于墨子的主张，故这组竹简可能是《墨子》佚篇。⑤ 杨泽生先生认为，简文与佚文所记人物主客体地位不同，38 号简文及 3 号简文所记古代教学内容、年限，亦与

① 河南省文物考古研究所、信阳市文物工作队：《河南信阳长台关七号楚墓发掘简报》，《文物》2004 年第 3 期。

② 河南省文化局文物工作队：《我国考古史上的空前发现——信阳长台关发掘一座战国大墓》，《文物参考资料》1957 年第 9 期。河南省文物工作队编：《河南信阳楚墓图录》，河南人民出版社，1959。河南省文物考古研究所编：《信阳楚墓》，文物出版社，1986。商承祚主编：《战国楚竹简汇编》，齐鲁书社，1995。

③ 史树青：《信阳长台关出土竹书考》，《北京师范大学学报》1963 年第 4 期。

④ 中山大学古文字研究室楚简整理小组：《一篇浸透着奴隶主思想的反面教材——谈信阳长台关出土的竹书》，《文物参考资料》1976 年第 6 期。

⑤ 李学勤：《长台关竹简中的〈墨子〉佚篇》，载四川大学历史系编：《徐中舒先生九十寿辰纪念文集》，巴蜀书社，1990，第 1—8 页。

《礼记·内则》《大戴礼记·保傅》等篇相近，"贱人"、尚贤等内容在《荀子》中亦见，而"狄"的用语习惯不见于《墨子》，故再次肯定竹书属儒家作品。① 李零先生认为，佚篇可能是传本的发挥，或是传本的素材。古书多单篇行世，简文虽可能与今本《墨子》佚文有关，却并不一定属于墨子，或只是周公与申狄徒问对的一种。② 李锐等学者则从字体的角度入手，提出竹简字体最少分为两种，即楚文字和非楚文字，而楚文字竹简从内容上仍然可以分篇，其中一篇应该是儒家的作品，可能是子夏与孔子有关"君天下"问题的讨论。孔子以周公问申狄徒之语作答。申狄徒认为，治理天下应多用贱人中的贤者，周公壹然作色曰：'贱人格上，则刑戮至。"申狄徒反驳说，先王之法只是强调多用贤人，并无贵贱之别。周公感叹说，贱人中也有上贤。其下可能论及君子是如何养成的、君子之道如何高贵等。③

信阳竹书多为断简残篇且不能缀合，在竹书大部分内容难知的情况下，仅靠几支简很难判定其学派性质，但其与《墨子》书存在密切联系，是目前可以明确的。释文注释方面有：詹鄞鑫先生主编、苏杰先生纂辑的《楚简集释长编·信阳长台关楚简集释》；④ 刘国胜先生等在整理者释文的基础上，吸取李学勤先生、商承祚先生、中山大学古文字研究室等有关拼合、缀连的意见，对现藏河南省文物考古研究所的原简进行红外拍摄，重新作出释读与编联，⑤ 可资参考。

① 杨泽生：《长台关竹书的学派性质新探》，《文史》2001 年第 4 期。

② 李零：《简帛古书与学术源流（修订本）》，生活·读书·新知三联书店，2008，第 176 页。

③ 李锐、卢坤：《信阳长台关楚简索隐》，《华夏考古》2016 年第 3 期。

④ 詹鄞鑫主编，苏杰纂辑：《楚简集释长编·信阳长台关楚简集释》，教育部哲学社会科学重点研究基地重大项目"战国楚简集释长编"结项报告，2004。

⑤ 陈伟等：《楚地出土战国简册（十四种）·长台关 1 号墓简册》，经济科学出版社，2009，第 374—382 页。

（三）江陵九店《日书》及古佚书

1981 年 5 月至 1989 年底，湖北省博物馆江陵工作站在江陵县九店公社雨台大队发掘了东周墓葬 596 座。年代在战国晚期的两座墓葬——56 号墓和 621 号墓中出土有战国楚竹简两批。56 号墓出土竹简 146 枚，整理者分为 15 组，其中，第一组（简 1—简 12）讲衡量换算，第二组至第十五组（简 13— 简 146）属于选择时日吉凶的《日书》，相当一部分内容复见于《睡虎地秦墓竹简·日书》，说明秦简《日书》与之相对应的部分或来自楚人，或二者同源。九店《日书》是迄今为止发现的最早的选择时日吉凶的数术类著作。

621 号墓出土竹简 127 枚，全部折断，残存最长者 22 厘米。经整理后，有字残简 88 枚，其中，54 枚竹简的字迹漫漶不清，而从 34 枚可辨认的残文谈及烹饪术来看，其当是古佚书。李家浩先生认为，其或可能称之为《季子女训》。[①]

1984 年，《楚文化考古大事记》刊布了墓葬与竹简的相关情况。[②]1995 年，荆门博物馆编的《江陵九店东周墓》一书，对该墓葬出土竹简的情况作了全面说明。[③]2000 年，湖北省文物考古研究所与北京大学中文系合编的《九店楚墓》一书中，刊发了竹简照片和李家浩先生所作释文，另对《江陵九店东周墓》的竹简释文和排列顺序进行了一定的修正。释文方面，则有詹鄞鑫主编、赵平安等纂辑的《楚简集释长编·九店楚简集释》，可供参考。[④]2004 年，"楚

① 参见李家浩：《曾侯乙墓竹简释文与考释》，载湖北省文物考古研究所、北京大学中文系编：《九店楚简》，中华书局，2000，第 145 页。

② 楚文化研究会编：《楚文化考古大事记》，文物出版社，1984，第 131 页。

③ 荆门博物馆编：《江陵九店东周墓》，科学出版社，1995。

④ 詹鄞鑫主编，赵平安等纂辑：《楚简集释长编·九店楚简集释》，教育部哲学社会科学重点研究基地重大项目"战国楚简集释长编"结项报告，2004。

简综合整理与研究"项目课题组对现存湖北省博物馆的 56 号墓竹简与 621 号墓竹简进行了红外拍摄，并新释出 621 号墓的 3 枚简。李家浩先生、白于蓝先生等对释文及竹简的相关情况作有说明。[①] 此外，411 号墓也发现两枚竹简，目前仍未发表。

（四）慈利楚墓竹书

1987 年 5 月至 6 月，湖南省文物考古研究所、慈利县文物管理处在湖南省慈利县城关镇石板村发掘了一批战国、西汉墓葬。其中，时代属于战国中期前段的 36 号楚墓出土一批竹简。据统计，残简有 4371 枚，整理后竹简 1000 多枚，2.1 万多字。这批竹简原放置在竹笥中，最长者 36 厘米，短者不足 1 厘米，估计整简长 45 厘米。经辨认，共发现简头 817 个，头尾难辨者 27 枚。由于残损严重，已无法观察契口及编联情况。

整理者认为，由于不同竹简的书写风格不同，这批竹简应不是出自一人之手。简文内容属事语类典籍，以吴越史事为主，并附有议论。内容初看有两类：一是可与传世文献对勘的，如《国语·吴语》《逸周书·大武》等，但残损严重；二是或属《管子》《宁越子》等书的佚文。简本《逸周书·大武》有两种写本，一种字体方正，类似于古隶；一种结构随意，略显潦草。简本与今本在内容上也存在差异，如《四库备要》本开篇作"武有六制：政、攻、侵、伐、搏、战"。《北堂书钞》引《大武》之言曰"武有七制：一曰征，二曰攻，三曰侵，四曰伐，五曰阵，六曰战，七曰斗"。简本作"武有七制：征、攻、侵、伐、搏、战、斗"，与《北堂书钞》引文更为接近。今传本《大武》"四攻：一攻天时，二攻地宜，三攻人德，四攻

---

① 陈伟等：《楚地出土战国简册（十四种）·九店 621 号墓简册》，经济科学出版社，2009，第 301—337 页。

行利"，简本作"四攻兵利"，或可订正传本之讹。[①]

慈利简全文尚未发表，湖南省文物考古研究所、慈利县文物保护管理研究所发表的《湖南慈利石板村 36 号战国墓发掘简报》《湖南慈利县石板村战国墓》[②] 论文中均收有相关情况介绍和部分竹简照片，最新整理进展可参见张春龙先生的《慈利楚简概述》。就整理者已披露的简文来看，有对《大武》《吴语》进行的校读，[③] 有对竹简性质展开的讨论等。[④]

（五）郭店楚墓竹书

1993 年 10 月，荆门市博物馆在荆门市沙洋区四方乡郭店村楚国贵族墓地抢救性地发掘了郭店 1 号楚墓。该墓遭两次盗掘后，出土竹简 800 余枚，其中，有字竹简 726 枚，1.3 万多字。竹简长 15—32.4 厘米，宽 0.45—0.65 厘米，编绳 2—3 道。形制有两种，一种是简端平齐，一种是两端梯形。简文内容以儒、道学说为主。其中，儒家典籍计有 14 篇 11 种。根据简册形制，可大致分为四类：

一是《缁衣》《五行》《性自命出》《成之闻之》《尊德义》《六德》六篇，简长 32.5 厘米，简端梯形，编绳两道；

二是《穷达以时》《鲁穆公问子思》两篇，简长 26.4 厘米，简端梯形，编绳两道；

---

① 张春龙：《慈利楚简概述》，载［美］艾兰、邢文主编：《新出简帛研究——新出简帛国际学术研讨会论文集》，文物出版社，2004，第 4—11 页。

② 湖南省文物考古研究所、慈利县文物保护管理研究所：《湖南慈利石板村 36 号战国墓发掘简报》，《文物》1990 年第 10 期。湖南省文物考古研究所、慈利县文物保护管理研究所：《湖南慈利县石板村战国墓》，《考古学报》1995 年第 2 期。

③ 参见何有祖：《慈利楚简试读》，简帛网，2005 年 11 月 27 日。何有祖：《慈利竹书与今本〈吴语〉试勘》，简帛网，2005 年 12 月 26 日。肖毅：《慈利竹书〈国语·吴语〉初探》，简帛网，2005 年 12 月 30 日。王连龙：《慈利楚简〈大武〉校读六则》，《考古》2012 年第 3 期，等等。

④ 张铮：《湖南慈利出土楚简内容辨析》，《求索》2007 年第 6 期。夏德靠：《论慈利楚简的性质》，《凯里学院学报》2011 年第 2 期，等等。

三是《唐虞之道》《忠信之道》两篇，简长 28.1—28.3 厘米，简端平齐，编绳两道；

四是《语丛（一）（二）（三）》三篇，简长 15.1—17.7 厘米，简端平齐，编绳三道。

道家典籍有《老子》甲、乙、丙三篇和《太一生水》。其中，《老子》甲组 39 支简，简长 32.3 厘米；乙组 18 支简，简长 30.6 厘米，丙组与《太一生水》形制相同，简端平齐，简长 26.5 厘米，编绳两道。

关于竹简的年代，学界存在三种观点。第一，发掘者根据墓葬形制与器物特征具有战国中期偏晚的特点推断，郭店 1 号墓的下葬年代当在公元前 4 世纪中期至公元前 3 世纪初年。[①] 如崔仁义先生认为，郭店 1 号墓的入葬年代约当公元前 300 年。[②] 李学勤先生进一步指出，郭店 1 号墓的下葬年代约为公元前 4 世纪末，不会晚于公元前 300 年；墓中竹书的书写年代应早于墓的下葬年代，故其著作年代要更早，均在《孟子》成书之前。[③] 彭浩先生也指出，墓的下葬年代约在公元前 300 年，并不会迟于战国晚期。[④] 刘祖信先生、徐少华先生均赞同这一观点。[⑤] 第二，"白起拔郢后"说。王葆铉先生以为，战国晚期至末期，楚郢地区受秦文化的影响程度并没有学界设想的那么严重。他从思想史的角度推定，郭店 1 号墓的下葬年代有可能

---

① 荆门市博物馆：《荆门郭店一号楚墓》，《文物》1997 年第 7 期。

② 崔仁义：《荆门楚墓出土的〈老子〉初探》，《荆门社会科学》1997 年第 5 期。

③ 李学勤：《先秦儒家著作的重大发现》，载国际儒联学术委员会编：《中国哲学》第 20 辑《郭店楚简研究》，辽宁教育出版社，1999，第 13—15 页。李学勤：《郭店楚简与儒家经籍》，载国际儒联学术委员会编：《中国哲学》第 20 辑《郭店楚简研究》，辽宁教育出版社，1999，第 18 页。

④ 彭浩：《郭店一号墓的年代及相关问题》，载陈福滨主编：《本世纪出土思想文献与中国古典哲学研究论文集》，（台北）辅仁大学出版社，1999，第 361 页。

⑤ 刘祖信：《郭店一号墓概述》，载 [美] 艾兰、[英] 魏克彬编，邢文编译：《郭店〈老子〉：东西方学者的对话》，学苑出版社，2003，第 12—20 页。徐少华：《郭店一号楚墓年代析论》，《江汉考古》2005 年第 1 期。

较晚，其上限为公元前 278 年，下限为公元前 227 年。日本学者池田知久先生赞同这一观点。① 第三，公元前 299 年至公元前 278 年之间。李裕民先生认为，郭店楚墓器物与雨台山 6 期楚墓相似，从器物形制特征等方面来看，应在战国晚期前段，墓主人绝非陈良或环渊，有可能是楚太子横之师慎到。② 目前看来，与王葆铉先生、池田知久先生从思想史的角度所作的年代判断相比，考古学者以之对比包山楚墓的做法更为可靠。由于考古断代只能给出粗略的年代学范围，结合《五行》《鲁穆公问子思》等子思学派的著作判断，郭店竹书为孟子之前的学术典籍是较为可靠的说法。

关于墓主身份的讨论，主要是由墓中出土的带有刻铭的一件漆耳杯引发的。发掘者将这件漆耳杯释为"东宫之不（杯）"，李学勤先生改释为"东宫之帀（师）"。③ 从文字学的角度来看，李学勤先生的改释更加合理。关于"帀（师）"所代表的墓主身份，学界还没有形成统一的认识。依据墓葬规格、随葬品判断，墓主应是低级贵族，大概与"士"相当，生前喜爱收藏与研读典籍。

道家典籍：简本《老子》甲本、乙本、丙本的绝大部分文句均与今本《老子》相近或相同，但简本不分"德经""道经"，章次与今本也不尽相同。简本《老子》分见于今本《老子》的三十一章，其内容有的相当于今本该章，有的相当于今本该章的一部分。《太一生水》是一篇佚文。文中的"太一"就是先秦时期所称的"道"。内

---

① ［日］池田知久：《郭店楚简〈穷达以时〉研究》，载氏著：《池田知久简帛研究论集》，曹峰译，中华书局，2006，第 150—151 页。
② 李裕民：《郭店楚墓的年代与墓主新探》，《陕西师范大学学报（哲学社会科学版）》2000 年第 3 期。
③ 李学勤：《荆门郭店楚简中的〈子思子〉》，载国际儒联学术委员会编：《中国哲学》第 20 辑《郭店楚简研究》，辽宁教育出版社，1999，第 79 页。

容主要论述"太一"与天、地、四时、阴阳等的关系，是一篇十分重要的道家著作。

儒家典籍：《缁衣》《五行》。简本《缁衣》的内容与今本《礼记·缁衣》基本一致，但分章及章次差别较大，文字略有出入。简本《缁衣》无今本第一章和第十六章，简本第一章为今本第二章。与今本相比，简本的章次更加合理。《五行》为子思所作，德为仁、义、礼、智、圣，善为仁、义、礼、智，子思借助德与善的区别，实现心内身外、天人之道的贯通。简本《五行》与马王堆汉墓帛书《五行》经部大体相同，两篇著作又同出一墓中，表明当时思孟学说在楚地流传甚广。

《鲁穆公问子思》《穷达以时》抄写在形制相同的竹简上。《鲁穆公问子思》是一篇佚文，为子思弟子所作。鲁穆公问子思"可（何）女（如）而可胃（谓）忠臣"，子思在回答中阐发了对忠臣的理解。简本《穷达以时》的内容与《荀子·宥坐》《孔子家语·在厄》《韩诗外传》卷七和《说苑·杂言》等所载孔子困于陈蔡之间时，回答子路的一段话相似。

《唐虞之道》《忠信之道》两简的形制基本相同。前者赞扬尧舜的禅让，着重叙述尧舜的知命修身、仁义孝悌，与孟荀对禅让的态度有所不同。其中，有关舜的史事亦见于《史记·五帝本纪》等典籍。《忠信之道》对忠信的阐述是："至忠如土，化物而不伐；至信如时，毕至而不结。"简文最后总结道："忠，仁之实也。信，义之期也。"

《性自命出》《成之闻之》《尊德义》《六德》均抄写在形制相同的竹简上，字体亦相近。《性自命出》紧紧围绕"性自命出"这一议题展开论述，注重心术与性情，以天、命、性、情、道（礼）构建自身的理论体系，与上博竹书《性情论》的内容颇为相似。全文共 67 支简，其中 35 号简有钩号，其下半段空白，可知全文分为上、下两篇。《成之闻之》阐述的是儒家"君子"德行一类，既讲教化之道，又有圣人之性与中人之性的区别，将人间的社会秩序归为"天将太常"。

《尊德义》开篇曰"尊德义，明乎人伦（伦），可以为君"，全篇围绕这句话展开论述。《六德》全篇围绕"圣，智也；仁，宜（义）也；忠，信也"这"六德"展开论述，主张"夫夫、妇妇、父父、子子、君君、臣臣，六者客（各）行其职"，旨在为重建礼乐社会秩序张本。

《语丛》各篇都抄写在长度最短的那种竹简上，文句类似于格言，其体例与《说苑·谈丛》《淮南子·说林》相似。各篇原无篇题，篇题都是由整理者自拟的。①

1997 年，荆门市博物馆发表《荆门郭店一号楚墓》一文，公布了墓葬和竹简的一些情况。②1998 年 5 月，荆门市博物馆编的《郭店楚墓竹简》一书中收录有 730 枚竹简的照片和彭浩先生、刘祖信先生等所作的释文、注释以及裘锡圭先生所作的按语。③1998 年 10 月，崔仁义先生出版了《荆门郭店楚简〈老子〉研究》一书，该书收录有《老子》《太一生水》的照片及崔氏所作的释文、注释，其照

---

① 当然，篇题的拟定与简序编联也会存在问题，如《成之闻之》的首句"成之闻之曰：'古之用民者，求之于己为恒。'"这样看"成之"或"成"当作人名处理，但是这一编联，整篇有很多地方难以读通，郭沂先生即依据"闻之曰"的体例，重新编联，"成之"应为上句句末，整篇文字首句应为原第 8 号简"天降大常，以理人伦"，篇题也应称作《天降大常》。参见郭沂：《郭店楚简〈天降大常〉（〈成之闻之〉）篇疏证》，《孔子研究》1998 年第 3 期。李零先生在此基础上重新排序，并定篇题为"教"。参见李零：《郭店楚简校读记（增订本）》，中国人民大学出版社，2007，第 157 页。出于出土文献整理研究的惯例，本书篇题仍称作《成之闻之》。

② 荆门市博物馆：《荆门郭店一号楚墓》，《文物》1997 年第 7 期。

③ 荆门市博物馆编：《郭店楚墓竹简》，文物出版社，1998。

片与《郭店楚墓竹简》有别。①2002 年，龙永芳先生在《湖北荆门发现一枚遗漏的"郭店楚简"》一文中，披露了一枚先前未曾刊布的新简。② 郭店楚简的简文校释与相关研究情况，可参见李零先生的《郭店楚简校读记（增订本）》、③刘钊先生的《郭店楚简校释》④、詹鄞鑫先生的《楚简集释长编·郭店楚简集释》等。⑤2011 年，武汉大学简帛研究中心与荆门市博物馆合编的《楚地出土战国简册合集（一）》一书，吸纳海内外学者的研究成果，整理出版了郭店竹简，修订释文和注释，图版则采用《郭店楚墓竹简》中的照片，遗漏简及未公布的简背文字照片则由武汉大学简帛研究中心、荆门市博物馆协助拍摄。⑥2013 年，又发现属于《成之闻之》的 10 枚简与属于《尊德义》的 7 枚简，这 17 枚简的简背还有类似文字的内容。⑦此外，彭裕商先生、吴毅强先生合著的《郭店楚简老子集释》一书，在汇集

---

①　崔仁义：《荆门郭店楚简〈老子〉研究》，科学出版社，1998。另据《郭店楚墓竹简》前言，其工作所用照片由金陵、周光杰摄制，出版图版所用照片由郝勤建拍摄。

②　龙永芳：《湖北荆门发现一枚遗漏的"郭店楚简"》，《中国文物报》2002 年 5 月 3 日。该简从形制、字体、内容看，均与《语丛（三）》相合。

③　李零：《郭店楚简校读记（增订本）》，中国人民大学出版社，2007。

④　刘钊：《郭店楚简校释》，福建人民出版社，2005。

⑤　詹鄞鑫主编，刘信芳纂辑：《楚简集释长编·郭店楚简老子集释》；詹鄞鑫主编，刘信芳纂辑：《楚简集释长编·郭店楚简太一生水集释》；詹鄞鑫主编，章毅纂辑：《楚简集释长编·郭店楚简缁衣集释》；詹鄞鑫主编，赵平安纂辑：《楚简集释长编·郭店楚简鲁穆公问、穷达以时集释》；詹鄞鑫主编，詹鄞鑫等纂辑：《楚简集释长编·郭店楚简五行集释》；詹鄞鑫主编，黄爱梅纂辑：《楚简集释长编·郭店楚简唐虞之道集释》；詹鄞鑫主编，黄爱梅纂辑：《楚简集释长编·郭店楚简忠信之道集释》；詹鄞鑫主编，陈剑纂辑：《楚简集释长编·郭店楚简成之闻之、尊德义集释》；詹鄞鑫主编，沈培纂辑：《楚简集释长编·郭店楚简性自命出、六德集释》；詹鄞鑫主编，詹鄞鑫等纂辑：《楚简集释长编·郭店楚简语丛一至四集释》。上述著作皆作为教育部哲学社会科学重点研究基地重大项目"战国楚简集释长编"结项报告，于 2004 年出版。

⑥　武汉大学简帛研究中心、荆门市博物馆编：《楚地出土战国简册合集（一）：郭店楚墓竹书》，文物出版社，2011。

⑦　官琼梅：《郭店楚简背面新发现的字迹》，《中国文物报》2013 年 5 月 8 日。

旧说的同时，参以己见，对简本《老子》作出详细阐释和整理。[①]

（六）上海博物馆藏战国楚竹书

1994年5月，上海博物馆从香港文物市场收购一批被盗卖海外的出土竹简。同年秋冬之际，在香港古玩市场又发现了497枚同类竹简，香港的朱昌言先生、董慕节先生、顾小坤先生、陆宗麟先生、叶昌午先生等联合出资收购这批竹简后，将其捐赠给上海博物馆。这两批楚简的完残简共计1200余枚，简长23.8—57.2厘米，宽约0.6厘米，厚0.1—0.14厘米，共计3.5万余字。这两批楚简皆为古书，涉及80余种古籍，内容以儒道文献以及春秋战国故事为主。其中，有些文献可以和传世文献相互对照，如《缁衣》《周易》《孔子闲居》《武王践阼》《郑子家丧》《吴命》等；有些文献则属于先秦古佚书，如《孔子诗论》《性情论》《鲁邦大旱》《子羔》《彭祖》《恒先》《竞建内之》等。

由于这两批楚简并非考古发掘，故其真伪问题学术界一直未有定论。马承源先生断定其为真简，主要依据如下：

一是这两批楚简在日光下会很快碳化变成黑黄色，离开水环境后亦会很快变形。

二是据中国科学院上海原子核研究所回旋加速器质谱计实验室的检测可知，这两批竹简距今时间为2257±65年，书写用墨为明代以前。

三是这两批楚简文字的字体、书法和墨色与已出土的战国楚简文字一致，均属东土一系的六国文字。

四是这两批楚简中的很多内容不见于传世文献，故排除了造假之可能。[②]

---

① 彭裕商、吴毅强：《郭店楚简老子集释》，巴蜀书社，2011。
② 马承源主编：《上海博物馆藏战国楚竹书（一）》，上海书店出版社，2001，"前言"第1—4页。

　　由于没有墓葬及随葬品可资参照，学界由《缁衣》《性情论》等篇与郭店竹书内容相当推测，这两批楚简的出土地点与郭店不远，应属"楚国迁陈郢以前贵族墓中的随葬品"，[①] 可能是"盗墓者获知郭店一号墓出简的消息之后，在邻近地区的一个楚墓中盗掘出来的"。[②] 李零先生进一步推测其出土地点为荆门郭家岗墓地。[③]

　　2001 年至 2012 年间，《上海博物馆藏战国楚竹书》（一）至（九）陆续出版。[④] 在已公布的上博竹书中，儒家典籍为大宗。《孔子诗论》《鲁邦大旱》《子羔》同抄一卷。其中，《孔子诗论》为孔门学诗、传诗的记录，内容为"孔子"对《小苑》《文王之什》等 60 篇《诗经》作品的评论，与今本《毛诗》多有不同。《鲁邦大旱》共有完、残简 6 枚，残存 208 字，内容为鲁哀公就鲁邦大旱之事求教于孔子，孔子答以祭祷无济于事，以及孔子与子贡关于此事在民众中之影响的讨论。《子羔》共 14 支简，395 字，无完简。内容为孔子向子羔介绍尧、舜、禹、契、后稷等上古帝王的身世背景，与《大戴礼记·五帝德》《史记·五帝本纪》所载之五帝世系不一。关于五帝的事迹，

---

　　① 马承源主编：《上海博物馆藏战国楚竹书（一）》，上海书店出版社，2001，"前言"第 1—4 页。

　　② 裘锡圭：《新出土先秦文献与古史传说》，载氏著：《中国出土古文献十讲》，复旦大学出版社，2004，第 19 页。

　　③ 李零：《简帛古书与学术源流（修订本）》，生活·读书·新知三联书店，2008，第 114 页。

　　④ 马承源主编：《上海博物馆藏战国楚竹书（一）》上海古籍出版社，2001；《上海博物馆藏战国楚竹书（二）》，上海古籍出版社，2002；《上海博物馆藏战国楚竹书（三）》，上海古籍出版社，2003；《上海博物馆藏战国楚竹书（四）》，上海古籍出版社，2004；《上海博物馆藏战国楚竹书（五）》，上海古籍出版社，2005；《上海博物馆藏战国楚竹书（六）》，上海古籍出版社，2007；《上海博物馆藏战国楚竹书（七）》，上海古籍出版社，2008；《上海博物馆藏战国楚竹书（八）》，上海古籍出版社，2011；《上海博物馆藏战国楚竹书（九）》，上海古籍出版社，2012；等等。2019 年出版的《简帛（第 18 辑）》刊布了曹锦炎先生整理的《卉茅之外》的注释。参见曹锦炎：《上博竹书〈卉茅之外〉注释》，载武汉大学简帛研究中心主编：《简帛（第 18 辑）》，上海古籍出版社，2019，第 2—12 页。

则与传世文献并无太大差异。

《性情论》简长 57.2 厘米，可按文意排列者 40 支，完简 7 支，严重残损者 5 支，共计 1256 字。简文以"性"为核心，详细阐述了"性"与"命""情""道"的关系，章次与郭店竹书《性自命出》篇的前半部分大体一致，后半部分有所不同。《缁衣》存简 24 支，其中完简 8 支，共 978 字。全篇共有 23 章，各章均以"子曰"起首，章末字下以墨丁表示结束。今本第一章、第十六章和第十八章均不见于简本。由于其内容、章次与郭店竹书《缁衣》篇基本相同，故二者应属流传过程中的两个传本。《内豊》与《昔者君老》可合为一篇，其内容与《大戴礼记》中的《曾子立孝》《曾子事父母》有着密切的关联。

《孔子见季桓子》共 27 支简，554 字，不见于先秦典籍，是儒家的重要佚文。全篇以对话的形式，记载了孔子与季桓子关于"二道""兴鲁"的讨论，时间约在鲁定公五年至鲁定公十四年的十年间。《相邦之道》残存 4 简，107 字。原无篇题，整理者以其末简记孔子与子贡答问时涉及相邦之道，因以名篇。简文残缺，或可与其他篇章编联。[①] 全篇以"闻之曰"贯穿始终，其内容可与《论语》《礼记》等儒家文献进行对照。《季康子问于孔子》记载的是季康子以币迎孔子归鲁之事。全篇共 23 支简，完简长 38 厘米。原无篇题，整理者以篇首 7 字为题。全篇以问答的形式，阐述了孔子对兴鲁的看法。《子道饿》共 6 支简，121 字。残损颇多，残存最长者 44.1 厘米，最短者 8.3 厘米。原无篇题，整理者以篇首 3 字为题。记载的是孔子厄于陈蔡之间，绝粮数日之时，言游北上告急之事。《史蒥问于夫子》原无篇题，整理者以篇首 6 字为题。内容为史蒥就教辅齐国太子事

---

　　① 整理者以竹简长短不同，又分为甲、乙两篇。其中，甲篇 18 支，519 字；乙篇 6 支，140 字。经陈剑先生重新编联，两篇实为一篇。参见陈剑：《上博简〈子羔〉〈从政〉篇的竹简拼合与编联问题小议》，《文物》2003 年第 5 期。

请教于孔子，主要涉及世袭、八、敬等问题。

《君子为礼》《弟子问》《仲弓》《颜渊问于孔子》四篇，记载了孔子师徒之间的对话，其中，孔子与颜渊的对话见于今本《论语》。《君子为礼》共 41 支简，完简长 54.1 — 54.4 厘米。《民之父母》共 14 支简，397 字。原无篇题，整理者根据简文主题而定名。内容大体见于《礼记·孔子闲居》《孔子家语·论礼》等传世文献，为孔子与子夏关于"五至""三无""五起"的问答，对认识儒家道德观具有重要的参考价值，亦有助于厘清《礼记》《孔子家语》的真实面目。《武王践阼》存 15 支简，原无篇题。全篇以问答的形式，记述了师尚父授丹书与武王，武王铸铭器自诫之事。内容与《大戴礼记·武王践阼》篇相合，故名之。《天子建州》共有甲、乙两本，其中，甲本完整，存完、残简共 13 支，407 字；乙本存简 11 支。部分内容大体见于今本大戴《礼记》、小戴《礼记》和《荀子》。从其内容和篇章结构判断，似属"礼家杂记"。

《周易》共 58 支简，1806 字，是迄今为止所见到的《易经》的最早传本，保存今本《周易》34 卦的内容。尤其是其中一组前所未见的易学符号（亦称"红黑符号"），为我们认识先秦易学的真实面貌提供了全新的资料。《卜书》存完、残简共 10 枚。经李零先生细心编联、释读，全篇已大致复原。该篇记录了四位古龟卜家的对话，内容以卜居处和卜国事为主。简文的叙事顺序，一般是先讲兆象、兆色、兆名，再讲吉凶悔吝。李零先生指出，"这篇卜书是目前中国发现最早的卜书，可与褚少孙为《史记》所补之《龟策列传》相比较"；对研究早期卜法来说，其简文叙事形式、占卜术语均是不可多得的史料。[1] 竹书所涉卜法与出土文物（包括殷墟及周原甲骨、战

---

① 李零：《〈卜书〉释文考释》，载马承源主编：《上海博物馆藏战国楚竹书（九）》，上海古籍出版社，2012，第 291—302 页。

国楚卜筮祭祷简)、传世典籍(除《龟策列传》外,还包括《尚书》《左传》《国语》《周礼》等传世文献中的相关记载)^①之间的比较,是今后研究中值得注意的方向。

《逸诗》包括《交交鸣乌》《多薪》两篇,分别歌颂恺俤君子与兄弟之情。

整体而言,道家文献的数量远远少于儒家文献。《恒先》13支简,497字,完简长39.5厘米,是阐述道家宇宙论的珍贵佚文。其书体和《周易》相同,当为同一人所书。第三简简背有篇题"恒先"两字。"恒先"是指先天地而生,独立不改,周行不殆,为永远创造力的"道",与《老子》中的"道"异名而同实。《彭祖》存简8枚,强调唯有心地纯正、谦卑自修,才能"受命永长",是目前发现的最早的彭祖书。

其他诸子文献方面,《鬼神之明》主要讨论鬼神"有所明"与"有所不明"的问题。原无篇题,整理者根据简文主题而定名,并将其归属于《墨子》佚文。但墨子在《天志》《明鬼》中强调的是"鬼神之明必知之",与简文主旨不同。《曹沫之陈》共45支简,内容为鲁庄公与曹沫之间的问对。其中,前12支简论政,后33支简论兵,学界多将其归属于兵家文献。《慎子曰恭俭》共6支简,128字,第三简简背写有篇题"慎子曰恭俭",简长32厘米。因简文中提出的"恭俭以立身,坚强以立志""均分而广施"等思想,几乎不见于现存各种版本的《慎子》,故简文中的"慎子"与文献中的"慎子"是否为同一人,尚有待研究。《三德》含完简3枚,缀合而成的整简13枚,残简7枚。原无篇题,整理者根据简文主题而定名。主要阐述了天、地、人与刑德之关系,主张顺天之常,以合乎自然之道。

---

① 林志鹏:《读上博简第九册〈卜书〉札记》,简帛网,2013年3月11日。

此外，还有不少"语类"文献。这类文献除古史传说、三代故事外，还有春秋、战国故事，国别以楚、齐、吴、晋为主。《容成氏》共存残、完简 53 枚，2200 字，内容为上古帝王的传说，与《庄子·胠箧》有很多相似之处，主张禅让，鼓吹"三代以上，皆授贤不授子"。"禹分九州"之"九州"系统，与《尚书·禹贡》等传世文献存在出入。"文王平九邦"一事，邦名向所未闻，汉儒不能详其说，于此文可以得到补足。《融师有成氏》原无篇题，整理者根据篇首 5 字而定名。主要叙述了祝融师有成氏、蚩尤及伊尹的传说故事，并涉及夏商历史。《举治王天下》共有完、残简 35 支，连续抄写了《古公见太公望》《文王访之于尚父举治》《尧王天下》《舜王天下》《禹王天下》五文。前两文是古公、文王与太公望关于举治的问答，后三文是尧舜禹有关治国、治民的主张。

《成王既邦》共 16 支简，319 字。据整理者估计，完简长 45 厘米。原无篇题，整理者取篇首 4 字为题。记述了周成王在既邦的第二年，在镐京召见周公旦，并向他请教如何洁身自修。简文对于研究周公摄政时期的有关问题，具有重要的参考价值。

《成王为城濮之行》共 9 支简，被整理者分为甲、乙两本，起首完整，无结语。原无篇题，整理者以篇首句为题。内容为楚成王与子玉、子虘（蔑）、蒍贾和子文之事。《庄王既成》共 3 简半，93 字。简长约 33 厘米，皆为完简。第一简简背有篇题"庄王既成"。内容为庄王与子桱关于楚之后人如何保住霸主地位的讨论。《郑子家丧》凡甲、乙两本，各 7 支简，原无篇题。记载的是郑国大夫子家卒，楚庄王以子家"颠覆天下之礼"为由，出兵围郑，晋人救郑，晋楚战于两棠，晋人大败。相关内容可与《左传》《史记》等相互参照。《申公臣灵王》共 5 简半，117 字，原无篇题，是一篇完整的史籍。记载的是王子围与申公巫臣争夺王位，申公最后臣服之事。《灵王遂申》的 5 支简皆为完简，原无篇题，完整讲述了楚灵王攻灭申成公之事。

《平王问郑寿》的 7 支简皆为完简，共 173 字，原无篇题，简长约 33 厘米。主要内容为楚平王因国之祸败事而问于郑寿。《平王与王子木》的 5 支简皆为完简，原无篇题，简长 33 厘米。记载了楚平王命王子木至城父之事。有关事迹亦见于《史记·楚世家》《左传·昭公十九年》。《平王问郑寿》和《平王与王子木》应是连续抄写的两篇文章。《陈公治兵》共 20 支简，其中完简 9 支，原无篇题。起首完整，无结束语。记载的是楚平王命陈公相执事人整顿士卒之事。

《昭王毁室·昭王与龚之脽》共 10 支简，388 字。由《昭王毁室》《昭王与龚之脽》两篇文献合成。《昭王毁室》叙述了昭王因服丧者诉说亲人葬在宫殿台阶下，而将新建宫殿毁弃之事。《昭王与龚之脽》简文多残，略述楚昭王因吴军攻入郢都而出亡时，龚之脽为之驾车之事。《君人者何必安哉》凡甲、乙两本，各 9 支简，原无篇题。记述了范乘力谏昭王不可沉迷白玉之事，整理者以范乘醒君之言为题。《命》《王居》《志书乃言》三篇文献的形制、字体一致，皆为同一书手所抄，应编为一篇"王居"。①《邦人不称》现存 13 支简，共 358 字。记述的是老臣伯贞（又称"叶公"）为昭王、惠王间的两次国祸承担责任之事。

《柬大王泊旱》现存 23 支简，共 601 字，简长 24 厘米。原无篇题，整理者以全篇首句为题。"柬大王"即楚简王。记载的是楚简王病疥以及为楚邦大旱占卜事。

---

① 复旦吉大古文字专业研究生联合读书会：《上博八〈王居〉〈志书乃言〉校读》，复旦网，2011 年 7 月 17 日。陈剑：《〈上博（八）·王居〉复原》，复旦网，2011 年 7 月 19 日。[日] 浅野裕一：《上博楚简〈王居〉之复原与解释》，复旦网，2011 年 10 月 21 日。

《竞建内之》《鲍叔牙与隰朋之谏》两篇文献应合编为《鲍叔牙与隰朋之谏》。① 内容为鲍叔牙与隰朋借日食之机，劝诫齐桓公行善政，善待百姓。《竞公疟》残存 13 支简，共 489 字，缀合后推断原简应长约 55 厘米。记载的是齐景公病重，晏子直谏，使祝、史两位大夫免受杀身之祸之事。内容见于《晏子春秋》《左传》等传世文献。

《姑成家父》残、完简共 10 支，完简长 44.2 厘米。原无篇题，整理者以篇首 4 字为题。记载的是春秋中期，发生在晋国的"三郤之难"。内容可与《左传》《国语》互相参证。

《吴命》现存 9 支简，篇题书于第三简简背。全篇大致分为两章，第一章记述吴晋争霸期间，吴王率军北上到达陈国境内，晋国派使臣与吴国交涉，最终使吴军离开陈国。第二章为吴王派臣下告劳于周天子之辞，其文辞大致与传世本《国语·吴语》相同。

《用曰》共 20 支简，原无篇题。由"民之初生"起说，文中多警世之语。如"唇亡齿寒""莫众而迷"等。内容可分为两大类，一类是言"王事"，即为君王之道；一类是言"人事"，即为人臣之道。

《采风曲目》现存 6 支简，残损过甚。最长简为 56.1 厘米。内容为"宫、商、徵、羽"四种声名及其所属歌曲的篇目。记载了 40 首诗的篇名和演奏诗曲吟唱的各种音高。

《卉茅之外》上、下篇之间以墨丁为隔，又各有一段残文。前面的残文是书信。"卉茅之外""南有争艸"云云，皆是"所答""所托""渊思"的具体内容。曹锦炎先生指出："《艸茅之外》与其上、下的残文，原本属于同一件书信。作者以诗歌或韵文来覆函作答。"简文涉及不夺农时、少说多听、言行合一、天命鬼神等思想，内容

---

① 陈剑：《谈谈〈上博（五）〉的竹简分篇、拼合和编联问题》，简帛研究网，2006 年 2 月 19 日。李学勤：《试释楚简〈鲍叔牙与隰朋之谏〉》，《文物》2006 年第 9 期。

似可与《为吏之道》等传世周秦汉文献比较。① 此外，还有楚辞体文献《有皇将起》《李颂》《兰赋》《鹠》等。

　　香港中文大学文物馆收藏有战国楚简 10 枚，按照陈松长先生在《香港中文大学文物馆藏简牍》一书中的编号，饶宗颐先生指出，1 号简属上博《缁衣》，2 号简属《周易》。② 陈剑先生认为，3 号简"三年而画于膺，生乃呼曰"当属《子羔》。③ 李松儒先生从字迹角度判断，5 号简、6 号简、8 号简当属《季庚子问于孔子》。由此提出，香港中文大学文物馆购藏的 10 枚战国楚简和上博楚简是同一批东西。④

　　有关上博竹书的释文与编联情况，除前文所述外，还有关于上博竹书（一）至（九）的研究状况、文字整理，⑤ 关于上博竹书单篇

---

① 董珊：《上博简〈蚘茅之外〉的再理解》，微信公众号"先秦秦汉史"，2019 年 6 月 28 日。

② 饶宗颐：《缁衣零简》，载王元化主编：《学术集林》第 9 卷，上海远东出版社，1996，第 66—68 页。

③ 陈剑：《上博简〈子羔〉〈从政〉篇的竹简拼合与编联问题小议》，《文物》2003 年第 5 期。

④ 李松儒：《香港中文大学藏战国简的归属》，复旦网，2010 年 6 月 7 日。

⑤ 可参见张通海：《〈上博简〉（一、二）集释》，硕士学位论文，安徽大学文学院，2004。陈琼：《〈上海博物馆藏战国楚竹书（一）〉研究概况及文字编》，硕士学位论文，吉林大学文学院，2005。牛淑娟：《〈上海博物馆藏战国楚竹书（二）〉研究概况及文字编》，硕士学位论文，吉林大学文学院，2005。徐衍：《〈上博楚竹书（二）〉文字考释》，硕士学位论文，北京语言大学人文学院，2007。曲冰：《〈上海博物馆藏战国楚竹书（三）〉研究概况及文字编》，硕士学位论文，吉林大学文学院，2006。王凤：《上海博物馆藏战国楚竹书（三）的研究及文字整理》，硕士学位论文，东北师范大学文学院，2006。郭楠：《〈上海博物馆藏战国楚竹书〉（三、四）文字整理和研究》，硕士学位论文，北京语言大学人文学院，2009。于智博：《〈上海博物馆藏战国楚竹书（四）〉研究概况及文字编》，硕士学位论文，吉林大学文学院，2007。徐蕾：《上海博物馆藏战国楚竹书（四）的研究及文字整理》，硕士学位论文，东北师范大学文学院，2006。钟明：《〈上海博物馆藏战国楚竹书（五）〉研究概况及文字编》，硕士学位论文，吉林大学文学院，2007。郭蕾蕾：《〈上海博物馆藏战国楚竹书（六）〉研究概况及文字编》，硕士学位论文，吉林大学文学院，2008。雷金方：《〈上海博物馆藏战国楚竹书（七）〉文字编》，硕士学位论文，安徽大学文学院，2010。韩义刚：《〈上海博物馆藏战国楚竹书（七）〉研究概况及文字编》，硕士学位论文，吉林大学文学院，2011，等等。

文本集释的学位论文，[①]复旦读书会、复旦吉大古文字专业研究生联合读书会关于上博竹书诸篇的校读，[②]等等。陈剑先生的《战国竹书论集》一书，汇集了其在战国竹书方面的研究成果，对学界大有裨益。[③]此外，简背划痕、墨线等在简序编联方面的作用也逐渐引起学界的重视。[④]

（七）清华大学藏战国竹书

2008 年 7 月，清华大学校友赵伟国向清华大学捐赠了一批从香港文物市场抢救回来的战国竹简。据统计，这批战国竹简共包含完、残简 2500 余枚，其中整简约 1800 枚。[⑤]清华竹书的形制多有不同，一部分简简背有篇题。最长的简 46 厘米，最短的简仅 10 厘米。较长的简有三道编绳，部分契口和编绳残余清晰可见。有些简有朱丝栏，有些简有编次序号，为编联提供了方便。

由于清华竹书并非经过考古发掘，其真伪问题学术界一直未有

---

① 可参见张新俊：《上博楚简文字研究》，博士学位论文，吉林大学古籍研究所，2005。单育辰：《〈曹沫之陈〉文本集释及相关问题研究》，硕士学位论文，吉林大学古籍研究所，2007。朱艳芬：《〈竞建内之〉与〈鲍叔牙与隰朋之谏〉集释》，硕士学位论文，吉林大学古籍研究所，2008。孟岩：《〈姑成家父〉文本集释及相关问题研究》，硕士学位论文，吉林大学古籍研究所，2009。白海燕：《〈季庚子问于孔子〉集释》，硕士学位论文，吉林大学古籍研究所，2009。李丹丹：《〈季庚子问于孔子〉文本集释及相关问题研究》，硕士学位论文，哈尔滨师范大学文学院，2010。褚红轩：《上博七〈凡物流形〉文字释读研究》，硕士学位论文，西南大学汉语言文献研究所，2011，等等。

② 相关校读成果均发表在复旦大学出土文献与古文字研究中心网站上。

③ 陈剑：《战国竹书论集》，上海古籍出版社，2013。

④ 孙沛阳：《简册背划线初探》，载复旦大学出土文献与古文字研究中心编：《出土文献与古文字研究（第 4 辑）》，上海古籍出版社，2012，第 449—462 页。肖芸晓：《清华简简册制度考察》，硕士学位论文，武汉大学历史学院，2015。贾连翔：《战国竹书形制及相关问题研究——以清华大学藏战国竹简为中心》，中西书局，2015。

⑤ 参见李学勤：《清华简九篇综述》，《文物》2010 年第 5 期；《新整理清华简六种概述》，《文物》2012 年第 8 期；《有关春秋史事的清华简五种综述》，《文物》2016 年第 3 期，等等。

定论。①2008 年 10 月 14 日，清华大学邀请北京大学、复旦大学、吉林大学、武汉大学、中山大学、香港中文大学和国家文物局、中国文化遗产研究院、上海博物馆、荆州博物馆的 11 位顶尖学者对清华竹书进行鉴定。专家组鉴定认为："这批竹简内涵丰富，初步观察以书籍为主，其中有对探索中国历史和传统文化极为重要的经、史类著作，大多在已经发现的先秦竹简中是从未见过的，具有极高的学术价值。"②李学勤先生根据竹简形制和字体特征推断，清华竹书的年代在战国中晚期之际，即公元前 300 年上下。北京大学加速器质谱实验室、第四纪年代测定实验室等对清华竹书无字残片样品做了 AMS 碳 14 年代测定，经树轮校正的结果为公元前 305±30 年，与李学勤先生的推论相吻合。③

　　2010 年至 2019 年，清华大学出土文献研究与保护中心编的《清华大学藏战国竹简》壹册至玖册陆续在中西书局出版。就目前已公布的研究成果来看，清华竹书以"书"类、史著、"语"类和"子"类文献为主。④

---

① 如姜广辉先生即有《〈保训〉十疑》《"清华简"鉴定可能要经历一个长期过程——再谈对〈保训〉篇的疑问》等系列文章分别发表在 2009 年 5 月 4 日和 6 月 8 日的《光明日报》上。专就《保训》而言，张瀚墨先生指出，在《保训》真伪之争的辩论中，多有概念混淆、论证不清、阐说牵强的情况。同样的证据和材料放在不同语境下、使用不同的标准、从不同角度进行考察，常常得到不同的结论。在对涉及古史或古文献的某些问题进行争论时，正反双方的观点往往从一开始就被各自所持的对待古史或文献的信或疑的态度决定了，这就导致双方之间展开的辩论自始至终都没有共同的对话平台，也就达不到辨章学术以求真知的目的。参见张瀚墨：《新出文本与历史真实：王位继承语境下清华简〈保训〉篇解读及相关问题讨论》，《浙江大学学报（人文社会科学版）》2019 年第 2 期。
② 李学勤：清华简整理工作的第一年》，《清华大学学报（哲学社会科学版）》2009 年第 5 期。
③ 李学勤：《论清华简〈保训〉的几个问题》，《文物》2009 年第 6 期。
④ 相关探讨可参见拙作：《战国楚竹书史学价值探研》，上海古籍出版社，2019，第 38—114 页。

　　"书"类文献，《尹至》5 支简，简长 45 厘米，三道编绳。满简书写 29 — 32 字。原无篇题，整理者根据篇首"惟尹自夏徂亳，逯至在汤"句拟定。简背写有次序编号，文字保存较好。记载的是伊尹自夏至商，向汤陈说夏君虐政、民众疾苦的状况，以及天现异象时民众的意愿趋向。汤和伊尹盟誓，征伐不服，终于灭夏。简文内容可与《书·汤誓》、古本《竹书纪年》、《史记·殷本纪》等传世文献相互参看。简文的叙事模式及部分语句与《吕氏春秋·慎大》相似。《尹至》《尹诰》两篇的形制、字体相同，整理者通过观察简背痕迹，并参照《慎大》篇的叙事次第，将简文析为两篇。《尹诰》满简书写 31—34 字。原无篇题，整理者根据《礼记》与郭店竹书、上博竹书《缁衣》所引《尚书·咸有一德》拟名。简背写有次序编号。《尹诰》为《尚书》中的一篇，或称《咸有一德》。李学勤先生指出："据《尚书·尧典》孔颖达正义，西汉时曲阜孔壁发现的古文《尚书》里便有《咸有一德》，也就是《尹诰》，至汉末郑玄时业已佚失。"《史记·殷本纪》、传世本《尚书》及《书序》中也都称作《咸有一德》。简文与孔传本《咸有一德》全然不同，为考证古文《尚书》真伪提供了重要线索。

　　《傅说之命》三篇，简文长约 45 厘米，每篇最后一支简的简背均有篇题《尃（傅）敚（说）之命》，现分别题为《说命上》《说命中》《说命下》。《说命上》共 7 支简，《说命中》共 7 支简，《说命下》共 10 支简。简文记载了武丁与傅说的对话。《说命上》的体裁与《说命中》《说命下》有些差异。《说命上》主要讲述武丁命百工画像，在傅岩找到了正在筑城的傅说。傅说率军征伐（失）仲，获胜而不行杀戮，史称"赤（赦）俘之戎"。《说命中》记载的是傅说由傅岩来到商都殷，"武丁朝于门，内（入）在宗"，此下是武丁对傅说的命辞。《说命下》第 1 支简缺失，该篇是否与《说命中》连接，目前尚无定论。武丁的七段言辞，每段都冠以"王曰"，这是《说命中》所没有的，故可认为简文自成起讫。《说命下》的内容为武丁追述太戊的功绩。据《史记·殷本纪》记载，太甲之后，商朝国势渐衰，太戊时复兴，诸侯归之。简文中记载的武丁言论可与《史记》相互印证。①

《程寤》共 9 支简，简长 45 厘米，三道编绳。原无篇题，也没有次序编号。简文记载的是周文王之妻太姒梦见商庭生棘，太子发取周庭之梓，树之于阙间，梓化为松柏棫柞。该事件可能与周人艳称的"文王受命"有关。

最早披露的《保训》共 11 支简，简长 28.5 厘米，两道编绳。除第 2 支简上半残缺外，其他内容大体齐全。原无篇题及次序编号。简文顶头书写，简尾大都留一字的空白，每简字数 22 — 24 字。周文王透过舜和上甲微的故事，阐明了求中、得中、保中与"践天子位"的关系，勉励太子发像舜和上甲微一样，坚守"中"的精神。

《周武王有疾周公所自以代王之志（金縢）》共 14 支简，完简 45 厘米，三道编绳。简背写有次序编号。第 14 支简简背书有篇题"周武王有疾周公所自以代王之志"。简文内容与传世本《尚书·金縢》大致相合。整理者认为，"当系《金縢》篇的战国写本"，两者是明显的原始数据和修改后的"定稿"的关系。因简文不用《金縢》作为篇题，疑抄写者没有见过《书序》。

《皇门》共 13 支简，简长约 44.4 厘米，三道编绳，满简字数 39—42 字。简背写有次序编号。原无篇题，整理者以其内容与传世本

---

① 李学勤：《新整理清华简六种概述》，《文物》2012 年第 8 期。

《逸周书·皇门解》大同小异，故定名为《皇门》。内容为周公告诫群臣要以史为鉴，助王治国，是不可多得的周初政治文献。

《祭公之顾命（祭公）》共 21 支简，简长 44.4 厘米，三道编绳。每简字数 23 — 32 字。无次序编号，第 21 支简简背书有篇题"祭公之顾命"。记载的是祭公患病不瘳，临终前告诫前来请益的周穆王如何保守周王朝的基业。

《厚父》共 13 支简，简长约 44 厘米，篇题是原有的，简背写有次序编号。第 1 支简上下两端残缺。整理者认为，《厚父》之名虽不见于传世本《书序》，应是《尚书》的组成部分。简文的体裁为王与贤人厚父的问答。问政于厚父的王是商汤还是周武王，还有待研究。简文关于"天命""德""民"等的叙述，与传世本《周书》的思想颇为类似。特别突出的是，《厚父》强调"民心"的向背取决于"司民者"能否"好学明德"。这种富于哲学意味的思想，与儒家的性善论显有呼应之处。①

《封许之命》原由 9 支简组成，简长约 44 厘米，篇题是原有的，简背写有次序编号。虽然第 1 支简和第 4 支简缺失，但全篇基本格局未受太大的影响。简文系周成王册封"吕丁"于许的公文。受封的许国第一代国君名为"吕丁"，"吕丁"的受封过程，传世文献中没有详细记载。许慎在《说文·叙》中说："吕叔作藩，俾侯于许。""鄦（许）"字释文曰："炎帝太岳之胤，甫侯所封，在颍川。""甫"就是姜姓吕国。《左传·隐公十一年》正义引杜预之言曰："许，姜姓，与齐司祖，尧四岳伯夷之后也。周武王封其苗裔文叔于许。"据简文可知，"吕丁"在周文王时"司明刑"，后又"扞辅武

---

① 李学勤：《清华简〈厚父〉与〈孟子〉引〈书〉》，《深圳大学学报（人文社会科学版）》2015 年第 3 期。

王",并在伐纣战争中立有大功,成王时被封于许。在封许的典礼上,成王赏赐有苍珪、秬鬯、路车和四匹马。与《诗·崧高》所咏周宣王封申国,赐以"路车乘马"相同,体现出周礼的一贯性。①

《摄命》共 32 支简,简长 45 厘米,三道编绳,完简字数 28—34字,简背标有次序编号,原无篇题。简文详细记载了周王对伯摄的册命,对于丰富"书"类文献体系、匡补西周中期历史的阙遗等均有重要意义。李学勤先生将之与《书序》中的《冏命》相联系。整理者鉴于简文中缺少直接的证据,在正式公布的整理报告中兼采了或说。由册命对象"摄"在篇末称"伯摄",为嫡长,篇中称"王子",又有王曰"高奉乃身"等语,推测"摄"应为懿王太子夷王燮,周天子则为孝王辟方。

《命训》共 15 支简,三道编绳。各简均有不同程度的残缺,估计完简长约 49 厘米。除最后一支简外,其余各简的简背皆标有序号。原无篇题,因内容与《逸周书·命训》大致相合,当系《命训》的战国写本。简文对于我们复原《命训》篇的原貌、解读传世本《命训》等,均具有十分重要的意义。

史著类文献方面,《楚居》共 16 支简,简长约 47.5 厘米,完简字数 37 — 48 字。整理者以简文内容与《世本·居篇》相类,定名为《楚居》。主要记载了从楚人始祖季连到楚悼王共 23 位楚公、楚王的居处与迁徙。

《系年》共 138 支简,简文字迹清晰,仅有个别残损之处。全篇共分为 23 章,概述了从西周初年到战国前期的历史,其中有许多事件不见于传世文献,故或对传世本《左传》《国语》《史记》等具有

---

① 李学勤:《清华简再现〈尚书〉佚篇》,《中国教育报》2014 年 9 月 5 日。

重大的订正作用。朱凤瀚先生指出,《系年》记载了诸多周代重大问题,如周代设立"三监""共和执政"的确切含义、周平王东迁、秦人的源流等。① 关于该篇的文献性质,学界目前尚无定论,其并非《春秋》《左传》那样标准的编年史则是肯定的。②

《良臣》共 11 支简,简长约 32.8 厘米,经缀合后完整无缺,简背标有编号。原无篇题,整理者以其内容记述黄帝至春秋时期著名君主的良臣,试拟今题。简文通篇连贯书写,中间以粗黑横线分隔成 21 段。这 21 段所记君主依次是:黄帝、尧、舜、禹、汤、武丁、文王、武王、成王、晋文公、楚成王、楚昭王、齐桓公、吴王光、越王勾践、秦穆公、宋(襄公)、鲁哀公、郑桓公、郑定公、子产之师、子产之辅、楚共王。其中,"子产之师""子产之辅"两段文字是"郑定公"段的补充,"楚共王"一段似系后加。黄帝到西周时期按时代顺序编排,春秋时期按国别编排。简文所载唐虞到西周时期的部分良臣虽与《尚书》有关,但其活动时代与传统说法显然不同。③

"诗"类文献方面:《周公之琴舞》共 17 支简,简长 45 厘米,第 15 支简的上半残失。第 1 支简的简背写有篇题。简文由十首颂诗构成,以周公还政、成王嗣位为主要内容,结构与《大武》乐章相仿。该篇不仅是佚诗的发现,更是佚乐的发现,对于研讨古乐具有重要的参考价值。

《芮良夫毖》暂定为 28 支简,简长 44.7 厘米,后半部分残断严重。第 1 支简简背原写有篇题"周公之颂诗",或因与简文内容不符

---

① 张春海:《清华简〈系年〉或有助填补周代研究空白》,《中国社会科学报》2011 年 12 月 22 日。

② 李学勤:《由清华简〈系年〉论〈纪年〉的体例》,《深圳大学学报(人文社会科学版)》2012 年第 2 期。

③ 李学勤:《新整理清华简六种概述》,《文物》2012 年第 8 期。

而被刮削。该篇是刺讥时政的政治诗，分为相互联系的两章，分别冠以"曰""二启曰"。芮良夫，西周人，厉王大臣。据传，《诗·大雅·桑柔》是他讽谏厉王的作品。《桑柔》也是长诗，可与《芮良夫毖》相互参看。①

《耆夜》共14支简，简长45厘米，每简字数27—31字。各简简背标有次序编号，第14支简简背写有篇题。记载的是武王八年伐黎大胜之后，武王君臣在文王太室举行"饮至"典礼，饮酒作歌之事。

"语"类文献方面：《赤鹄之集汤之屋》共15支简，简长45厘米，第15支简简背下端写有篇题。记载的是汤射获一只赤鹄，令伊尹将之烹煮作羹，由此引发伊尹逃夏之事。简文内容与《楚辞·天问》"缘鹄饰玉，后帝是飨。何承谋夏桀，终以灭丧"有密切的关系。秦汉时期的"子"类文献中记载了许多伊尹的传说，《汉书·艺文志·诸子略》中著录有《伊尹说》27篇。《赤鹄之集汤之屋》的性质与《伊尹说》类似，并具有浓厚的巫术色彩。如汤诅咒伊尹，使他"寝于路，视而不能言"。夏后（桀）身患重病的原因是，"帝命二黄蛇与二白兔居后之寝室之栋，其下舍后疾，是使后（心）疾而不知人"。这些记载与楚人好信巫鬼的习俗有关，应是在楚地流传的伊尹传说。②《汤处于汤丘》共19支简，简长约44.4厘米，内容完整。原无篇题和编号。该篇的形制、字体与《汤在啻门》相同，且内容相关，故两篇文献应为同一抄手所写。《汤处于汤丘》中称，商汤娶妻有莘时所居之地为"汤丘"，从而为"汤始居亳"说提供了重要的证据支撑。《汤在啻门》共21支简，内容完整，简长约44.5厘米，三道绳编。记述了汤问小臣古先帝之良

---

① 李学勤：《新整理清华简六种概述》，《文物》2012年第8期。
② 李学勤：《新整理清华简六种概述》，《文物》2012年第8期。

言，小臣答以成人、成巛、成地、成天之道，较系统地阐释了战国时期的天人观。简文所论气与生命之关系，似与道家之行气养生有关。

《殷高宗问于三寿》原有 28 支简，现缺失一支半，简长 45 厘米，篇题写于第 28 支简简背。"三寿"分别指"少寿""中寿""彭祖"。其中，彭祖和楚人的祖先季连有一定的关系，故《殷高宗问于三寿》托名彭祖，可能不是偶然的。简文假托彭祖之口，阐述了恙（祥）、义、德、音、仁、圣、智、利等，与战国诸子之说相比，很有自己的特色，是一篇表述政治理想与道德范畴的文献。[①]

《虞夏殷周之治》共 3 支简，简长 41.5 厘米，三道编绳，完简字数 42 字，简背无篇题及编号。论述的是虞、夏、商、周四代礼乐由朴素逐渐走向奢华的过程，对于研究虞、夏、商、周四代的礼乐制度具有一定的文献价值。[②]

郑国史事三篇，即《郑武夫人规孺子》《郑文公问太伯》《子产》，简长 45 厘米，三道编绳，完简字数 31—35 字。简背无篇题及编号。其中，《郑武夫人规孺子》现存 19 支简，简背有划痕。记述的是郑武公去世后，郑武夫人武姜不允许被其称作"孺子"的嗣子知政，要求嗣子把政权交付大臣三年，由此引起大臣与嗣子的一系列反应。这一历史事件与"郑伯克段于鄢"并置姜氏于城颍有密切的关联。[③]《郑文公问太伯》甲本存简 14 支，乙本原系 13 支。与上博竹书之甲、乙本不同的是，该篇为同一抄手所书，但抄写的是两个底本。简文

① 李学勤：《新整理清华简六种概述》，《文物》2012 年第 8 期。

② 石小力：《清华简〈虞夏殷周之治〉与上古礼乐制度》，《清华大学学报（哲学社会科学版）》2018 年第 5 期。

③ 李守奎：《〈郑武夫人规孺子〉中的丧礼用语与相关的礼制问题》，《中国史研究》2016 年第 1 期。

记载了太伯对郑文公的临终告诫。最具史料价值的是，太伯历数了郑国开国后的三代君主——桓公、武公、庄公开疆拓土的史事，以及昭公、厉公争立，导致郑国动荡衰落的情势。① 《子产》现存简 29 支，阐述了子产的道德修养与施政成绩。简文关于子产参照夏商周"三邦之令""三邦之刑"制定"郑令""野令""郑刑""野刑"的记载，足以印证和弥补《左传》中子产作刑书的相关记载。

《管仲》现存简 30 支，简长 44.5 厘米，三道编绳，完简字数 34 字，简背无篇题及编号。记载了齐桓公与管仲之间的十二组问答，这些问答前后连贯，系统阐述了管子的治国之道。该篇虽然不见于传世本《管子》，但由若干仅见于《管子》一书中的词语来看，简文同传世本《管子》的个别篇章存在一定的关系。

《子仪》现存简 20 支，简长 41.5 厘米，三道编绳，完简字数 34 字。简背无篇题和编号。记载的是崤之战后，秦穆公为了联合楚国对抗晋国，将长期囚禁在秦国的楚国重臣申公斗克（字子仪，简文作"子义"）释放回国之事。②

晋国史事三篇，即《子犯子余》《晋文公入于晋》《赵简子》。《子犯子余》现存简 15 支，简长 45 厘米，三道编绳，完简字数 41—42 字，首简简背写有篇题。简文补充了子犯、子余在秦穆公助重耳回国之事中所起的重要作用。③ 《晋文公入于晋》凡 8 支简，其形制与《子犯子余》相同。叙述晋文公自秦返国后，整顿内政，务稼修湢，增设武备，大得河东之诸侯。内容可与《左传》《国语》等传世文献相互印证。《赵简子》现存简 11 支，简长 41.6 厘米，三道编绳，完

---

① 马楠：《清华简〈郑文公问太伯〉与郑国早期史事》，《文物》2016 年第 3 期。
② 李学勤：《有关春秋史事的清华简五种综述》，《文物》2016 年第 3 期。
③ 陈颖飞：《论清华简〈子犯子余〉的几个问题》，《文物》2017 年第 6 期。

简字数 35 字，简背无篇题和次序编号。简文可分为两个部分，前为范献子对赵简子的进谏，后为赵简子与成鱄的问答。简文详细阐述了俭、奢、礼同国家治理之间的关系。

《越公其事》现存简 75 枚，简长 41.6 厘米，三道编绳，完简字数 31—33 字，篇题写在简尾，简背有划痕。与《郑武夫人规孺子》《郑文公问太伯》《子仪》均为同一书手所抄。简文将勾践富国强兵、兴兵灭吴的过程概括为"五政"，并依次叙述。简文内容虽与《国语》中的《吴语》《越语》密切相关，但存在不小的差异。

"子"类文献均无篇题。《邦家之政》现存简 13 支，简长 45 厘米，三道编绳，完简字数 28—34 字，简背有划痕和次序编号。简文假托孔子的名义，阐述了儒家的治国理念，在节俭、薄葬、均分等方面与墨家思想相互交融。《邦家处位》现存 11 支简，简长 41.5 厘米，三道编绳，完简字数 41—43 字，简背有次序编号。简文主张以"度"来选拔人才。《心是谓中》现存简 7 支，简长 45 厘米，三道编绳，完简字数 39—41 字，简背有划痕。其所阐述的"心"与"天"的关系以及"身命"与"天命"的关系，反映了战国时期的天命思想和心性思想。《天下之道》现存简 13 支，简长 44.6 厘米，三道编绳，完简字数 40—43 字，简背有划痕。简文可分为四个部分，依次论说了守、攻、取、阵诸道的关键皆在于民心。

《治邦之道》现存简 27 支，简长 44.6 厘米，三道编绳，完简字数 49—51 字，简背无次序编号。简文围绕治国安邦展开论述，尚贤、节用节葬、非命等思想与墨家思想关系密切。《治政之道》共 43 支简，简长 44.6 厘米，三道编绳，简尾写有次序编号。大部分竹简自竹节处断为两段，完简不足十支。篇首开宗明义地提出"昔者前帝之治政之道"。简文主张为政自上始，以德义自检，施教以用民；治政之要，在于兴人；兴人之要，在于贤德。整理者认为，《治邦之道》《治政之道》的 70 支简应为同一篇文献。由于该文篇幅宏大，由两位书手抄成，一位书手所抄简尾有编号，另一位书手所抄简尾无编号，两位书手所用的竹简也略有差别。复原为一篇文献后，整理者根据篇首"昔者前帝之治政之道"句，拟定篇名为《治政之道》。《治政之道》鉴古论今，体现出作者以儒家思想为主导，又兼容诸家思想的特点，是研究先秦政治史和思想史的重要佚文。

《成人》共 30 支简，简长约 45.2 厘米，宽约 0.7 厘米，三道编绳。满简字数 27—33 字。简背无次序编号，有刻划痕迹。简 1 至简 19 的划痕呈倒序排列。原无篇题，主要记述了"成人"向王（后）陈述典狱刑法等内容。黄德宽先生根据简文"成人"的言辞口气判断，"成人"相当于《书·盘庚上》《诗·荡》之"老成人"、《康诰》之"耇成人"，指资高望重的辅弼之臣。简文分为五段，首段开宗明义地提出法律乃治国纲纪，得之则兴，失之则亡，并从正反两方面论述了法治的重要性。第二段记述了典狱司正断案的原则，涉及"刑"之"五无赦""五争""五常""五正""五罚"等法律概念。第三段和第四段以嘉谷"五时"生长为喻，提出"德政亦用五时"等主张。这篇简文是出土文献中唯一一篇先秦法制史文献，对先秦法制史研究具有重大而深远的影响。

《廼命》两篇，其中，《廼命（一）》12 支简，《廼命（二）》16 支简，简长约 44.6 厘米，宽约 0.6 厘米，竹简下端标有编号。原无篇题，整理者以两篇篇首二字为题。两篇简的形制相同，为同一抄手所书，内容相互关联。两篇简多以"毋或"引出禁戒之辞，但禁戒以下并无"明神殛之"之类的背盟诅辞。

方术类文献方面，《别卦》现存简 7 支，简长 16 厘米，两道编绳。李学勤先生认为，《别卦》与马王堆帛书的《周易》有关。整理者认为，它实际上是一个六十四别卦的表，凡是八经卦的地方就省掉了，但其位置是存在的。《别卦》的卦名与《归藏》有关，如《豫卦》卦名"介"，即与王家台的《归藏》简相同。

《筮法》共 63 支简，简长 35 厘米，原无篇题，简背标有编号。简文系统地阐述了占筮的理论和方法，包括 17 命，而《周礼》只讲了 8 命。简文中没有出现别卦、六十四卦的具体名称，只有八经卦，与传世本《归藏》相合。《筮法》所用的数字与之前发现的楚简占筮记录一样，以一、六为主，一代表阳爻，六代表阴爻。除此之外，阳爻有五和九，阴爻有四和八，总是以八、五、九、四为一个次序出现。《筮法》的发现和整理，是解决数字卦问题的一把钥匙。

《祝辞》与《良臣》编联在一起。《祝辞》原无篇题，在 5 支简上写了 5 段文字，每段皆包括祝辞以及与念诵祝辞相配合的仪式，第一段是关于"恐溺"的；第二段是关于"救火"的；后三段是关于射箭的。《祷辞》凡 23 简，简长 44.6 厘米，三道绳编，简正面标有序号，体例与《祝辞》类似。全篇分为 8 段，依次抄录了 8 种类型的告神求福之辞。包山简、新蔡简、周家台简等楚简中都有祭祷类内容，但记载的多是祭祷过程，像《祝辞》这样完整的长篇祷告之辞尚属首次发现。

《八气五味五祀五行之属》共 7 支简，简长 41.6 厘米，简背有划痕。简文内容可分为 4 组，第一组是一年中八个节气的推算，与传统的二十四节气不同；第二组是酸甘苦辛咸五味的功效，相关内容亦见于《黄帝内经·素问》等古医书；第三组是五祀、五神与五行的相配；第四组是金木水火土五行的特点。

《算表》共 21 支简，简长 43.5 厘米，宽 1.2 厘米，第 4 支简的上端有残缺。每支简首部都有钻孔，最右侧那支简上都是钻孔，钻孔里面有丝织品的残迹，表明该简并不是一般意义上的竹简，而是具有特殊的性质和价值。《算表》实际上是数字构成的表格，形成于公元前305年左右，比形成于公元前200多年的里耶秦简九九表还要早。利用这套《算表》，不仅能够快速计算100以内的两个任意整数乘除，还能计算包含分数1/2的两位数乘法。[①]

清华竹书的整理报告一经公布，便引起海内外学者的高度重视。简文释读方面，除整理者所作报告外，还有复旦大学出土文献与古文字研究中心研究生读书会、清华大学出土文献读书会、华东师范大学中文系战国简读书小组、烟台大学中国学术研究所研究生读书会等所作的集释与研读劄记等，均可参考。

（八）安徽大学藏战国竹书

2015年初，安徽大学出土文献与中国古代文明研究协同创新中心入藏了一批竹简，经过初步整理和辨识，这批竹简共有编号1167个，保存良好，完简较多。这批竹简形制不一，简长21.3—48.5厘米，宽0.4—0.8厘米。长简编绳三道，短简编绳两道。具体包括《诗经》、楚国历史、诸子类著作、楚辞类文献、方术类文献等。这些文献多不见于传世文献。[②]

《诗经》完简长48.5厘米，三道编绳，每简30—40字。简背有划痕，简首尾留白。每简正面下部标有编号，自第1号始，最后一简的编号为第117号，实际存简93支。存诗57篇，其中《周南》10篇、《召南》14篇、《秦》10篇、《疾》6篇、《鄘》7篇、《魏（唐）》10篇。

---

① 参见李学勤：《〈筮法〉〈别卦〉与〈算表〉》，《中国文化报》2014年1月14日。
② 参见黄德宽：《安徽大学藏战国竹简概述》，《文物》2017年第9期。

　　根据形制和字体风格，可将楚史类竹简分为两组，第一组完简长 34 厘米，宽 0.6 厘米，三道编绳，首尾留白，每简 27—30 字。简背有划痕或编号，完简有 300 多支，残断较少。记载了楚先祖及熊丽以下至惠王时期各王的终立更替和重大历史事件。第二组简有 140 多支，完简长 34.5—35 厘米，宽 0.6—0.7 厘米，三道编绳，首尾留白，每简 37—40 字。辑录了楚国与其他国家的许多重大历史事件。

　　诸子类文献的竹简以儒家为主，形制不同，可分为若干篇组。第一组共有完简 13 支，简长 43 厘米，宽 0.6 厘米，两道编绳。顶格书写，首尾不留白。辑录孔子的言论，每条皆以"仲尼曰"引出。简文中的孔子言论只有几条见于今本《论语》《礼记》等，文字略有出入。第二组共有 33 支简，完简长 45.2 厘米，宽 0.6 厘米，每简 38 字，三道编绳，简背有划痕。记载子贡入见孔子以及二人的对话。第三组共有 14 支简，简长 36 厘米，宽 0.75 厘米，三道编绳，首尾留白。主要论述君子的行为操守，如君子要"贵位不忘贱，富则能以货分"，要"慎独""敬信"等。第四组简经拼接后为 6 支完简，简长 46.9 厘米，宽 0.6 厘米，每简 35—41 字，三道编绳，首尾留白，简背有划痕。简文以"昔三代圣王禹汤文武"以及受（纣）、晋平公、宋景公等为正反之例，论述"圣人乐义而美利"，指出"今人之所美与其所乐各异"。第五组简共有 32 支，残断居多，完简 3 支，简长 28 厘米，宽 0.5 厘米，每简 22—23 字，两道编绳。主要阐述君子之行为规范，指出"君子日自新，而小人日自厌"。第六组简共有 7 支，完简 2 支，长约 44.2 厘米，宽 0.5 厘米，三道编绳，每简 34—36 字。简文指出，"日月星辰不改行，然而古富今贫，古治今乱"，究其原因在于社会"失本正"。第七组简共有 29 支，完简 20 支，简长 46.3—47.5 厘米，宽 0.7—0.8 厘米。简首尾为圆头，首尾无留白，每简 31—33 字，三道编绳。简文以古圣王事迹为例，全面阐述"辅王之道"，涉及"尧、舜、禹、汤、文、武、秦穆、齐桓、晋文、勾践、阖闾"等帝王。第八组简约有 60 支，完简 9 支，简长 44.2 厘米，宽 0.6 厘米，三道编绳。简首尾留白，每简 27 字。简背写有编号，似为两组编号。记载的是申狄徒与周公的对话，内容可与信阳长台关竹书相互参看。关于信阳长台关竹书的性质，历来有儒、墨之争，该简内容较为完整，有利于问题的进一步讨论。第九组简共有 78 支，较为完整的简约有 40 支，完简长 48.4 厘米，宽 0.6 厘米。三道编绳，首尾留白。该简与上博简《曹沫之陈》为同一篇文献，文字略有不同。

楚辞类文献包含两篇保存完整的作品。第一组简共有 23 支或 24 支，完简长 21.3 厘米，宽 0.6 厘米，两道编绳，首尾不留白。每简 17—18 字，简背有划痕。记载的是舜之二妃对舜的悼念，当是楚辞的佚篇。第二组简共有 27 支，完简长 33 厘米，宽 0.5 厘米，三道编绳，简背有编号。简文表达了作者对社会失却道义、为富不仁的指责以及自身对信义德善的坚守，与《离骚》表达的忧愤之情颇为相似。

方术类文献涉及相面、占梦等方面。第一组简原有 18 支，简长 42.8 厘米，宽 0.5 厘米，三道编绳，首尾留白。简文列举女子之"不可畜"的种种情况，并根据饮食预测孕妇生子情况。第二组简共有 11 支，无完简。由残简内容"某梦不能举其手"等判断，此篇应为解梦类文献。

2019 年，《安徽大学藏战国竹简（一）》公布了安大简《诗经》的相关情况。①

---

① 黄德宽、徐在国主编：《安徽大学藏战国竹简（一）》，中西书局，2019。

四、楚竹书文献分类

关于简帛典籍的文献学分类，学界目前主要有两种意见：一是主张按照六经和学派来划分；二是主张将出土简牍帛书纳入《汉书·艺文志》的图书分类之中。第二种分类是学界较主流的观点，如骈宇骞先生将简帛典籍分为六艺、诸子、诗赋、兵书、数术、方技六类。[①] 李零先生将简帛典籍分为六艺、史书、诸子、兵书、诗赋、方技、数术七类，将"史书"独立出来。[②] 笔者以为，李零先生所作分类对于正确认识简帛典籍的流传状况具有实际意义，故按照李零先生所作分类，将目前已发现公布的楚竹书按其篇目分为七类。

（一）六艺类

1. 诗

有上博竹书《孔子诗论》《逸诗》，清华竹书《周公之琴舞》《芮良夫毖》《耆夜》，安大竹简《诗经》等。

2. 书

有清华竹书《尹至》《尹诰》《傅说之命》《厚父》《程寤》《保训》《金縢》《皇门》《封许之命》《祭公》《摄命》《命训》等。

3. 礼

有郭店竹书《缁衣》，上博竹书《缁衣》《内豊》（含《昔者君老》）《武王践阼》《天子建州》《民之父母》《君子为礼》。

4. 易

有上博竹书《周易》。

---

① 　骈宇骞：《出土典籍分类述略》，《中国典籍与文化》2005 年第 2 期、第 4 期，2006 年第 1—3 期。骈宇骞、段书安：《二十世纪出土简帛综述》，文物出版社，2006。骈宇骞：《简帛文献纲要》，北京大学出版社，2015。

② 　李零：《从简帛发现看古书的体例和分类》，《中国典籍与文化》2001 年第 1 期。

5. 乐

有上博竹书《采风曲目》。

6. 春秋

有清华竹书《系年》。

（二）史书类

1. 谱牒

有清华竹书《楚居》《良臣》。

2. 档案

有清华竹书《尹至》《尹诰》《傅说之命》《厚父》《皇门》《封许之命》《祭公》《摄命》。

3. 纪年

有清华竹书《系年》[①]。

4. 故事[②]

（1）三皇五帝故事

有上博竹书《容成氏》《融师有成氏》。

（2）唐虞故事

有上博竹书《容成氏》《举治王天下》；清华竹书《虞夏殷周之治》。

（3）三代故事

上博竹书《容成氏》《融师有成氏》《举治王天下》《成王既邦》；

[①] 《系年》的体裁近似纪事本末，合于"故事"类的部分特征，但其性质和史料来源又合乎"以事系年"的特点，而"以事系年"是纪年类史书与档案类史书之间的最大不同。参见李零：《简帛古书与学术源流（修订本）》，生活·读书·新知三联书店，2020，第 285 页。

[②] 这里说的"故事"，主要指的是官方史记以外，故老相传的口头史学。这种类型的史书，从形式上讲比较类似后世的纪事本末体。这类材料往往有口语化的外貌和通俗化的形式，当时不一定有记录，很多都是口耳相传，带有追忆的性质。参见李零：《简帛古书与学术源流（修订本）》，生活·读书·新知三联书店，2020，第 288 页。

清华竹书《虞夏殷周之治》《赤鹄之集汤之屋》《汤处于汤丘》《汤在
啻门》《殷高宗问于三寿》。

（4）春秋战国故事

按所述故事发生之国别可分为：

①楚故事

有上博竹书《昭王毁室》《昭王与龚之脽》《柬大王泊旱》《庄王
既成》《郑子家丧》《灵王遂申》《申公臣灵王》《平王问郑寿》《平王
与王子木》《君人者何必安哉》《命》《王居》《志书乃言》《成王为城
濮之行》《陈公治兵》《邦人不称》；清华竹书《子仪》；安大竹简楚
国故事等。

②齐故事

有上博竹书《鲍叔牙与隰朋之谏》《竞公疟》；清华竹书《管仲》。

③鲁故事

有上博竹书《曹沫之陈》《鲁邦大旱》《子道饿》《孔子见季桓
子》《季庚子问于孔子》《颜渊问于孔子》《史蒥问于夫子》；安大竹
简《曹刿之陈》。

④晋故事

有上博竹书《姑成家父》；清华竹书《晋文公入于晋》《子犯子
余》《赵简子》。

⑤吴故事

有上博竹书《吴命》；慈利竹书《吴语》。

⑥越故事

有清华竹书《越公其事》。

⑦郑故事

有清华竹书《郑武夫人规孺子》《郑文公问太伯》《子产》。

（三）诸子类

1. 儒家

有郭店竹书《五行》《鲁穆公问子思》《穷达以时》《唐虞之道》《忠信之道》《性自命出》《成之闻之》《六德》《尊德义》《语丛（一）（二）（三）》；上博竹书《性情论》《子羔》《鲁邦大旱》《孔子诗论》《从 政》《孔子见季桓子》《相邦之道》《季庚子问于孔子》《子道饿》《弟 子问》《仲弓》《颜渊问于孔子》《史蒥问于夫子》《三德》《用曰》；清华竹书《邦家之政》《邦家处位》《心是谓中》《天下之道》《治政 之道》《成人》《廼命》；安大竹简儒家著作。

2. 墨家

有信阳长台关楚简《墨子》佚篇；上博竹书《鬼神之明》；清华竹书《治邦之道》；安大竹简《墨子》佚篇。

3. 道家

有郭店竹书《老子》《太一生水》；上博竹书《恒先》《凡物流形》。

4. 法家

有上博竹书《慎子曰恭俭》。

5. 纵横家

有郭店竹书《语丛（四）》。

（四）诗赋类

1. 歌诗

有上博竹书《卉茅之外》《逸诗》。

2. 辞赋

有上博竹书《李颂》《兰赋》《有皇将起》《鹠鹨》；安大竹简楚辞类文献。

（五）兵书类

有上博竹书《曹沫之陈》；清华竹书《天下之道》；安大竹简《曹刿之陈》。

（六）数术类

1.历算

（1）算术

有清华竹书《算表》。

2.选择

（1）日书

有江陵九店竹书《日书》。

3.卜筮

（1）卜法

有上博竹书《卜书》。

（2）筮法

有清华竹书《筮法》《别卦》。

4.杂占

有清华竹书《祝辞》《祷辞》；安大竹简相书、占梦书等。

5.其他

有清华竹书《八气五味五祀五行之属》。

（七）方技类

1.房中

有上博竹书《彭祖》。

五、既有研究成果述评

孔子之后，孔门弟子对"君子"思想有所继承与发展。南宋朱熹对"君子"内涵作出明确的限定，并对《论语》中"成德之名""德位之通称"的两类君子作出明确区分。[①] 余英时先生指出，儒学是"君子之学"，孔子的"君子"包括修己、治人两个方面。"君子"概念从身份地位到道德品质的演变过程，最终是由孔子完成的。孔子对"君子"的讨论虽然偏重于道德方面，但对君子的社会身份内涵仍有一定程度的保留。政治是孔子在内的先秦诸子最为关心的话题，也是他们思考的出发点和归宿。[②] 萧公权先生认为，孔子的君子侧重于修德以取位，与旧义的就位以修德不同，并且孔子理想中的君子是德成位高之人。[③] 晁福林先生认为，孔子的君子人格注重的是道德品行，而非等级地位，从根本上改变了判断人的社会价值的标准，带有思想解放的意义，"时遇观"是孔子君子观的重要内容。[④] 学界根据郭店竹书、上博竹书等楚竹书材料，围绕楚竹书中与"君子"相关的学术与思想，进行了大量卓有成效的研究工作。下面，拟在简略回顾楚竹书的相关研究情况的基础上，对本书的研究主旨作一简要说明。

在战国楚竹书的研究成果中，最具权威性的是李学勤、裘锡圭和李零三位先生的理论研究成果。李学勤先生在《简帛佚籍与学术史》一书的《通论》中阐述了新出简帛在学术史、古书成书流传等方面的重要影响。[⑤] 裘锡圭先生的《中国出土古文献十讲》一书，针对新出土文献与古史传说、出土简牍在文献学上的意义等重大问题，

① ［宋］朱熹：《四书章句集注》，中华书局，2012，第 47、173 页。
② 余英时：《中国思想传统的现代诠释》，江苏人民出版社，2004，第 118—133 页。
③ 萧公权：《中国政治思想史》，商务印书馆，2011，第 75—76 页。
④ 晁福林：《上博简〈诗论〉研究》，商务印书馆，2013，第 1006—1008 页。
⑤ 李学勤：《新出简帛与学术史》《对古书的反思》，载氏著：《简帛佚籍与学术史》，江西教育出版社，2001，第 1—34 页。

作出了高屋建瓴、提纲挈领的解答。① 李零先生在《简帛古书与学术源流》一书中，对出土简帛典籍作了科学细致的文献学分类。李学勤、裘锡圭和李零三位先生的理论研究成果，为本书提供了理论基础和操作指导。

学界关于出土简帛的总结性论述也为数不少，如沈颂金先生在《二十世纪简帛学研究》一书中，讨论了郭店竹书对于先秦学术史研究的促进作用。② 李学勤先生在《出土简帛与古史再建》一书中专辟《清华简与古史探研》章，集中讨论清华简所涉之古史观、古史传说、西周及东周史地等古史问题。又在《清华简文本与文献学研究》章讨论了"书""诗""易"及史籍四类文献，熔整理者相关意见于一炉，以便学界参考。③ 李均明等编著的《当代中国简帛学研究（1949—2009）》一书，④ 分别从简牍典籍、简牍文书、帛书三个方面，对 2009 年以前发现的简牍帛书的研究状况进行了系统总结。在材料介绍、"简牍典籍与史学研究"、"简牍典籍与早期儒学史"、"简牍典籍与道家、数术研究"、"简牍典籍与先秦、秦汉学术史的重建"等方面，为本书提了重要的参照和借鉴。

近年来，学界围绕楚竹书研究举办了一系列学术会议，并出版了一批会议论文集，⑤ 简帛研究方面的专门刊物⑥也日益增多，涌现

① 裘锡圭：《新出土先秦文献与古史传说》《中国出土简帛古籍在文献学上的重要意义》，载氏著：《中国出土古文献十讲》，复旦大学出版社，2004，第 17—92 页。

② 沈颂金：《二十世纪简帛学研究》，学苑出版社，2003。

③ 李学勤等：《出土简帛与古史再建》，经济科学出版社，2017，第 205—336、339—377 页。

④ 李均明、刘国忠、刘光胜、郇文玲：《当代中国简帛学研究（1949—2009）》，第 98—108、119—147、147—157、157—163 页。

⑤ 相关成果载于本书参考文献，此不赘述。

⑥ 有《古文字研究》《出土文献研究》《简帛研究》《简牍学报》《简牍学研究》《简帛》《简帛语言文字研究》《出土文献》《出土文献与古文字研究》《楚地简帛思想研究》《出土文献综合研究集刊》等。

出以复旦大学出土文献与古文字研究中心网站、清华大学出土文献研究与保护中心网站、武汉大学简帛网为代表的网络学术平台。^① 2014 年，出土文献与中国古代文明研究协同创新中心成立之后，相关学术交流与简牍帛书等出土文献的研究更是日趋繁荣。此外，陈伟先生等承担的《楚地出土战国简册（十四种）》，^② 李学勤先生主持的《出土简帛与古史再建》，^③ 李守奎先生等承担的《清华简〈系年〉与古史新探》等，^④ 无不显示出楚竹书研究的繁盛。

　　思想史研究方面，简牍文献在先秦学术史与思想史研究方面的价值与局限，学界给予了充分探讨，涉及儒道学说、早期儒道关系、社会政治思想以及先秦学派属性判定等思想史的专门领域，为我们开展深入研究奠定了良好的基础。

　　关于出土文献能否改写或重写学术史，学界从宏观、微观两个方面展开了讨论。如曹峰先生从宏观角度分析了简帛史料在思想史研究方面的价值与局限。^⑤ 李承律先生分析了重写思想史的可能性，并探索了中国古代思想史研究的新视角。^⑥ 王中江先生综合探讨了简

---

① 下文分别简称为复旦网、清华网和简帛网。
② 陈伟等：《楚地出土战国简册（十四种）》，经济科学出版社，2009。
③ 李学勤等：《出土简帛与古史再建》，经济科学出版社，2017。
④ 相关成果除贾连翔《战国竹书形制及相关问题研究——以清华大学藏战国竹简为中心》外，尚有李守奎主编：《清华简〈系年〉与古史新探》；李守奎：《古文字与古史考：清华简整理研究》；李守奎等：《清华简〈系年〉文字考释与构形研究》；马楠：《清华简〈系年〉辑证》；李松儒：《清华简〈系年〉集释》；孙飞燕：《清华简〈系年〉初探》；刘光胜：《清华简〈系年〉与〈竹书纪年〉比较研究》；许兆昌：《〈系年〉〈春秋〉〈竹书纪年〉的历史叙事》；侯文学等：《清华简〈系年〉与〈左传〉叙事比较研究》。上述专著均由中西书局出版。
⑤ 曹峰：《价值与局限：思想史视野下的出土文献研究》，载刘笑敢主编：《中国哲学与文化》第 6 辑《简帛文献与新启示》，广西师范大学出版社，2006，第 74—76 页。
⑥ [韩]李承律：《出土文字资料与中国古代思想史》，载[韩]权仁瀚等编：《东亚资料学的可能性探索》，广西师范大学出版社，2010，第 38—74 页。

帛文献所带来的思想史方面的新知。① 上述研究成果均汇集于《简帛思想文献研究：个案与方法》一书中。②

（一）儒家学术思想

儒家学术思想方面，主要集中在对于郭店竹书所引出的思孟学派以及慎独、性情等思想的研究方面。如庞朴先生指出，郭店竹书代表了孔子之后儒家向内求索的为学之路，这一主题奠定了思孟学派的基本思想格局。③ 陈来先生指出，竹简《五行》篇作为子思对德行的讨论，直接启发了孟子"性善""四端"的思想，其论"善"与"德"的区分亦包含了超越性的面向，为《中庸》的进一步发展奠定了基础，其"圣""智"说则具有明确的政治指向性，与史载子思政治实践的一贯主张是完全一致的。④ 梁涛先生认为，郭店竹书《五行》揭示了另一种"慎独"，即指内心专一的精神状态。⑤ 王博先生认为，战国时期出现了专门解释《诗经》的文献，如《五行》《孔子诗论》《民之父母》等，这些文献不仅引用和解释与《诗经》有关的文字或内容，并因"诗言志"的特点而发展出心、性和情的主题，肯定和强调了心性与礼乐的密不可分。⑥ 彭林先生认为，儒道性情之争的理论根源是双方天道观的不同。⑦ 刘光胜先生以《大戴礼记》之《曾子》十篇为中心，结合上博竹书、郭店竹书及其他出土材料，对

---

① 王中江：《简帛文明与古代思想世界》，北京大学出版社，2011。

② 刘笑敢、郑吉雄、梁涛编著：《简帛思想文献研究：个案与方法》，东方出版社，2019。

③ 庞朴：《孔孟之间：郭店楚简的思想史地位》，《中国社会科学》1998年第5期。

④ 陈来：《竹简〈五行〉篇与子思思想研究》，《北京大学学报（哲学社会科学版）》2007年第2期。

⑤ 梁涛：《郭店竹简与〈君子慎独〉》，《光明日报》2000年9月15日。

⑥ 王博：《〈诗〉学与心性学的开展》，《中国社会科学》2013年第2期。

⑦ 彭林：《儒、道两家的性情论与天道观——从郭店楚简看儒、道性情同异》，载李学勤、谢桂华主编：《简帛研究（2002—2003）》，广西师范大学出版社，2005，第65—73页。

《曾子》十篇进行分组、校释，考镜成书源流，并以《曾子》十篇与郭店竹书为主要学术链环，梳理了孔孟之间的思想转进。①

（二）道家学术思想

道家学术思想方面，集中在对于《老子》文本的研究及《太一生水》《恒先》篇中所反映的宇宙论方面。王博先生认为，郭店竹书《老子》甲、乙、丙三本像是出于不同目的之摘抄本，从内容上看，每一本内部都有相对统一的主题，如丙本的主题是治国，乙本的主题是修道，甲本兼而有之。显然，这应该是出于某些人的有意编纂。②李学勤先生认为，"太一生水"深受数术家的影响，同天文数术有直接密切的关系，应是道家后学为解释《老子》所增入，当为关尹的学说。③庞朴先生认为，《太一生水》是与《周易》《老子》不同的、另一种有机的宇宙生成论。④王中江先生追寻了从老子思想到黄老学的演变历程，扩展和深化了早期道家学术思想的研究。⑤曹峰先生集中阐述了黄老道家两大侧面——老子与黄帝各自的作用与功能，讨论了两者为何能够构成互补的关系。此外，还对马王堆帛书《黄帝四经》、上博竹书《恒先》《凡物流形》《三德》以及清华竹书《汤在啻门》等进行了详细讨论。⑥

---

① 刘光胜：《出土文献与〈曾子〉十篇比较研究》，上海古籍出版社，2016。
② 王博：《关于郭店楚墓竹简〈老子〉的结构与性质——兼论其与通行本〈老子〉的关系》，载陈鼓应主编：《道家文化研究》第 17 辑"郭店楚简"专号》，生活·读书·新知三联书店，1999，第 149—166 页。
③ 李学勤：《太一生水的数术解释》，载陈鼓应主编：《道家文化研究》第 17 辑《"郭店楚简"专号》，生活·读书·新知三联书店，1999，第 297—300 页。
④ 庞朴：《一种有机的宇宙生成图式》，载陈鼓应主编：《道家文化研究》第 17 辑《"郭店楚简"专号》，生活·读书·新知三联书店，1999，第 301—305 页。
⑤ 王中江：《根源、制度和秩序：从老子到黄老》，中国人民大学出版社，2018。
⑥ 曹峰：《近年出土黄老思想文献研究》，中国社会科学出版社，2015；《文本与思想：出土文献所见黄老道家》，中国人民大学出版社，2018。

（三）早期儒家、道家

学界借助新资料，对早期儒家、道家的学派传播情况及其代表人物行迹也形成了新认识。如刘光胜先生以出土文献为依据，结合传世文献的相关记载，系统流理了早期儒学的传播情况。[①] 胡兰江先生采用传世文献与出土文献相互印证的方法，通过对郭店儒简的研究，系统梳理了七十子的基本情况。[②] 梁静先生对上博儒简中反映的早期儒家概况进行了综合研究，并对孔子之后儒家的传学与分派进行了探讨。[③] 宋立林先生对子张、子思、仲弓、颜氏、漆雕氏等孔门后学的行迹与学术思想以及思孟学派的学术与思想的承传进行了系统探讨。[④] 苏晓威先生对出二的道家文献进行了文本及思想性质方面的考察。[⑤]

（四）儒道政治思想

儒道政治思想是思想史研究的大宗，学界借助简牍典籍披露的新信息，从不同方面阐述了儒家和道家在春秋战国错综复杂的政治形势下，如何开创与完善自己的政治理论体系。如晁福林先生深入分析了先秦社会思想中的"天命"与"彝伦"观念。[⑥] 汤浅邦弘先生认为，《三德》的宗旨是向"明王"或国君宣扬"顺天""敬天"等

---

① 李均明、刘国忠、刘光胜、邬文玲：《当代中国简帛学研究（1949—2009）》，中国社会科学出版社，2011，第 134—147 页。

② 胡兰江：《七十子考》，博士学位论文，北京大学中国语言文学系，2002。

③ 梁静：《上博楚简儒籍考论》，博士学位论文，北京大学中国语言文学系，2010。

④ 宋立林：《出土简帛与孔门后学新探》，中国社会科学出版社，2018。

⑤ 苏晓威：《出土道家文献典籍考》，博士学位论文，北京大学中国语言文学系，2009。

⑥ 晁福林：《天命与彝伦——先秦社会思想探研》，北京师范大学出版社，2012。

思想。① 梁涛先生讨论了战国时代的"禅让"思潮及其与"大同""小康"的关系。② 郭齐勇先生以"仁学"和"德政"为中心，对《季康子问于孔子》《仲弓》《从政》三篇文献中所反映的孔子思想进行了抉发，并认为三篇文献体现了孔子仁学的根本——"亲民""爱民""保民""惠民"。③ 许兆昌先生认为，上博竹书《仲弓》分别从忠与敬两个方面论述了臣子事君之道，反映出战国早期儒家臣道思想的多元特征。④ 丁四新先生⑤、佐藤将之先生⑥分别讨论了"忠"与"忠信"观念在春秋战国时期的演变。黄武智先生在文献编联、释读的基础上，综合讨论了上博竹书"礼记"类文献中所反映的先秦儒家政治思想。⑦ 谢耀亭先生系统探索了思孟学派的内圣外王思想。⑧梁振杰先生系统考察了战国楚简儒家文献在哲学、艺术、政治、伦理等方面的独特思想内涵，为进一步探究战国楚简儒家文献的思想内涵提供了借鉴。⑨ 曹峰先生认为，《太一生水》《恒先》《三德》《凡

---

① ［日］汤浅邦弘：《上博楚简〈三德〉的天人相关思想》，载郭齐勇主编：《儒家文化研究》第 1 辑《新出楚简研究专号》，生活·读书·新知三联书店，2007，第 265—283 页。

② 梁涛：《战国时期的禅让思潮与"大同""小康"说——兼论〈礼运〉的作者与年代》，载刘笑敢主编：《中国哲学与文化》第 6 辑《简帛文献与新启示》，广西师范大学出版社，2009，第 119—146 页。

③ 郭齐勇：《上博楚简所见孔子为政思想及其与〈论语〉比较》，载郭齐勇主编：《儒家文化研究》第 1 辑《新出楚简研究专号》，生活·读书·新知三联书店，2007，第 1—14 页。

④ 许兆昌：《从仲弓四问看战国早期儒家的政治关注》，《史学月刊》2010 年第 9 期。

⑤ 丁四新：《春秋战国时期"忠"观念的演进——以儒家文献为主线，兼论忠孝、忠信与忠恕观念》，载吴根友主编：《学鉴（第 2 辑）》，武汉大学出版社，2008，第 3—138 页。

⑥ ［日］佐藤将之：《战国时代"忠信"概念的发展与王道思想的形成》，载刘笑敢主编：《中国哲学与文化》第 6 辑《简帛文献与新启示》，广西师范大学出版社，2009，第 181—200 页。

⑦ 黄武智：《上博楚简"礼记"类文献研究》，博士学位论文，台湾中山大学中国文学系，2009。

⑧ 谢耀亭：《从出土简帛看思孟学派的内圣外王思想》，科学出版社，2011。

⑨ 梁振杰：《走近原始儒家——战国楚简儒家思想研究》，人民出版社，2015。

物流形》等文献，和从马三堆帛书《黄帝四经》中抽绎出的"老子类型的道论和政论"及"黄帝类型的道论和政论"两条理论线索之间存在密切的关系，并暗示两者之间存在着进一步演化的可能。[1] 欧阳祯人先生试图从内在逻辑根源方面，探寻先秦儒家政治理想从个人到社会的发展理路。[2]

（五）儒、道、墨关系

近年来，学界对于早期儒、道、墨等学派存在单纯对立关系的传统认识有所转变。如庞朴先生指出："圣和仁义，都是儒家所推崇的德行……竹书《老子》居然未曾弃绝这些……如果这里不是抄写上有误，那就是一个摇撼我们传统知识的大信息。"[3] 邱德修先生认为，儒墨思想表面上看是南辕北辙的，但从郭店竹书《六德》《忠信之道》与上博竹书《鬼神之明》来看，二者实际上是彼此灌注、互相影响的。[4]

（六）学派性质判定

梁涛先生对郭店儒道文献的学派归属问题进行了系统探讨。[5] 以《鬼神之明》为例，简文整理者曹锦炎先生认为其属于《墨子》佚文，日本学者浅野裕一、冈本光生、西山尚志等持相同的观点。有学者提出不同甚至完全相反的观点，如徐华先生认为，该篇疑为《董子》

---

① 曹峰：《出土文献视野下的黄老道家研究》，《中国社会科学》2013 年第 2 期。
② 欧阳祯人：《出土简帛中的政治哲学》，中国人民大学出版社，2017。
③ 庞朴：《古墓新知——漫读郭店楚简》，载《中国哲学》编委会编：《中国哲学》第 20 辑《郭店楚简研究》，辽宁教育出版社，1999，第 7—12 页。
④ 邱德修：《从上博、郭店楚简看战国儒墨之交流》，载《传统中国研究集刊》编委会编：《传统中国研究集刊》第 2 辑，上海人民出版社，2006，第 342—354 页。
⑤ 梁涛：《郭店竹简与思孟学派》，中国人民大学出版社，2008。

佚文。① 丁四新先生认为,该篇是讨论"鬼神"的文献。② 李锐先生认为,该篇所谓的"鬼神有所明有所不明",与墨家"明鬼"思想相矛盾;《史记·伯夷列传》中司马迁的赞语和《鬼神之明》的思想非常接近,而司马迁转益多师,其学派属性难以判定,由此指出目前学界在判定文献学派属性方面存在的一些误区。③ 李锐先生的理论创见对笔者启发很大。

"子"书是楚竹书文献的大宗,郭店楚简、上博楚简等出土文献使一系列新的、过去无法想象的论题得以成立。如孟学和荀学的源头、老庄之外的道家轨迹、黄老思想的早期面貌、墨家的异端思想、从《易经》到"易传"的传承和谱系、多种多样的宇宙生成论、重视自然之情的人性论、数术方技和阴阳五行思想与社会政治和民众生活的联系,④ 等等。由这些论题激活或引发出来的研究课题,有儒道关系论、齐鲁文化关系论、学派判定标准、经典确认及其文本演变、天人关系论、传世文献价值的再评价乃至"疑古"和"释古"关系的大讨论,等等。

可以说,楚竹书文献为哲学史、思想史的拓展研究提供了新的线索,为了解"君子"政治思想在春秋战国时期的发展演变轨迹提供了新的史料。从先秦学术史的角度来看,楚竹书文献除了涉及逐渐为学界重视的"一般知识、思想与信仰"⑤ 的内容外,所谓"精英"

---

① 徐华:《上博简〈鬼神之明〉疑为〈董子〉佚文》,《文献》2008 年第 2 期。

② 丁四新:《论楚简〈鬼神〉篇的鬼神观及其学派归属》,载郭齐勇主编:《儒家文化研究》第 1 辑《新出楚简研究专号》,生活·读书·新知三联书店,2007,第 399—422 页。

③ 李锐:《论上博简〈鬼神之明〉篇的学派性质——兼说对文献学派属性判定的误区》,《湖北大学学报(哲学社会科学版)》2009 年第 1 期。

④ 曹峰:《出土文献可以改写思想史吗?》,《文史哲》2007 年第 5 期;《出土文献与思想史研究方法论刍议》,《社会科学》2012 年第 11 期。

⑤ 葛兆光:《思想史的写法:中国思想史导论》,复旦大学出版社,2004,第 9—24 页。

阶层的思想和文化的发展状况，则与学术传承的历时性因素、学术流布的共时性因素等有关。

一言以蔽之，楚竹书文献在学术史、思想史方面的研究已相当深入，在儒道墨学术与思想的发展脉络与谱系传承方面的研究也取得了丰硕的成果，但在楚竹书所反映的诸子政治思想与战国社会的互动方面的研究仍嫌不足。蒙文通先生明确指出："衡论学术，应该着眼于那一时代为什么某种学术得势？原因在哪儿？起了什么作用？这才是重要的。"①

有鉴于此，本书拟抓住"君子"这一战国诸子共通的"母题"，在深入钻研楚竹书文献的基础上，结合传世文献、古文字资料（甲骨文、金文）、考古发掘材料（墓葬、遗址及遗物等）及前辈时贤的研究成果，以"学术与政治"的互动为切入点，对楚竹书中所反映的"君子"政治思想产生的社会历史与学术背景、"君子"政治思想内涵的演变与逻辑序列、君子"为政"等思想与战国秦汉社会的互动等问题展开探讨，从而对战国楚竹书之学术价值作出科学的评价。

六、本书章节结构

本书拟遵循如下思路与逻辑来安排结构：

首章以战国楚竹书中所见先秦学术发展为中心，勾勒"君子"政治思想发展演变的社会历史与学术背景。

第二章通过对先秦诸子政治思想中文本歧见迭出现象的探讨，说明先秦诸子讨论政治思想时共同关心之主题。

第三章和第四章在描摹战国早期社会历史与诸家学术发展背景

---

① 蒙文通：《治学杂语》，载蒙默编：《蒙文通学记》，生活·读书·新知三联书店，1993，第17页。

的基础上，专论"君子"政治思想的内涵及其演变，并试图从内在逻辑根源方面，探寻先秦诸子政治理想，尤其是儒家"君子"政治理想从个人到社会的发展理路。

各章最后均以小结的形式，将本章要点作一简要归纳。本书结语系对全书的回顾与总结，系统阐述楚竹书"君子"政治思想与战国秦汉社会之间的互动。

第一章　楚竹书所见战国早期的社会与学术图景

　　根据出土简牍的墓葬年代，可知楚竹书的下葬年代大都在战国中晚期，其中慈利竹书最早，在战国中期前段，长台关竹书的时代与之接近。[①] 九店621号墓在战国中期后段。出土郭店竹书的墓葬年代在公元前4世纪中期至公元前3世纪初，李学勤先生指出不晚于公元前300年。根据清华竹书的文字特征，李学勤先生推断其年代在战国中晚期之际，即公元前300年前后。北京大学加速器质谱实验室、第四纪年代测定实验室受托对清华竹书无字残片进行了AMS碳14年代测定，经树轮校正的结果是公元前305±30年。[②] 九店56号墓在战国晚期。根据中国科学院上海原子核研究所回旋加速器质谱计实验室的检测，上博竹书距今为2257±65年，[③] 则经科学方法测

---

　　① 楚文化考古学界对战国中期前后两段和战国晚期前后两段的年代划分，出于约定俗成。战国中期前段大致为公元前4世纪的前半，即楚悼王早期至楚宣王中期；战国中期后段大致为公元前4世纪的后半，即楚宣王晚期至楚怀王晚期；战国晚期前段大致为公元前300年至公元前278年，即楚怀王二十九年至楚顷襄王二十年；战国晚期后段大致为公元前277年至公元前221年，即楚顷襄王二十二年至楚王负刍被俘后两年。参见湖北省荆州地区博物馆编：《江陵雨台山楚墓》，文物出版社，1984，第135—145页。张正明：《从考古资料看屈原在世时的楚国》，《贵州文史丛刊》1998年第5期。

　　② 李学勤：《论清华简〈保训〉的几个问题》，《文物》2009年第6期。

　　③ 马承源：《前言：战国楚竹书的发现保护和整理》，载马承源主编：《上海博物馆藏战国楚竹书（一）》，上海古籍出版社，2001，第1—4页。

定的竹书年代约是公元前 324 年至公元前 194 年，但是竹简年代应
该不晚于白起拔郢之年（公元前 278 年），因此，上博竹书年代范围
约是公元前 324 年至公元前 278 年。由此可知，以郭店竹书、上博
竹书和清华竹书为主体的战国楚竹书的下葬年代约可厘定为公元前
300 年前后。

　　文献资料匮乏、零散是先秦史料的重要特点，东周时期最缺乏
的是两段时间，其一是春秋早期，其二是春秋末期与战国早期。对
春秋末期与战国早期来说，《春秋》止于哀公十四年（公元前 481
年），《左传》记事稍晚，终于哀公二十七年，即周贞定王元年（公
元前 468 年）。专记战国史事之《战国策》，其记事始于赵、韩、魏
三家分晋前二年"知伯索地于魏"，即公元前 455 年，但《战国策》
涉及的史事在"魏君驱十二诸侯朝天子"，即公元前 342 年之前事
记载较少，公元前 450 年至公元前 433 年、公元前 424 年至公元前
397 年等四十余年史事基本空白，[①] 且其内容多为策士纵横捭阖之辞，
并非专主记事。加以书中不实之处甚多，故远非系统全面。《史记》
作为战国史的最主要著作，于战国初年的历史记载甚略。[②]1973 年，
长沙马王堆汉墓出土帛书《春秋事语》《战国纵横家书》，其中，《战
国纵横家书》记事集中在公元前 299 年以后，已进入战国中后期。
《春秋事语》有《韩魏章》记"三家反知伯"事，约当周贞定王十六
年（公元前 453 年），[③] 惟此事亦见载于《史记》《战国策》，并非以往

---

　　① ［汉］刘向集录：《战国策》附录《战国策年表》，上海古籍出版社，1998，第
1221—1234 页。
　　② 朱凤瀚、徐勇：《先秦史研究概要》，天津古籍出版社，1996，第 9—10 页。
　　③ 马王堆汉墓帛书整理小组编：《战国纵横家书》，文物出版社，1976，第 173 页。
马王堆汉墓帛书整理小组编：《马王堆汉墓帛书（叁）》，文物出版社，1983，第 5 页。
《春秋事语》《战国纵横家书》修订本可参见裘锡圭主编：《长沙马王堆汉墓简帛集成》第
三册，中华书局，2014，第 167—267 页。

未见之新史料。

　　春秋战国之际本为历史转变之重要时期，然文献资料恰恰于此段最为粗疏，故历代史家深以为憾。正如顾炎武在《日知录》中所言："自《左传》之终以至此（指周显王三十年），凡一百三十三年，史文阙佚，考古者为之茫昧。"如此一来，清华竹书《系年》有关战国初期的记事便显得弥足珍贵。由于反映战国初期学术发展状况的传世文献几近无存，楚竹书同样给这段湮没不闻或残缺不全的学术史、思想史以重光的可能。楚竹书既为了解战国早期史事、年代、地域、学术、思想等均提供了宝贵的契机，也为探究"君子"思想含蕴转化的社会历史背景提供了第一手资料。

第一节　楚竹书与战国早期社会情境

一、清华竹书《系年》与战国早期战事之频繁

《系年》中的战国叙事补充了传世文献中有关战国初年记事的缺环。《系年》记述的战国早期战事有四次，是《系年》后四章叙事之主题。

其一，自晋敬公十一年（公元前 441 年）三晋赵氏与越伐齐，齐人始建长城，一直到晋幽公四年（公元前 430 年），赵氏、越与宋败齐师于襄平止，记载了晋赵氏联合越、宋伐齐的战事。

其二，记楚简王七年（公元前 422 年），楚应宋悼公请，城黄池、雍丘，三晋率师围黄池。次年，楚人夺宜阳，围赤岸，三晋救赤岸，楚人舍围与三晋战于楚长城，楚师宵遁。

其三，记著名的三晋伐齐之役，现藏日本京都泉屋博古馆及加拿大多伦多安大略博物馆的驫羌钟铭文对此事亦有记录。此事发生在周威烈王二十二年（公元前 404 年），由温庭敬先生首倡，唐兰先生补充，方诗铭先生再论，基本可以视为定论。[①]

其四，历述自楚声王四年（公元前 404 年）以降，楚郑、楚晋间的数次冲突，接续"三晋伐齐"事，叙述三晋与楚的关系。

---

① 董珊：《读清华简〈系年〉》，载氏著：《简帛文献考释论丛》，上海古籍出版社，2014，第 102—110 页。

根据《系年》的记载，结合相关文献和学者的研究成果，[①]可将战国早期重要史事的背景、过程大致勾勒如下：

战国初期，三晋以武力称雄，在东面与齐、南面与楚展开征伐、会盟。第二十章记"晋简公会诸侯，以与夫秦（差）王相见于黄池""越王勾践克吴，越人因袭吴之与晋为好"。杨伯峻先生注曰："黄池当在今河南封丘县南，济水故道南岸。"[②]"黄池之会"应是晋正卿赵鞅（赵简子）与吴，或者说是赵氏与吴约定"好恶同之"，[③]故《左传·哀公二十年》载：

> 十一月，越围吴。赵孟降于丧食。楚隆曰："三年之丧，亲昵之极也。主又降之，无乃有故乎？"赵孟曰："黄池之役，先主与吴王有质，曰：'好恶同之。'今越围吴，嗣子不废旧业，而敌之，非晋之所能及也。吾是以为降。"[④]

可知，越人因袭"黄池之盟"，即是与赵氏之盟。勾践灭吴之后，

①　李学勤：《清华简〈系年〉及有关古史问题》，《文物》2011年第3期。陈颖飞：《楚悼王初期的大战与楚封君——清华简〈系年〉札记之一》，《文史知识》2012年第5期。罗恭：《从清华简〈系年〉看齐长城的修建》，《文史知识》2012年第7期。马卫东：《清华简〈系年〉项子牛之祸考》，《华夏文化论坛》2013年第1期。李锐：《由清华简〈系年〉谈战国初楚史年代的问题》，《史学史研究》2013年第2期。刘全志：《清华简〈系年〉"王子定"及相关史事》，《文史知识》2013年第6期。王红亮：《清华简〈系年〉中的驫羌钟相关史实发覆》，《古代文明》2013年第3期。陈民镇：《齐长城新研：从清华简〈系年〉看齐长城的若干问题》，《中国史研究》2013年第3期。张树国：《驫羌钟与楚竹书〈系年〉所记战国初年史实考论》，《中华文史论丛》2016年第2期。

②　杨伯峻：《春秋左传注（修订本）》，中华书局，2009，第1674页。

③　杨博：《邢台葛家庄玄镠考略》，《河北青年管理干部学院学报》2010年第2期。

④　[晋]杜预注，[唐]孔颖达疏：《春秋左传正义·哀公二十年》，载[清]阮元校刻：《十三经注疏》，中华书局，2009，第4736页。

越国亦同吴国一样北上争霸，史称"徙都琅邪"，①其势力范围进入齐国的地域之内。春秋战国之际，晋赵鞅、知瑶亦多次率师东向击齐。如《左传·哀公十年》载："夏，赵鞅师伐齐……取犁及辕，毁高唐之郭，侵及赖而还。"②杨伯峻先生注云，犁在今山东德州临邑县西。辕在今山东德州禹城县西北，一云在禹城县南百里。③哀公二十三年（公元前472年）"夏六月，晋知瑶伐齐……战于犁丘。齐师败绩"。④其时已进入战国，此片区域应该由晋知氏或赵氏领有。"三分知氏之地"，赵氏多分得十城，如此，太行山以东原属知氏占有的土地，多数应当为赵氏继承。沈长云先生指出，赵氏所领在今卫河及大运河一带地区，与齐国犬牙交错。⑤以上当是越国与赵氏联合伐齐的背景。为应对这种渐包围的攻势，齐国开始修筑齐长城，《系年》记云："齐人焉始为长城于济，自南山属之北海。"由谭其骧先生等绘制的《战国齐鲁宋图》⑥可知，齐长城确实东向由海起始，将越之琅邪防御在外，在西端抵达平阴，骉羌钟铭中的"会平阴"应即指此地。

　　楚人利用宋国公室内乱的机会，北上城黄池、雍丘。黄池、雍

　　① 说见今本《竹书纪年》《吴越春秋》《越绝书》等，三书的史料可靠性向来有异议，辛德勇先生曾撰文对勾践徙都琅邪事展开缜密论述，分析了勾践迁都琅邪的政治地理背景，肯定了今本《竹书纪年》所载周贞定王元年（公元前468年）勾践徙都琅邪说可信，论证了琅邪就在山东省胶南市（今青岛市黄岛区）。参见辛德勇：《越王勾践徙都琅邪事析义》，《文史》2010年第1辑。
　　② ［晋］杜预注，［唐］孔颖达疏：《春秋左传正义·哀公十年》，载［清］阮元校刻：《十三经注疏》，中华书局，2009，第4703页。
　　③ ［晋］杜预注，［唐］孔颖达疏：《春秋左传正义》，载［清］阮元校刻：《十三经注疏》，中华书局，2009，第1656页。
　　④ ［晋］杜预注，［唐］孔颖达疏：《春秋左传正义·哀公二十三年》，载［清］阮元校刻：《十三经注疏》，中华书局，2009，第4737页。
　　⑤ 沈长云主编：《赵国史稿》，中华书局，2000，第125页。
　　⑥ 谭其骧主编：《中国历史地图集》第一册，中国地图出版社，1982，第39—40页。

丘在郑、宋之间，是韩、魏欲扩张之地。楚人筑城于黄池，占据要津，必不为三晋所容，故有周威烈王元年（公元前 425 年）的三晋率师围黄池，并将黄池"潼迵"（破坏）之举。楚人为"复黄池之师"，北上夺取韩的宜阳，"围赤岸"，三晋救赤岸，大败楚师于楚长城。

《史记·田敬仲完世家》云："庄子卒，子太公和立……宣公五十一年卒，田会自廪丘反。"《六国年表》载："（周威烈王二十一年，公元前 405 年）田会以廪壬反。"① 事亦见《水经注》引古本《竹书纪年》。其文云："晋烈公十一年，田悼子卒。田布杀其大夫公孙孙，公孙会以廪丘叛于赵。田布围廪丘，翟角、赵孔屑、韩师救廪丘，及田布战于龙泽，田布败逋。"② 此事作为"三晋伐齐"的导火索，构成战国第一个关键性的时间节点与事件。

按《系年》与鄙羌钟铭文，齐伐廪丘的次年，即周威烈王二十二年（公元前 404 年），三晋之师在魏文侯斯的率领下，联合越公翳伐齐。齐先与越成，避免了双线作战的不利局面。但是西来的三晋之师仍然"征秦、入长城、会平阴、夺楚京"，"大败齐师，逐之，入至汧水"。齐国最终请戎，双方约定"毋修长城，毋伐廪丘"。继而三晋挟胜利之势，"献齐俘馘于周王"，并驱"齐侯贷、鲁侯羴（显）、宋公田、卫侯虔、郑伯骀朝周王"。此即是"赏于韩宗，令于晋公，昭于天子"的由来。周威烈王二十三年（公元前 403 年），魏、韩、赵始列为诸侯，是为著名的"三家分晋"。故《吕氏春秋·下贤》云："（魏）文侯……南胜荆于连堤，东胜齐于长城，虏齐侯，献诸

---

① [汉]司马迁撰，[唐]司马贞索隐：《史记》，中华书局，1959，第 1886、709 页。
② 方诗铭、王修龄：《古本竹书纪年辑证（修订本）》，上海古籍出版社，2005，第 100 页。

天子，天子赏文侯以上闻。"①

　　楚国利用三晋忙于与齐的战事，主力无暇南顾之机，使宋、郑朝于楚，以榆关为武阳城，并引秦为援，败晋师。此后，三晋与楚以郑国为中心展开交锋。楚悼王即位，郑国入侵榆关，与楚战于桂陵，楚师无功。继而楚国破坏了晋郑谋划的"入王子定"事，并在周安王二年（公元前400年）侵郑，"尽降郑师与其四将军，以归于鄩"。周安王三年（公元前399年），晋人攻占津、长陵。楚平夜悼武君"降鄀……复长陵之师"。周安王五年（公元前397年），"韩取、魏击率师围武阳，以复鄀之师"。楚国一方面命鲁阳公率师救武阳，一方面使平夜悼武君入齐求师，齐"陈疾目率车千乘，以从楚师于武阳"，未及而反。甲戌，楚人与韩、魏战于武阳城下，楚师大败，"三执珪之君与右尹昭之竢死焉"，"陈人焉叛，而入王子定于陈，楚邦以多亡城"。值得注意的是，周安王五年的战事，赵之所以并未参加，或与"三家分晋"后赵之势力范围不再与楚直接接壤有关。

　　由《系年》可知，三晋在战国初期的军事斗争中基本处在优势地位，东向压制住了田齐，南向两次大败楚国，始终将楚国的北上势头遏制在黄池、榆关至宜阳一带。为对抗三晋的攻势，齐、楚均修建有长城。赵、魏、韩虽由春秋时期的晋国三分而来，但由于晋国实力远甚于各国，因而三国都拥有相当的政治经济实力，尤其是战国初年，三家采取一致对外的结盟手段，保证了自身在军事外交方面的优势地位。这一优势地位不仅仅体现在《系年》所载战国早期的战事中，战国早中期魏国的强盛亦是承其余绪。②

---

　　①　许维遹撰，梁运华整理：《吕氏春秋集释·慎大览·下贤》，中华书局，2009，第372页。
　　②　杨博：《清华简〈系年〉所记战国早期战事之勾勒》，《宁波大学学报（人文科学版）》2018年第3期。

二、《系年》与战国早期的"四战之地"

《史记·六国年表》曰：

> 六卿擅晋权，征伐会盟，威重于诸侯……海内争于战功矣。三
> 国终之卒分晋，田和亦灭齐而有之，六国之盛自此始。务在强兵并
> 敌……①

《系年》后四章详细记载了三晋与齐、楚的连年冲突，兼及越、
郑、宋等国的活动。据《左传·襄公二十九年》载，吴公子季札历
聘上国，适晋，说赵文子、韩宣子、魏献子曰："晋国其萃于三家
乎！"②1973 年，山东临沂银雀山汉墓出土竹书《吴问》中记载有孙
武与阖闾的问答，孙武由晋六卿所行田亩与税制推测六卿衰亡的先
后次序，并预测出赵、韩、魏三家之盛。王晖先生认为，三家之强
在春秋末期已现端倪，当是战国时人的通识。③《系年》的记述正好
印证了这一点。

《系年》所记战事的发生地可粗略地分为两类，其一是以齐、楚
长城为中心，其二是以黄池、雍丘、宜阳和武阳为中心。二者之区
别在于，长城修建于本国（如齐、楚）边境，而黄池、武阳等城址
则不尽然。换言之，长城之修建目的在于防御，黄池等城址则是几
方势力此消彼长的晴雨表，是三晋、楚、齐等争霸的枢纽所在。《史

---

① ［汉］司马迁撰，［唐］司马贞索隐：《史记·六国年表》，中华书局，1959，第
685 页。
② ［晋］杜预注，［唐］孔颖达疏：《春秋左传正义·襄公二十九年》，载［清］阮元
校刻：《十三经注疏》，中华书局，2009，第 4361 页。
③ 王晖：《试论〈吴问〉的成文年代及其相关问题》，《东南文化》1993 年第 2 期。

记·乐毅列传》云："赵，四战之国也，其民习兵，伐之不可。"①《后汉书·荀彧传》亦称："颖川，四战之地也，天下有变，常为兵冲。"②此所谓"天下有变"，亦当包括王夫之所称举的"古今一大变革之会"的战国时期，而《系年》所涉之黄池、雍丘、宜阳等，均可名之为"四战之地"。

关于黄池一地，杨伯峻先生《左传·哀公二十年》"黄池之会"注曰："黄池当在今河南封丘县南，济水故道南岸。"③春秋初为卫地，其时应是宋地，战国时则数易其主。

雍丘本为郑地，后属韩，其地在今河南杞县。宜阳，战国属韩地，在今河南西部。雒阴，在今陕西大荔西。武阳，据《系年》记载，自"（楚声）王率宋公以城榆关，真武阳"之后，有"郑人侵榆关……与之战于桂陵""韩取、魏击率师围武阳""鲁阳公率师救武阳，与晋师战于武阳之城下"等数次与武阳有关的战事。榆关，杨宽先生曾指出，榆关在新郑与大梁之间，原为郑地，因是出入中原之重要门户，成为魏与楚争夺之要地。④由《系年》可知，榆关于楚声王四年（公元前400年）为楚国所领有。桂陵，在今河南长垣北。《水经注》引古本《竹书纪年》曰："梁惠成王十七年，齐田期伐我东鄙，战于桂阳，我师败逋。"⑤据统计，战国时期，赵、楚、齐均有武阳地名。⑥整理者认为，武阳在今山东阳谷县西或今河南舞阳县西。

①　[汉]司马迁撰，[唐]司马贞索隐：《史记·乐毅列传》，中华书局，1959，第2435页。
②　[南朝宋]范晔撰，[唐]李贤等注：《后汉书·荀彧传》，中华书局，1965，第2281页。
③　杨伯峻：《春秋左传注（修订本）》，中华书局，2009，第1674页。
④　杨宽：《战国史料编年辑证》，上海人民出版社，2001，第206页。
⑤　方诗铭、王修龄：《古本竹书纪年辑证（修订本）》，上海古籍出版社，2005，第130页。
⑥　后晓荣：《战国政区地理》，文物出版社，2013，第294—295页。

据《系年》可知，郑国附近的武阳，在张家山汉简《秩律》中称为"东武阳"。①

赤岸，据《吴越春秋·越王无余外传》载："（禹）于是周行宇内，东造绝迹，西延积石，南踰赤岸，北过寒谷。"②据《三国志·魏书·任城陈萧王传》载："臣昔从先武皇帝南极赤岸，东临沧海，西望玉门，北出玄塞。"③两处"赤岸"在南部，④或与楚有关。

"四战之地"的史学价值如下：

第一，《系年》记载印证了"地"作为古史叙事的主干因素，在史书记载中的重要地位。《系年》所涉之战国早期"四战之地"，对于战国时期天下大势产生了深远的影响。

第二，《系年》简文与传世文献记载，亦证明了《六国年表》"海内争于战功矣……务在强兵并敌"之说的合理性。

第三，长城的修建和对"四战之地"的反复争夺，表明了"领土国家"概念的最终成形。⑤

---

① 苏建洲、吴雯雯、赖怡璇：《清华二〈系年〉集解》，（台北）万卷楼图书股份有限公司，2013，第 877 页。

② [汉]赵晔撰，[元]徐天祜音注：《吴越春秋·越王无余外传》，江苏古籍出版社，1999，第 98 页。

③ [晋]陈寿撰，[南朝宋]裴松之注：《三国志·魏书·任城陈萧王传》，中华书局，1959，第 567 页。

④ 李善等注："赤岸，盖地名也。曹子建曰：'南至赤岸。'山谦之《南徐州记》曰：'京江，禹贡北江。春秋分朔，辄有大涛，至江乘，北激赤岸，尤更迅猛。'然并以赤岸在广陵。而此文势似在远方，非广陵也。"由之看来，李善等认为"赤岸"为长江沿岸之地名，但并不认为在广陵。《三国志·魏书·武帝纪》记建安十七年冬，曹操征孙权，"十八年春正月，进军濡须口，攻破权江西营"。由此看来，此次征伐曹军确实已经南至江边，曹植可能随行。其地或以为在今南京市以西的长江边上。参见曹道衡：《庾信〈哀江南赋〉四解》，《中华文史论丛》1980 年第 3 辑。

⑤ 杨博：《战国早期的"四战之地"：清华简〈系年〉所记战国史事》，《文史知识》2015 年第 3 期。

三、战国早期地域文化间的交流

在"领土国家"的基础上，诸国、诸地域文化间的交流亦蓬勃发展。从楚竹书文献来看，商周王官之学是楚文化的根柢，以齐鲁文化为代表的地域文化对楚文化产生了重要影响，楚国至迟在战国中期一跃成为南方的学术与思想中心。

（一）商周文化对楚文化的影响

楚竹书发现以前，学界对楚文化的研究多侧重于楚文化与中原文化的差异，而对楚文化对中原文化的继承和发展关注不多。据《史记·楚世家》记载，西周时，楚君熊渠曰："我蛮夷也，不与中国之号谥。"楚武王三十五年，楚伐随。随曰："我无罪。"楚曰："我蛮夷也。"[1] 从楚竹书反映的情况来看，楚国学术的主流并非"蛮夷之学"，楚文化与中原学术是相互关联、一脉相承的。[2]

清华竹书《楚居》记载了楚人自述其先祖季连娶妻的故事：

> 季䢲（连）初降于騩（騩）山……逆上洲水，见盘庚之子，凥（处）于方山。女曰妣隹【1】[3]……季䢲（连）闻其有聘（聘），从，及之盘（泮），爰生繲伯、远仲。【2】

楚人的自述，提供了楚人与商人交往的重要史料。在"有聘"的情况下，季连仍能娶得"盘庚之子"，充分表明楚人具有一定的

---

① ［汉］司马迁撰，［唐］司马贞索隐：《史记·楚世家》，中华书局，1959，第1692、1695页。

② 徐文武：《楚国思想与学术研究》，湖北教育出版社，2012，第7页。

③ 【】内汉字与数字表示简文的出处。【1】即表示该引文出自清华竹书《楚居》第1号简。

实力。

楚竹书中明确指出，楚人受到商周王官之学的影响，其标志性事件乃"王子朝之乱"。此即《左传·昭公二十六年》所记"王子朝及召氏之族、毛伯得、尹氏固、南宫嚚奉周之典籍以奔楚"事。清人惠栋评价道："周之典籍、尽在楚矣。"① 范文澜先生认为，周人和典籍大量移入楚国，使得"楚国代替东周王国，成为文化中心，与宋、鲁同为文化中心"。② 由此可见，"王子朝之乱"推动了南北文化交流和楚文化的发展。此外，春秋晚期以后，诸子学派兴起，诸学派思想多出自西周王朝史官记录之"书""语"类文献，而且学派间亦必多有交流。这些论断同样适用于楚国，清华竹书"书""诗"类文献的发现即为明证。这些与西周王官之学有关的"书""诗"类文献对楚文化产生了极大的影响。结合楚竹书与传世文献不难发现，楚文化的根柢与商周时期的中原文化紧密相连。

（二）齐鲁文化与楚文化的交流

李学勤先生曾这样论述齐鲁文化对楚文化的影响：

> 前不久公布的郭店楚简和上海博物馆藏战国楚简，为我们展示了战国时代更广泛的学术文化面貌。特别是这两批竹简的主要内容是儒家的东西，具有更加重要的意义。儒学的源头在齐鲁，儒学的创始人孔子是鲁国人，儒学的主要承传者孟子的主要活动地点在齐国，而他们相关的著作内容在楚国的墓葬中发现了，从中正可了解齐鲁学术文化的传播与影响。③

---

① [清] 洪亮吉：《春秋左传诂·传昭公四》，中华书局，1987，第777页。
② 范文澜：《中国通史》第一册，人民出版社，1978，第116页。
③ 李学勤：《从新出楚简看齐鲁文化的影响》，载王志民主编：《齐鲁文化研究（第2辑）》，齐鲁书社，2003，第1页。

齐鲁文化对楚文化的影响，可从三个方面加以论述。首先是李学勤先生所指出的儒学角度。从楚竹书文献的组成来看，儒家文献占有绝对的优势。如郭店楚墓中，儒家著作有 11 种 14 篇，分别是《缁衣》《五行》《鲁穆公问子思》《穷达以时》《性自命出》《成之闻之》《尊德义》《六德》《唐虞之道》《忠信之道》和《语丛》。道家著作只有《老子（甲）（乙）（丙）》和《太一生水》2 种 4 篇。上博竹书目前仍未全部公布，但从已公布的 9 册来看，儒家著作有 20 余种，而道家著作只有《凡物流形》《恒先》《三德》3 篇。清华竹书以“经”“史”为主，与儒家关系密切。从楚竹书文献的数量来看，儒道文献的数量相差悬殊，从侧面显示出儒家思想在楚国主流思想中占据重要地位。这一方面说明儒家文化应归入楚文化的核心要素之中，另一方面反映出齐鲁文化对楚文化的重要学术影响。

其次是古文字学的角度。以郭店竹书《语丛（三）》为例，该篇是具有齐系文字特点的抄本。简文中读为“必”的字凡三见，其中简 16、简 60 写作“（朼）”，用字习惯与郭店竹书《唐虞之道》《忠信之道》及上博竹书《缁衣》等篇相同。简 65 壹写作“（必）”，则包含有楚文字因素。冯胜君先生认为，“以郭店竹书和已公布的上博竹书为例，没有哪一篇简文是完全不包含楚文字因素的其他国家的抄本，应该都是楚人的转录本”。[①]

最后是楚竹书中蕴含的思想内容的角度。上博竹书《竞建内之》《鲍叔牙与隰朋之谏》《竞公疟》的故事直接来自齐国。《鲁邦大旱》《曹沫之陈》的故事直接来自鲁国。上博竹书《凡物流形》和《管子》四篇有相似之处。郭店竹书《性自命出》简 14“凡道，心术为主”

① 冯胜君：《有关战国竹简国别问题的一些前提性讨论》，载中国古文字研究会编：《古文字研究（第 26 辑）》，中华书局，2006，第 314—319 页。

的"心术"，简54"独处而乐，有内业者也"的"内业"等也是《管子》篇名。① 凡此均可表明，楚文化受到齐鲁等国文化的深刻影响。

（三）楚文化的区域学术与思想中心地位

先秦时期，各诸侯国发展程度不一，并且形成了各自的文化特色，具体可参见《史记·货殖列传》，兹不赘引。南朝梁刘勰在《文心雕龙·时序》中说：

> 春秋以后，角战英雄，六经泥蟠，百家飙骇。方是时也，韩魏力政，燕赵任权，五蠹六虱，严于秦令，唯齐、楚两国，颇有文学。齐开庄衢之第，楚广兰台之宫，孟轲宾馆，荀卿宰邑，故稷下扇其清风，兰陵郁其茂俗，邹子以谈天飞誉，驺奭以雕龙驰响，屈平联藻于日月，宋玉交彩于风云。观其艳说，则笼罩《雅》《颂》，故知暐烨之奇意，出乎纵横之诡俗也。②

刘勰所谓"唯齐、楚两国，颇有文学"中的"文学"，从其所列举的孟子、荀子、邹子等代表人物及其思想来看，应是包括思想与学术在内的、大致相当于今之"文化"的广义的"文学"概念。刘勰在描述春秋以后的学术发展情况时称重齐、楚两国，阐述楚国"文学"时列举了战国晚期以荀子为代表的兰陵学派，以及屈原、宋玉等人的辞赋创作。

楚国在战国时代是否成为堪与齐稷下学宫比肩的南方思想与学术中心，传世文献并无明确记载，楚竹书则为我们提供了新的佐证。

---

① 周凤五：《上博楚竹书〈彭祖〉重探》，载《传统中国研究集刊》编委会编：《传统中国研究集刊（第1辑）》，上海人民出版社，2006，第275—276页。

② ［南朝梁］刘勰撰，詹锳义证：《文心雕龙义证·时序》，上海古籍出版社，1989，第535—536页。

楚文化以商周王官之学为根柢，受到齐鲁、三晋等区域文化的影响，在楚竹书诸子文献的构成方面体现为，郭店竹书中儒、道著作同出一墓，上博竹书中儒、道、墨、法、兵、阴阳等诸子学说并存，清华竹书中包括了大量西周王朝的"书""诗"类文献。由此可知，楚国不仅是王官之学与诸子思想的汇聚之地，也是诸家思想与学术交流的中心之一。

　　综上所述，无论是从楚竹书的文献构成来看，还是从具体文献的思想内容来看，楚竹书均提示我们，楚文化与中原王官文化、齐鲁区域文化都有不同程度的交融。先秦时期不同地域文化之间的交流与融合，透过楚竹书文献展现在世人面前。

第二节　楚竹书所见战国早期学术的历时性递嬗

随着平王东迁、天子威权下移，掌管诸家学术的"畴人子弟"流落四方，其所掌握的专门学问与技艺也由此传播到民间。此外，王朝与诸侯亦因礼崩乐坏，实力穷蹙，无法继续维持原有的官学教育，致使官学日趋衰落，私学兴起。金景芳先生早年即指出："真正在政治思想领域中展开斗争的，实际只有儒、墨、道、法四家。"[①] 华仲麐先生认为，真正卓然自立而互不依傍者，只有儒、道、墨三家。[②] 楚竹书"子"类文献以儒道为主、兼及墨家的内容构成，正好印证了华仲麐先生的论点。有鉴于此，我们在讨论楚竹书所见先秦诸子学术的发展状况时，亦主要围绕儒、道、墨三家来展开。

一、早期儒学传布与孔、孟、荀之间的学术传承

由于春秋末期到战国早期的文献记载奇缺，故反映这一时期学术发展状况的传世文献资料亦几近无存。从《左传》记事终年的公元前468年到《战国策》的主体记事年代公元前342年，中间约有130年的空白。楚竹书文献则给这段湮没不闻或残缺不全的学术史、思想史以重光的可能。与早期儒学有关的楚竹书文献中，值得注意的主要有两类：其一与早期儒学的传布有关，其二则涉及孔孟、孔荀之间的学术传承。

---

① 金景芳：《战国四家五子思想论略——儒家孟子、荀子，墨家墨子，道家庄子，法家韩非子》，《吉林大学社会科学学报》1980年第1期。

② 华仲麐：《诸子与诸子学》，《孔孟月刊》1984年第12期。

（一）早期儒学的传布

据钱穆先生的《先秦诸子系年》载，以孔、孟为首尾的儒门诸子之生卒年月大致如下：[①]

孔子（孔丘）	公元前 551 年—公元前 479 年
子路（仲由）	公元前 542 年—公元前 480 年
颜回（颜渊）	公元前 521 年—公元前 481 年
子贡（端木赐）	公元前 520 年—公元前 450 年
子夏（卜商）	公元前 507 年—公元前 420 年
子游（言偃）	公元前 506 年—公元前 445 年
曾子（曾参）	公元前 505 年—公元前 436 年
子思	公元前 483 年—公元前 402 年
子上	公元前 429 年—公元前 383 年
孟子（孟轲）	公元前 390 年—公元前 305 年

由是观之，孔子的卒年约当《左传》记事终年，孟子的主要活动年代则与《战国策》的主体记事年代相合，子夏、子游、曾子、子思、子上等人的活动年代正在这 130 年间。[②] 前文已述，郭店竹书、上博竹书等楚竹书的埋藏年代约在公元前 300 年前后。楚竹书中出现了许多《史记·孔子世家、仲尼弟子列传》中记载的早期儒家代表人物，如颜回、仲弓、子路、子贡、子游、子夏、子羔、子思等。

---

① 钱穆：《先秦诸子系年（新校本）》，九州出版社，2011，第 633—635 页。
② 庞朴：《孔孟之间——郭店楚简中的儒家心性说》，载国际儒联学术委员会编：《中国哲学》第 20 辑《郭店楚简研究》，辽宁教育出版社，1999，第 22—35 页。李学勤：《孔孟之间和老庄之间》，载氏著：《文物中的古文明》，商务印书馆，2008，第 400—407 页。

表 1–1　孔门弟子在楚竹书文献中的出现情况

孔门弟子	篇名	孔门弟子	篇名
颜回	上博竹书《颜渊问于孔子》	子游	上博竹书《子道饿》
	上博竹书《弟子问》	子夏	上博竹书《民之父母》
仲弓	上博竹书《仲弓》	子羔	上博竹书《子羔》
子路	郭店竹书《穷达以时》	子我	上博竹书《弟子问》
子贡	上博竹书《鲁邦大旱》	子由	上博竹书《弟子问》
	上博竹书《相邦之道》	子羽	上博竹书《弟子问》
	上博竹书《弟子问》	子思	郭店竹书《鲁穆公问子思》

由表 1–1 可见，楚竹书文献为我们了解孔子在世时传播儒学的途径和孔子身后儒学的演变与传播情况提供了新的线索。

1. 孔子在世时传播儒学的途径

春秋末期特别是孔子晚年，儒学已在各诸侯国具有相当影响。孔门弟子就来自不同的诸侯国，甚至远及秦、楚、燕等国。[①] 此外，孔子提倡"有教无类"，其弟子的身份上及贵族，下及寒士，甚至包括盗贼之流。儒学传播的兴盛由此可见一斑。

除广收弟子之外，孔子师徒周游列国是儒学传播的另一重要途径。据《史记·孔子世家》记载，从鲁定公十三年（公元前 497 年）到哀公十一年（公元前 484 年），孔子周游卫、曹、宋、陈、郑、楚、蔡等国。据整理者考释，上博竹书《子道饿》与孔子"陈蔡之厄"之事有关。[②]《子道饿》曰：

---

① 据学者统计，从出身国别来看，孔门弟子中，鲁国 61 人，卫国 11 人，齐国 9 人，陈国 4 人，秦国 4 人，宋国 4 人，晋国 3 人，楚国 3 人，吴国 2 人，蔡国 2 人，燕国 1 人。参见李启谦：《孔门弟子研究》，齐鲁书社，1987，第 238—241 页。

② 亦有学者将简序重新编联后提出，《子道饿》与"厄于陈蔡"事件的关系可商，参见复旦吉大古文字专业研究生联合读书会：《上博八〈子道饿〉校读》，复旦网，2011 年 7 月 11 日。廖名春：《上博楚竹书〈鲁司寇寄言游于逡楚〉篇考辨》，《中华文史论丛》2011 年第 4 期。

子道饿而死焉。门人谏曰："吾子齿年长矣，豪（家）性甚急，性未有所奠，愿吾子止煮（图）之也。"奓（言）游【1】止也。掞（偃）也修其德行，以受战攻之，食于子，于掞（偃）伪于子，云："于是乎，可旅。"遂行至宋卫之夗（间）……【2】"☐将焉遄（往）？"奓（言）游曰："食而弗与为礼，是战攻畜☐【3】鲁司寇奇，奓（言）游于逡楚……"【4】

简文给我们提供了孔子"厄于陈蔡"事件的新知。简文记载，在绝粮的危急时刻，孔子作出了两个济难之举，一由言游北上告急于鲁，二由子贡南下求救于楚。言游北上告急，门人劝谏道："吾子齿年长矣，家性甚急，性未有所奠。"言游坚持北上。一行人行至宋卫之间时，门人不知所踪，言游重申"受夫子教养，而不崇礼，是以受战攻蓄不仁之举"。[1] 简文充分反映了言游在势穷力困之际的儒行本色。

孔子派弟子南下北上求救，与孔子跟诸侯、士大夫之间的交往有密切关系。上博竹书《鲁邦大旱》记述了鲁哀公与孔子的问对，《孔子见季桓子》《季庚子问于孔子》记述了孔子与季氏父子的问答，上博竹书《史蒥问于夫子》则记述了齐史之子向孔子请教国治问题。此外，河北定州八角廊汉墓出土竹书《儒家者言》记载"匡间（简）子欲杀阳虎，孔子似之"。[2] 阜阳1号木牍亦有"孔子之匡""仲尼之楚至蔡""孔子将西游至宋""孔子见卫灵公"等记载，还有"孔子

---

① 濮茅左：《〈子道饿〉释文考释》，载马承源主编：《上海博物馆藏战国楚竹书（八）》，上海古籍出版社，2011，第119—127页。
② 国家文物局古文献研究室、河北省博物馆、河北省文物研究所定县汉墓竹简整理组：《〈儒家者言〉释文》，《文物》1981年第8期。

之楚有献鱼者""孔子之庿观太庙""楚王召孔子"等篇题。^①此外，还有一些篇题，如"赵襄子谓仲尼""鲁哀公问孔子当今之时""孔子见季康子"等，则同传世文献中有关孔子与诸侯、士大夫交往的记载相合。通过孔子的广泛交游，儒学得以在卫、曹、宋、陈、郑、楚、蔡等国广泛传播，儒学的影响因而得以扩大。^②

2. 孔子身后儒学南传之实例

传世文献中有关孔子身后儒学传播的记载，首推《史记·儒林列传》。其文曰：

> 自孔子卒后，七十子之徒散游诸侯，大者为师傅卿相，小者友教士大夫，或隐而不见。故子路居卫，子张居陈，澹台子羽居楚，子夏居西河，子贡终于齐。如田子方、段干木、吴起、禽滑厘之属，皆受业于子夏之伦，为王者师。是时独魏文侯好学。后陵迟以至于始皇，天下并争于战国，儒术既绌焉，然齐鲁之间，学者独不废也。于威、宣之际，孟子、荀卿之列，咸遵夫子之业而润色之，以学显于当世。^③

《史记》这段记载虽然勾勒出孔子身后儒学传播的大致脉络，但是孔门后学著书立说、聚徒讲学的详细情况则实难考证。李学勤、李零二位先生曾依据河北平山战国时期中山王𰽤墓中出土的中山王𰽤鼎铭（《集成》02840），并结合文献记载，论述了儒学在中山国的

---

① 国家文物局古文献研究室、安徽省阜阳地区博物馆阜阳汉墓竹简整理组：《阜阳汉墓简介》，《文物》1983 年第 2 期。韩自强：《阜阳汉简〈周易〉研究（附：〈儒家者言〉章题、〈春秋事语〉章题及相关竹简）》，上海古籍出版社，2004，第 153—163 页。

② 刘光胜：《出土文献与早期儒学传播》，《平顶山学院学报》2008 年第 3 期。

③ ［汉］司马迁撰，［唐］司马贞索隐：《史记·儒林列传》，中华书局，1959，第 3116 页。

流传情况，① 而楚竹书中的儒家文献，则有助于了解儒学在楚地的传播情况。

儒学在楚地传播的最主要表现是儒家经典的传播。"六艺"虽为战国诸子之共同文化背景，但是儒门首重"六艺"亦是不争的事实。楚竹书中的"书"类文献，其完整篇章的来源似与春秋后期的王子朝奔楚有关。儒家文献对于"书"类文献的阐述、引用（如郭店竹书《缁衣》中引《尹诰》一条、《君牙》一条、《吕刑》三条、《君陈》二条、《祭公之顾命》一条、《康诰》一条、《君奭》一条；郭店竹书《成之闻之》中引《大禹》一条、《君奭》三条、《韶命》一条、《康诰》一条等），充分表明儒门对于"书"类文献的解读在楚地得到了一定的传播。

楚竹书中不仅有清华竹书《周公之琴舞》《芮良夫毖》等"颂"诗、上博竹书《逸诗》等诗篇，还有清华竹书《耆夜》之类的"诗话"性质的文献，安大竹简中另有《诗经》58篇，"诗"在楚地的广泛传播可见一斑。就儒家文献《孔子诗论》篇而言，李零先生由"行此者岂有不王乎"一句判断，此篇与《子羔》同属一篇，故此篇应为子羔所作。② 李学勤先生也赞同这一观点。③ 李学勤先生根据子夏曾在魏国传诗，其弟子李克曾在中山国传诗，推断《孔子诗论》正是子夏传"诗"之作。④ 由此可知，战国时期，子夏诗学已传播到北起魏、中山，南到楚之间的区域。

---

① 李学勤、李零：《平山三器与中山国史的若干问题》，《考古学报》1979年第2期。

② 李零：《简帛古书与学术源流（修订本）》，生活·读书·新知三联书店，2008，第232页。

③ 廖名春：《上博〈诗论〉简的作者和作年——兼论子羔也可能传〈诗〉》，《齐鲁学刊》2002年第2期。

④ 李学勤：《〈诗论〉的体裁和作者》，载朱渊清、廖名春主编：《上博馆藏战国楚竹书研究》，上海书店出版社，2002，第56页。

《史记·仲尼弟子列传》亦言及孔子在楚国的再传弟子及儒家易学的传承情况：

> 商瞿，鲁人，字子木。少孔子二十九岁。孔子传易于瞿，瞿传楚人馯臂子弘，弘传江东人矫子庸疵，疵传燕人周子家竖，竖传淳于人光子乘羽，羽传齐人田子庄何……①

孔子传易于商瞿，瞿再传楚人馯臂子弘，儒家易由此在楚地落地生根。上博竹书《周易》本身即是"六艺"经典之一，可惜只有三十四卦。

楚竹书中多次提及，孔子晚年喜"易"。如郭店竹书《缁衣》曰：

> 子曰："南人又言曰：人而无𢝼（恒），不可为【45】卜筮也，其古之遗言𦎫（与）？鬼䇂（筮）犹弗知，而皇（况）于人乎。"【46】②

《缁衣》所载孔子的话基本与今本《论语》相同，是借"易"之"卜筮"阐述君子品格的培养。郭店竹书《语丛（一）》中也明确提到了"易"。其文曰：③

---

① ［汉］司马迁撰，［唐］司马贞索隐：《史记·仲尼弟子列传》，中华书局，1959，第2211页。

② 陈伟等：《楚地出土战国简册（十四种）·郭店1号墓简册》，经济科学出版社，2009，第166页。

③ 《语丛（一）（二）（三）》在内容上与《性自命出》诸篇相出入，在形式上则类似古代注解。盖杂录先儒之说，以备诸篇。参见李零：《郭店楚简校读记（增订本）》，中国人民大学出版社，2007，第204页。

易，所以会天衔（道）人衔（道）【36】也。【37】^①

　　上述与"易"有关的楚竹书文献充分表明，儒家易已在楚地广泛传布。

　　"礼"是儒家的核心概念之一，楚竹书中亦有不少"礼"类文献，"经礼""曲礼""礼意"的诠释都有涉及。"经礼""曲礼"是"礼文"，"礼意"是"礼文"的精神所在。"经礼"是为了较隆重的特定目的而实行的一整套仪式，亦即《仪礼》所载的"冠婚丧祭燕射朝聘"等，上博竹书《昔者君老》就属于这方面的内容。"曲礼"是从礼仪中归纳出来的通则，上博竹书《缁衣》《君子为礼》即属于这方面的内容。"经礼""曲礼"所表达的精神是一致的，即其"礼意"是一致的。上博竹书《武王践阼》《民之父母》《天子建州》等均带有"礼意"诠释的性质。^②从文献存留分类的角度来说，"经礼"与《周礼》《仪礼》等记载的一整套规则仪式相合，"曲礼""礼意"则与《礼记》修身治国之意旨更为贴切。^③上述"礼"类文献充分表明，"礼"类文献曾在楚地广泛流行。

　　"乐"类文献方面，清华竹书《周公之琴舞》就是乐家传的一种乐歌文本。^④李学勤先生指出，《周公之琴舞》"是在固定的场合，例如新王嗣位的典礼上演出的"。^⑤《周公之琴舞》"不仅是佚诗的发现，

----

　　① 陈伟等：《楚地出土战国简册（十四种）·郭店1号墓简册》，经济科学出版社，2009，第245页。
　　② 叶国良：《战国楚简中的"曲礼"论述》，载武汉大学简帛研究中心主编：《简帛（第4辑）》，上海古籍出版社，2006，第239—240页。
　　③ 杨博：《战国楚竹书史学价值探研》，上海古籍出版社，2019，第95—96页。
　　④ ［韩］吴万钟：《〈清华简·周公之琴舞〉之启示》，载赵敏俐主编：《中国诗歌研究（第10辑）》，社会科学文献出版社，2014，第38页。
　　⑤ 李学勤：《论清华简〈周公之琴舞〉的结构》，《深圳大学学报（人文社会科学版）》2013年第1期。

也是佚乐的发现"。① 此外，上博竹书《采风曲目》亦是"乐"类文献。这些"乐"类文献从侧面证明，"乐"类文献曾流行于楚地。

至于"春秋"类文献，《系年》被公认为代表了战国楚地史书编纂的最高水平，特别是《系年》与《左传》在编纂方式、材料来源等方面的密切关系，亦可说明"春秋"同样为楚人所重视。② 郭店竹书《六德》中关于"六艺"的记载亦说明了这一点：

> 故夫夫、妇妇、子子、君君、臣臣，六者各【23】行其哉（职），而谗谄无繇（由）连（作）也。观诸诗、书则亦在矣，观诸【24】礼、乐则亦在矣，观诸易、春秋则亦在矣……【25】③

《六德》既表明"六艺"是儒家学说的重要传播途径，又表明"六艺"已广泛传播至楚地。

孔门弟子不仅以"六艺"为援传播儒家学说，类似传世文献《论语》性质之文献也是由孔门弟子传至楚地的。楚竹书中与《论语》有关的内容很多，笔者将其整理为表1–2。由此可知，战国中期以前，孔子言行类的儒家典籍已在楚地流传。除孔子言行类的儒家典籍外，楚竹书中也有孔子说解经典的文本。上博竹书《孔子诗论》《孔丛子·记义》中的孔子论"诗"，就是孔子诗学课堂和遗说存在的明证。④

---

① 李学勤：《新整理清华简六种概述》，《文物》2012年第8期。

② 杨博：《裁繁御简：〈系年〉所见战国史书的编纂》，《历史研究》2017年第3期。

③ 李零：《郭店楚简校读记（增订本）》，中国人民大学出版社，2007，第171页。

④ 姜勇：《从〈论语〉的"界限"看孔子遗说的分类编纂——兼及上博简〈孔子诗论〉的史证价值》，《孔子研究》2019年第1期。

表1-2　楚竹书文献与今本《论语》相近内容之对照

楚竹书		《论语》	
内容	篇名	内容	篇名
志于衍（道）、扅（狎）于德、厌（比）于【50】仁、游于艺。【51】	郭店竹书《语丛（三）》	子曰："志于道，据于德，依于仁，游于艺。"	《述而》
毋意、毋固、【64壹】毋我、毋必。【65壹】	郭店竹书《语丛（三）》	子绝四：毋意，毋必，毋固，毋我。	《子罕》
言之而不义，【1】口勿言也；视之而不义，目勿视也；听之而不义，耳勿听也；动之而不义，身勿动焉……【2】	上博竹书《君子为礼》	非礼勿视、非礼勿听、非礼勿言、非礼勿动。	《颜渊》
子叹曰："于！莫我知也夫。"子游曰："有施之谓也乎？"【4】	上博竹书《弟子问》	子曰："莫我知也夫！"子贡曰："何为其莫知也？"	《宪问》
子曰："贫贱而不约者，吾见之矣；富贵而不骄者，吾闻而[未之见也]。"【6】	上博竹书《弟子问》	子贡曰："贫而无谄，富而无骄，何如？"子曰："可也。未若贫而乐，富而好礼者也。"	《学而》
贫而安乐。【13】	上博竹书《颜渊问于孔子》		
言行相近，然后君子。【12】	上博竹书《弟子问》	文质彬彬，然后君子。	《雍也》
多闻则惑，多见则……【16】	上博竹书《弟子问》	子曰："多闻阙疑……多见阙殆……"	《为政》
		子曰："多闻择其善者而从之，多见而识之，知之次也。"	《述而》
巧言令色，未可谓仁也。【附简】	上博竹书《弟子问》	子曰："巧言、令色、足恭，左丘明耻之，丘亦耻之……"	《公冶长》
仲弓曰："雟（雍）也不悥（敏）……"【9】	上博竹书《仲弓》	仲弓曰："雍虽不敏……"	《颜渊》
仲尼[曰]："翼（举）尔所智（知），尔所不智（知），人其镓（舍）之者（诸）？"【10】	上博竹书《仲弓》	（仲弓）曰："举尔所知。尔所不知，人其舍诸？"	《子路》
刑政不缓，德教不卷（倦）。【17】	上博竹书《仲弓》	子曰："道之以政，齐之以刑，民免而无耻；道之以德，齐之以礼，有耻且格。"	《为政》

　　此外，楚竹书还提供了儒家学派在楚地发展之资料。《子道饿》反映了子游及其门人在势穷力困之际，固穷自如、崇礼举仁的儒行本色。《荀子·非十二子》中将子游列为"贱儒"，《韩非子·显学》

更是将"言游之儒"列于八分之外。《子道饿》的发现证明了"言游之儒"的存在和延续，也说明了子游学派在楚地的传播情况。

《史记·孔子世家》称："子思作《中庸》。"李学勤先生指出，《缁衣》《五行》《六德》《成之闻之》《性自命出》《尊德义》是子思所作《子思子》的佚篇。①《隋书·音乐志》引南朝沈约之言曰："《中庸》《表记》《坊记》《缁衣》，皆取《子思子》。"②上博竹书《从政》篇，杨朝明先生认为其在形式、内容上均与今本《礼记》中的《坊记》《中庸》《表记》《缁衣》等篇相通，故应属《子思子》的佚篇。③《子思子》佚篇的发现，无疑表明公元前300年以前，子思学派已传播到楚地。

上博竹书《内豊》篇和传世文献《曾子立孝》篇的内容基本相同，可以确定是曾子学派的文献，多数学者倾向于把上博竹书《昔者君老》编入《内豊》。④《史记·仲尼弟子列传》载："曾参，南武城人，字子舆。少孔子四十六岁。孔子以为能通孝道，故授之业。作《孝经》。"⑤上博竹书《内豊》篇的发现，表明战国中期以前，曾子学派的著作已传播至楚地。

楚竹书中所见的儒家文献，使得"儒家的影响所及实不出邹鲁

---

① 李学勤：《先秦儒家著作的重大发现》，载国际儒联学术委员会编：《中国哲学》第20辑《郭店楚简研究》，辽宁教育出版社，1999，第15—16页。
② ［唐］魏征等撰：《隋书·音乐志》，中华书局，1973，第288页。
③ 杨朝明：《上博竹书〈从政〉篇与〈子思子〉》，《孔子研究》2005年第2期。
④ ［日］井上亘：《〈内豊〉篇与〈昔者君老〉篇的编联问题》，简帛研究网，2005年10月16日。［日］福田哲之：《上博楚简〈内礼〉的文献性质》，载武汉大学简帛研究中心主编：《简帛（第1辑）》，上海古籍出版社，2006，第162—163页。
⑤ ［汉］司马迁撰，［唐］司马贞索隐：《史记·仲尼弟子列传》，中华书局，1959，第2205页。

及邻国的范围"的观点不攻自破。① 郭店竹书、上博竹书中的儒家文献不仅种类繁多,相同篇目亦多有不同传本。如郭店本《缁衣》与上博本《缁衣》、郭店本《性自命出》与上博本《性情论》等。不同传本的并存,充分反映出儒家学说在楚地的流传过程是复杂的。从书写角度来看,楚竹书的书写文字保留有多个诸侯国文字的形体结构和书法风格,② 而楚地与邹、鲁相距较远,由此推测,郭店竹书、上博竹书很可能并非由邹、鲁直接传至楚地,而是辗转传播于多个诸侯国后,才形成了今日传本不同、字体各异的复杂面貌。③ 楚竹书的发现,不仅从空间上说明了早期儒学北起中山、南到楚地的广大传播区域,而且从时间上揭示了春秋末期以降到战国中期早期儒家学说不断传播、发展的境况。④

（二）孔孟、孔荀之间的学术传承

关于儒家学派的传承问题,《韩非子·显学》中有如下记载:

> 自孔子之死也,有子张之儒,有子思之儒,有颜氏之儒,有孟氏之儒,有漆雕氏之儒,有仲良氏之儒,有孙氏之儒,有乐正氏之儒……故孔、墨之后,儒分为八,墨离为三。⑤

---

① 萧公权:《圣教与异端——从政治思想论孔子在中国文化史中的地位》,载王曰美主编:《儒家政治思想研究》,中华书局,2003,第 165 页。

② 周凤五:《郭店竹简的形式特征及其分类意义》,载武汉大学中国文化研究院编:《郭店楚简国际学术研讨会论文集》,湖北人民出版社,2000,第 57—59 页。冯胜君:《有关战国竹简国别问题的一些前提性讨论》,载中国古文字研究会编:《古文字研究(第26辑)》,中华书局,2006,第 314—319 页。

③ 刘光胜:《出土文献与早期儒学传播》,《平顶山学院学报》2008 年第 3 期。

④ 李均明、刘国忠、刘光胜、邬文玲:《当代中国简帛学研究(1949—2009)》,中国社会科学出版社,2011,第 145—146 页。

⑤ [清] 王先慎撰,钟哲点校:《韩非子集解·显学》,中华书局,1998,第 456—457 页。

孔子身后儒分为八，佢是儒分为八并非并世的八个支派，而是辈分不同的八位学者，各有学术取向与传承。《先秦诸子系年》在讨论子思、颜回等人的活动年代时指出，已发现楚竹书文献之年代范围正处于孔子身后到孟子之间的这段时期，亦是"儒分为八"的主体时期。因此，楚竹书对孔子身后孔门学术传承的探求非常重要。

关于孔孟之间的学术传承，《孟子》书中引曾子者九处，引子思者六处，均为崇敬推尚的态度。[①] 乐正氏似指曾子弟子乐正子春，即便如郭沫若先生所言，是指孟子弟子乐正克，他们也同属一系。[②] 仲良子有说解曾子之语，同样和曾子系统有关。[③] 由此可知，儒分为八中的多半实际上彼此相关，郭店竹书、上博竹书也印证了这一点。

郭店竹书中有儒家文献 11 种 14 篇，6 篇是子思所作《子思子》的佚篇。上博竹书中也有《缁衣》《性情论》等儒家文献，显示出孔孟学派流行之广泛。郭店竹书《性自命出》云：

> 憙（喜）斯慆（陶），慆（陶）斯奋，奋斯羕（咏），羕（咏）斯猷，猷斯迕（舞）。迕（舞），憙（喜）之终也；愠（愠）斯忧，忧斯戚，戚【34】斯叹，叹斯辟，辟斯踊。踊，愠（愠）之终也。【35】[④]

《礼记·檀弓下》载有子游论礼之语。其文曰：

①　侯外庐主编：《中国思想通史》第一卷，人民出版社，1957，第 363 页。
②　陈奇猷：《韩非子新校注》，上海古籍出版社，2000，第 1126—1127 页。
③　李学勤：《周易经传溯源》，长春出版社，1992，第 88—89 页。
④　陈伟等：《楚地出土战国简册（十四种）·郭店 1 号墓简册》，经济科学出版社，2009，第 223 页。

有子谓子游曰："予壹不知夫丧之踊也，予欲去之久矣。情在于斯，其是也夫？"子游曰："礼，有微情者……礼道则不然，人喜则斯陶，陶斯咏，咏斯犹，犹斯舞，舞斯愠，愠斯戚，戚斯叹，叹斯辟，辟斯踊矣，品节斯，斯之谓礼。"①

有子问子游，丧礼中的"哭踊"为什么要有节度？子游回答说，礼是用来控制人的情感的，为了避免孝子因丧亲而痛不欲生，所以要"微情"。"微情"就是杀减其哀痛之情，使其三日而食，哭踊有数。"舞斯愠"一句向来难解。此句前言人之喜悦，此句后言人之愠怒，不当混为一谈。此语应判为二，前半始于喜，由喜而陶、而奋、而咏、而猷、而舞，至舞为喜之终也。后半始于愠，由愠而忧、而戚、而叹、而辟、而踊，踊为愠之终也，前后逻辑极为清楚，正好与子游之语相合。②《荀子·非十二子》认为，子思、孟子的"五行"说托始于子游。③由此可见，子游同思孟学派存在着密切联系。

上博竹书《从政》载：

毋暴、毋虐、毋贼、毋贪。【甲15】④

---

① ［汉］郑玄注，［唐］孔颖达疏：《礼记正义·檀弓下》，载［清］阮元校刻：《十三经注疏》，中华书局，2009，第2824页。

② 彭林：《〈郭店楚简·性自命出〉补释》，载国际儒联学术委员会编：《中国哲学》第20辑《郭店楚简研究》，辽宁教育出版社，1999，第315—320页。

③ "案往旧造说，谓之五行，甚僻违而无类，幽隐而无说，闭约而无解。案饰其辞而祗敬之曰：此真先君子之言也。子思唱之，孟轲和之。世俗之沟犹瞀儒，嚾嚾然不知其所非也，遂受而传之，以为仲尼、子游为兹厚于后世，是则子思、孟轲之罪也。"参见［清］王先谦撰，沈啸寰等点校：《荀子集解·非十二子》，中华书局，1988，第94—95页。

④ 张光裕：《〈从政〉释文考释》，载马承源主编：《上海博物馆藏战国楚竹书（二）》，上海古籍出版社，2002，第228页。

此"四毋"亦见于《论语·尧曰》。其文曰：

　　子张问于孔子曰："何如斯可以从政矣？"

　　子曰："尊五美，屏四恶，斯可以从政矣。"

　　子张曰："何谓五美？"

　　子曰："君子惠而不费，劳而不怨，欲而不贪，泰而不骄，威而不猛。"……

　　…………

　　子张曰："何谓四恶？"

　　子曰："不教而杀谓之虐。不戒视成谓之暴。慢令致期谓之贼。犹之与人也，出纳之吝，谓之有司。"①

此外，楚竹书《从政》还有：

　　聞（闻）之曰：从政：章（敦）五德，固三制，敘（除）十惪（怨）。五德：一曰爰（宽），二曰恭，三曰惠，四曰仁，五曰敬。【甲5】②

周凤五先生认为，简文中的"敦五德"，或是《论语》"尊五美"的另外一种传本或阐述。③

一般认为，子思曾受学于曾子、子游，郭店竹书《忠信之道》、

①　［魏］何晏注，［宋］邢昺疏：《论语注疏·尧曰》，载［清］阮元校刻：《十三经注疏》，中华书局，2009，第5509页。

②　张光裕：《〈从政〉释文考释》，载马承源主编：《上海博物馆藏战国楚竹书（二）》，上海古籍出版社，2002，第219页。

③　周凤五：《读上博竹书〈从政〉甲篇札记》，载朱渊清、廖名春主编：《上博馆藏战国楚竹书研究续编》，上海书店出版社，2004，第181—195页。

上博竹书《从政》等表明，子张学派也可能是子思学派的思想来源之一。子思之所以能在战国初期成为儒家的领袖人物，可能与其接受孔门弟子的多元影响、有意识有选择地综合孔门弟子的思想有关。[①]因此，楚竹书文献揭示的思孟学派的传承谱系似可简单归纳为：孔子→曾子、子游、子张等→子思→孟子。

下面阐述的是孔荀之间的学术传承。"子弓"一名在《荀子》中共出现四次，其中《非十二子》两次，《非相》一次，《儒效》一次，四次皆与仲尼相提并论，且称"子弓"为"圣人""大儒"。[②]

关于《荀子》中"子弓"的具体所指，学界有三种主流观点：一是指孔门十哲之一的冉雍，字仲弓；二是指传易的馯臂子弓，名臂，字子弓；三是指《论语·微子》中提到的朱张，字子弓。

关于"朱张"说，清人胡元仪指出："王弼注《论语》云：'朱张字子弓，荀卿以比孔子者。'朱张字子弓，或有所据，以为即荀卿所称子弓，诬亦甚矣。朱张在孔子之前，荀卿不能受业，即以为荀所受业，亦孔子前之圣人，何以荀卿动曰'孔子、子弓'，先孔子而后子弓邪？"[③]徐鼐《读书杂释》亦云："荀子学于子弓之门人，故尊其师之所自出，是不以为朱张也。杨倞《荀子注》亦不以子弓为朱张，知弼注妄言也。"[④]二人均认为，朱张一说不合情理。

南宋孙奕亦指出："仲弓，《荀子》作子弓。"[⑤]王天海先生综合诸说后指出："此文尧舜、文王、周公并称，皆同时人也。此子弓与孔

---

① 宋立林：《由新出简帛〈忠信之道〉〈从政〉看子张与子思之师承关系》，《哲学研究》2011 年第 7 期。

② 参见 [清] 王先谦撰，沈啸寰等点校：《荀子集解》，中华书局，1988。

③ [清] 王先谦撰，沈啸寰等点校：《荀子集解》，中华书局，1988，第 48 页。

④ [清] 徐鼐撰，阎振益、钟夏点校：《读书杂释》，中华书局，1997，第 170 页。

⑤ [宋] 孙奕撰，侯体健、况正兵点校：《履斋示儿编》，中华书局，2014，第 327 页。

子并称，亦当为同时人也。冉雍，字仲弓，孔子弟子，居德行科，孔子尝谓'可使南面'，故杨注认为子弓即仲弓是也，俞说（按俞樾）亦当。馯臂虽字子弓，但为战国时人，且未载其贤，难与孔子并。"[1]其说得到许多学者的赞同。有鉴于此，《荀子》书中推崇的"子弓"应是孔门十哲之一的冉雍。

在上博竹书《仲弓》中，仲弓将孔子学说中的"为政以德"思想和"刑政"思想兼收并蓄。其文云：

刑政不缓，德教不卷（倦）。【17】[2]

《仲弓》的内容不仅与孔子"德主刑辅"的一贯之道若合符节，其所反映的仲弓之儒的政治思想与德刑观念，与《荀子》所推崇的子弓也相符合，[3]从而印证了"子弓是仲弓"的观念。

据《论语·雍也》载："子曰：'雍也，可使南面。'"孔颖达正义云："言冉雍有德行，堪任为诸侯，治理一国者也。"[4]《说苑·修文》亦云："仲弓通于化术，孔子明于王道，而无以加仲弓之言。"[5]《史记·李斯列传》称李斯"乃从荀卿学帝王之术"。[6]上述文献表明，荀子承传了孔子、仲弓一系的儒学。《孟子》中提到孔门十哲中的九位，唯独少了仲弓，而荀子也极力批判子思和孟子。照此看来，弓

---

[1] 王天海：《荀子校释》，三晋出版社，2015，第 162 页。

[2] 李朝远：《〈中弓〉释文考释》，载马承源主编：《上海博物馆藏战国楚竹书（三）》，上海古籍出版社，2003，第 275 页。

[3] 宋立林：《仲弓之儒的思想特征及学术史地位》，《现代哲学》2012 年第 3 期。

[4] ［魏］何晏注，［宋］邢昺疏：《论语注疏·雍也》，载［清］阮元校刻：《十三经注疏》，中华书局，2009，第 5381 页。

[5] ［汉］刘向撰，向宗鲁校证：《说苑校证·修文》，中华书局，1987，第 499 页。

[6] ［汉］司马迁撰，［唐］司马贞索隐：《史记·李斯列传》，中华书局，1959，第 2539 页。

荀学派之外王儒学，与思孟学派之内圣儒学相区分，似并非向壁虚造。①

综上所述，楚竹书文献补充了孔子在世时及其身后早期儒家学派传承的新资料，使我们得窥思孟学派和弓荀学派的学术轨迹。

二、从《老子》到黄老

由于传世文献的阙如，老子后学的传承谱系难以系联，相关道家文献的作者亦无从查证，先秦道家老庄之间的传承脉络一直晦暗不明，甚至老子本人的历史形象也处于混沌之中。而有着明确时间下限的楚竹书，则为道家思想的研究提供了丰富的材料。从郭店竹书《老子》《太一生水》到上博竹书《恒先》《三德》《凡物流形》等，不仅充分展现了先秦道家丰富的理论形态，也激活了学界对早期黄老道家思想的研究。如从《尹文子》《管子》中可以看到黄老思想中名家理论的发展轨迹；从《管子》《吕氏春秋》中可以看到黄老之学对阴阳家思想的吸收在不断深化。黄老思想博采众长的特色，代表了战国以来学术发展的大方向。②总之，楚竹书不仅揭示了老庄之间丰富的道家理论形态，也为研究早期黄老道家思想提供了鲜活的资料。

（一）《老子》的成书流传与道家后学的理论形态

楚竹书中的道家文献，使我们对《老子》的成书和流传有了更加深刻的认识。③自司马迁开始，有关老聃、老莱子及太史儋之间的

---

① 李福建：《〈荀子〉之"子弓"为"仲弓"而非"馯臂子弓"新证——兼谈儒学之弓荀学派与思孟学派的分歧》，《孔子研究》2013 年第 3 期。

② 白奚：《郭店儒简与战国黄老思想》，载陈鼓应主编：《道家文化研究》第 17 辑《"郭店楚简"专号》，生活·读书·新知三联书店，1999，第 444 页。

③ 李均明、刘国忠、刘光胜、邬文玲：《当代中国简帛学研究（1949—2009）》，中国社会科学出版社，2011，第 147—154 页。

关系即已模糊不清。韩愈怀疑，孔子问礼于老子是道家后学的杜撰；北宋陈师道认为，老子其人在关尹、杨朱之后，孟子、荀子之间；顾颉刚先生认为，今本《老子》的成书要比通常所云在《论语》成书以前晚，应在《吕氏春秋》的撰写时代之后。① 日本学者武内义雄提出，《老子》非一人一时一地写成，而是后学荟萃各派所传老聃之言，其成书在孔、墨之后，思、孟之间。②

郭店竹书《老子》有甲本、乙本、丙本，三者形制不同，抄写时间不同，章节之间的排序与今本、马王堆帛书本也明显不同，故有关郭店《老子》与通行本之间的关系、《老子》的成书时代及作者等问题，引起学界的热烈讨论。郭店《老子》与通行本之间的关系，可简单归纳为"辑选""来源""并行文本"三种。③

王博先生等认为，简本《老子》是对当时已存在的《老子》版本的摘抄，摘抄是按不同主题进行的，战国时已经有了和通行本的规模差不多的《老子》版本。④ 裘锡圭先生认为，假设当时有多种"老子语录"在流传，很难想象后人在编纂《老子》时能将它们的内容一丝不漏地全部包括过去，从而使得我们所见的竹简《老子》的内容全部见于今本。⑤

---

　　① 顾颉刚：《从〈吕氏春秋〉推测〈老子〉之成书年代》，载罗根泽编著：《古史辨》第四册，上海古籍出版社，1982，第462—520页。

　　② ［日］武内义雄：《老子原始》，载江侠庵编著：《先秦经籍考》中册，上海文艺出版社，1990，第197—324页。

　　③ ［美］罗浩：《郭店〈老子〉对文研究的方法论问题》，载［美］艾兰、［英］魏克彬主编，邢文编译：《郭店〈老子〉：东西方学者的对话》，学苑出版社，2003，第59—81页。

　　④ 王博：《关于郭店楚简〈老子〉的结构与性质——兼论其与通行本〈老子〉的关系》，载陈鼓应主编：《道家文化研究》第17辑《"郭店楚简"专号》，生活·读书·新知三联书店，1999，第149—166页。

　　⑤ 裘锡圭：《郭店〈老子〉简初探》，载陈鼓应主编：《道家文化研究》第17辑《"郭店楚简"专号》，生活·读书·新知三联书店，1999，第25—63页。

　　郭沂先生等主张"来源"说，认为郭店《老子》是一个原始的、完整的本子，为春秋时期老聃所作。①

　　谷中信一先生等主张"并行文本"说，认为《老子》五千言的文本当时还没有被汇编成册，而是被分作三个或者更多的部分，作为文本流传。②

　　古书分合无定，全篇与摘录常常并行，"辑选""来源""并行文本"三种看法基本覆盖了郭店《老子》与今本《老子》之间的关系。从战国以后的传世文献中所称引的"老子"之言来看，《战国策·齐策四》载（颜）斶对曰："老子曰：'虽贵必以贱为本，虽高必以下为基。是以侯王称孤、寡、不穀，是其贱必之本与？'"《魏策一》引魏武侯之言曰："故老子曰：'圣人无积，既尽以为人，己愈有；既以与人己愈多。'"③《说苑·敬慎》载叔向对韩平子曰："老聃有言曰：'天下之至柔，驰骋乎天下之至坚。'又曰：'人之生也柔弱，其死也刚强，万物草木之生也柔脆，其死也枯槁。因此观之，柔弱者，生之徒也；刚强者，死之徒也。'"④刘向《战国策》《说苑》所依凭之材料是春秋战国时广泛流传的"语"类文献，且其所引老子之语皆不见于郭店《老子》，而分别见于今本《老子》的第三十九章、第八十一章、第四十三章和第七十六章。由此可知，郭店《老子》是对今本《老子》之摘录的可能性最大。

　　关于《老子》的成书年代，学界有春秋末年、战国早期、战国

---

① 郭沂：《从郭店楚简〈老子〉看老子其人其书》，《哲学研究》1998 年第 7 期。
② ［日］谷中信一：《从郭店〈老子〉看今本〈老子〉的完成》，载武汉大学中国文化研究院编：《郭店楚简国际学术研讨会论文集》，湖北人民出版社，2000，第 436—444 页。
③ ［汉］刘向集录：《战国策·齐策四》，上海古籍出版社，1998，第 410、785 页。
④ ［汉］刘向撰，向宗鲁校证：《说苑校证·敬慎》，中华书局，1987，第 245 页。

晚期、秦汉之际、西汉初年等说法。郭店《老子》是迄今所见最早的版本，鉴于古书著作年代要早于下葬年代，可知《老子》书在战国中期以前已在社会上广泛流传，故将《老子》的成书时间定于战国晚期、秦汉之际、西汉初年等，都是站不住脚的。

《史记·老子韩非列传》云："（老子）至关，关令尹喜曰：'子将隐矣，强为我著书。'于是老子乃著书上下篇，言道德之意五千余言而去，莫知其所终。"[①]孙次舟先生指出，《论语》《墨子》《孟子》皆未论及《老子》，而至《庄子》时忽然论及，故《史记·老子韩非列传》所记不可信，老子本无其人，及庄周之徒所捏造。[②]郭沂先生指出，郭店《老子》的内容与传世文献中的老聃思想有许多相似之处。如简本《老子》中的"果而弗骄""视素保朴，少私寡欲""咎莫险乎欲得，祸莫大乎不知足"等与郭店《郭子》相应。《史记·老子韩非列传》载，老子忠告孔子说："去子之骄气与多欲，态色与淫志，是皆无益于子之身。"郭先生由此推测，简本出自老聃，今本出自太史儋。[③]古人著书无作者，无篇名，多单篇别行，其书亦多为门人弟子或后人编辑而成，《老子》一书同样可能经过了包括老聃、老莱子、太史儋在内的道家学者的长期编纂。"老子"并非专指老聃一人，而是《老子》一书作者的代称。

楚竹书中的道家文献，如郭店竹书《太一生水》、上博竹书《恒先》等，还有助于我们认识道家后学的宇宙生成模式。《太一生水》的竹简形制、字体和《老子》丙本相同，思想倾向也接近道家之学，

---

① ［汉］司马迁撰，［唐］司马贞索隐：《史记·老子韩非列传》，中华书局，1959，第2141页。

② 孙次舟：《跋〈古史辨〉第四册并论老子之有无》，载罗根泽编著：《古史辨》第六册，上海古籍出版社，1982，第74—101页。

③ 郭沂：《从郭店楚简〈老子〉看老子其人其书》，《哲学研究》1998年第7期。

但是"太一""神明""反辅"等重要术语不见于《老子》。此外,《太一生水》的反辅生成模式与《老子》第42章道生万物的宇宙论亦明显不同。中国古代常见的宇宙生成论主要出自两种文献,一是《老子》第四十二章"道生一,一生二,二生三,三生万物";一是《周易·系辞》"易有太极,是生两仪,两仪生四象"。先秦哲学多以气作为万物化生的运动形式,《太一生水》以水为媒介讲述宇宙生成,对水的推崇同于《老子》。因此,太一生水又藏于水的宇宙生成路径,是对先秦宇宙生成理论的丰富与发展。

上博竹书《恒先》以"恒先"为宇宙的终极,以天地的生成为现实世界的起点。可见,《太一生水》和《恒先》分别以"太一""恒先"作为各自宇宙生成的根源,这与《庄子》《管子》《黄帝四经》《文子》《淮南子》等以"道"为宇宙生成的根源形成了明显对比。[1]"太一""恒先"均具有老子之"道"为天地万物之先、生万物而不自有的显著特征,其名称的不同印证了老庄之间道学理论发展的多样形态。[2] 因此,《恒先》可视作从《老子》到庄学的桥梁。

(二)黄老思想的早期面貌

黄老思想流行于战国中晚期到秦汉之际,它既以道家思想为主干,又援名、法入道,借用阴阳家之框架,重视儒家的伦理教化,在不否定固有的文化传统的基础上,着眼于建构当时的价值和秩序,从而将道家思想改造成一种极具操作性的政治思想。[3]《史记·乐毅列传》记述了"黄老学派"的师承渊源。其文曰:

---

① 郭梨华:《〈亘先〉及先秦道家哲学论题探究》,《中国哲学史》2008年第2期。

② 李学勤:《孔孟之间和老庄之间》,载氏著:《文物中的古文明》,商务印书馆,2008,第400—407页。

③ 曹峰:《出土文献视野下的黄老道家研究》,《中国社会科学》2013年第2期。

乐臣公学黄帝、老子，其本师号曰河上丈人，不知其所出。河上丈人教安期生，安期生教毛翕公，毛翕公教乐瑕公，乐瑕公教乐臣公，乐臣公教盖公。盖公教于齐高密、胶西，为曹相国师。①

郭沫若先生亦曾就"陈侯因𦩺敦"（《集成》04649）中出现的"高祖黄帝"，分析过"黄帝"之学在齐国兴盛的原因。②马王堆帛书《黄帝四经》的发现激发了学界对黄老道家研究的重视。③郭店竹书《太一生水》、上博竹书《恒先》《三德》《凡物流形》、清华竹书《管仲》等的公布，进一步掀起了黄老道家思想研究的热潮。

曹峰先生指出，《三德》《黄帝四经》有着强烈的现实社会政治目的，如《三德》不仅在语言上与《黄帝四经》惊人相似，而且同样出现了"黄帝"之名，反映出《黄帝四经》有可能直接从《三德》获得过思想资源，④抑或是二者存在共通的材料来源。

《太一生水》《恒先》《凡物流形》虽然没有出现"黄帝""老子"之名，但在以天道（主要是宇宙生成论）作为人事效法依据的思路、利用"道"（表现为"一"等）帮助统治者获取政治资源的目的等方面，并无二致。

《太一生水》描述了以"太一"为开端和起源，并特别重视水的作用的宇宙生成模式。这种模式背后暗含着一种类似"道物论"的

---

① ［汉］司马迁撰，［唐］司马贞索隐：《史记·乐毅列传》，中华书局，1959，第2436页。

② 郭沫若：《稷下黄老学派的批判》，载氏著：《十批判书》，东方出版社，1996，第156—191页。

③ 裘锡圭先生称这一学派为"道法家"，参见裘锡圭：《马王堆〈老子〉甲乙本卷前后佚书与"道法家"——兼论〈心术上〉〈白心〉为慎到田骈学派作品》，载氏著：《文史丛稿——上古思想、民俗与古文字学史》，上海远东出版社，1996，第59—80页。

④ 曹峰：《出土文献视野下的黄老道家研究》，《中国社会科学》2013年第2期。

意识，即把"太一"和万物对照起来，称"太一"及其作用方式为"万物母""万物经"。在讲完宇宙生成论之后，作者将论述方向转到了"君子知此之谓……【8】"，从而将人事和天道对应起来。这种思维方式从《太一生水》的下半部分也可以看出，作者通过"[天不足]于西北……地不足于东南【13】"的自然现象，推导出的结论是"天道贵弱【9】"，"伐于强，积于[弱]【9】"，[①]强调人应取法天道。《太一生水》还强调"圣人"要想"事成而身长"，必须"以道从事"。不过这个"道"并不是抽象的"道"，而是可以直接为人效法的天道。

《恒先》的主题是按照宇宙生成的原理，为天下之"明王""明君""明士"【13】解决"天下之事""天下之名"（还包括"天下之作""天下之为""天下之生"）的问题时，提供政治指导原则。《恒先》提出，由于"气是自生、自作【2】"的，"气"所构成之物（包括人在内的"万物"）也都是"自生、自作"的，从行为上讲就是"自为"的，所以统治者在政治上必须采取无为的策略。"因循"是黄老道家的重要思想特征，主要表现在两个层面：一是因循天时，这在《黄帝四经》中极为常见，阴阳刑德思想便是因循论的展开。一是因循人性，这在与黄老有关的传世文献中十分常见。[②]此外，黄老道家还强调建立于法治之上的"无为而治"。这两重因循论构成了

---

① 陈伟等：《楚地出土战国简册（十四种）·郭店1号墓简册》，经济科学出版社，2009，第159—160页。

② 《慎子·因循》曰："天道，因则大，化则细。因也者，因人之情也。人莫不自为也，化而使之为我……人不得其所以自为也，则上不取用焉。故用人之自为，不用人之为我，则莫不可得而用矣，此之谓因。"参见许富宏：《慎子集注集校》，中华书局，2013，第24—25页。《淮南子·泰族训》曰："天地四时，非生万物也，神明接，阴阳和，而万物生之。圣人之治天下，非易民性也，拊循其所有而涤荡之，故因则大，作则细矣。"参见何宁：《淮南子集释·泰族训》，中华书局，1998，第1384页。

法治理论公共性和客观性的哲学基础。① 《恒先》中不仅有"自为"之说，还有关于"因"的论述，如"恒气之生，因【9】之大。作，其纯尨不自若。乍，庸有果与不果，两者不废"。【11】② 总体而言，《恒先》不仅在思想倾向上，在具体语句上也和《慎子·因循》《淮南子·泰族训》相近。因此，通过《恒先》，我们得以一窥"因循"论的早期形态。③

《凡物流形》也贯穿着由天道到人道的思路。全篇分为两个部分：上半篇从甲本简 1 到简 14 的前半，对天地万物之生成、人类之生死、社会之秩序等问题提出质疑，④ 下半篇是对上半篇所题各种问题的正面回答，⑤ 阐述了"百物不遜（失）【23】""并天下而拑之……并天下而治之【17】"的"知天下""治邦家"的政治理念。⑥ 为了实现这一政治意愿，《凡物流形》提出必须"执鼠（一）""得鼠（一）""有鼠（一）""能罷（一）""贵鼠（一）"。唯有"胜心""修身"者才能"执鼠（一）"。唯有"胜心""修身""执鼠（一）"者才能为君。无论是"执鼠（一）""胜心"等观念，还是文章的具体表现方式，《凡物流形》和《管子》四篇（《内业》《心术上》《心术下》《白心》）

---

① 王中江：《黄老学的法哲学原理、公共性和法律共同体理想》，载氏著：《简帛文明与古代思想世界》，北京大学出版社，2011，第 427—470 页。

② 李零：《亙先》释文注释》，载马承源主编：《上海博物馆藏战国楚竹书（三）》，上海古籍出版社，2003，第 285—300 页。

③ 曹峰：《出土文献视野下的黄老道家研究》，《中国社会科学》2013 年第 2 期。

④ [美] 顾史考：《上博七〈凡物流形〉上半篇试探》，复旦网，2009 年 8 月 24 日。

⑤ 浅野裕一先生认为，《凡物流形》"不是单一的文献，而是本来完全不同的两个文献连接在一起的"。参见 [日] 浅野裕一：《上博楚简〈凡物流形〉之整体结构》，复旦网，2009 年 9 月 15 日。曹峰先生对浅野先生之说提出异议，认为"两者间不是割裂的关系，而是有机的整体"。参见曹峰：《从〈逸周书·周祝解〉看〈凡物流形〉的思想结构》，复旦网，2010 年 2 月 16 日。

⑥ 曹锦炎：《〈凡物流形〉释文注释》，载马承源主编：《上海博物馆藏战国楚竹书（七）》，上海古籍出版社，2008，第 219—300 页。

均有相似之处。① 一般认为，《管子》四篇是黄老道家的作品，② 尤其是在养身以治国方面，论述最多。《凡物流形》的出现，为探索早期黄老道家的治国、修身之道提供了珍贵的资料。③

《太一生水》《恒先》《凡物流行》均具有从天道到人道的思路，和《老子》均有或多或少的关系。如《太一生水》和《老子》丙篇同抄，可以推测《太一生水》为郭店《老子》之一部分。《恒先》中圣人无为、百姓自为的论述，和《老子》由无为到自然的思想一脉相承。《凡物流形》将"鼠一（一）"视为万物存在、运动之基础的说法，很可能受到《老子》第三十九章"昔之得一者，天得一以清，地得一以宁，神得一以灵，谷得一以盈，万物得一以生，侯王得一以为天下正"④ 的影响。

北大西汉竹书《周驯（训）》每章一般是先讲述一个历史故事（"二月"章、"十二月"章讲述了两个故事），然后加一段议论。唯"正月"章全为议论，而"十二月"章在故事之前也有长篇议论，似形成"首尾呼应"的关系，对政治理念的阐述主要集中于"正月"章，通过"讲史"来宣扬治国为君之道。《汉志·诸子略》"道家"部分著录的《周训》十四篇，与竹书《周驯（训）》应是同一种古书。⑤ 这种战国晚期"黄老道家"著作的新类型，有着更直接的现实

---

① 李学勤先生通过阐述上博简《慎子曰恭俭》中的"却宥"与《庄子·天下》之"别宥"、《吕氏春秋·去宥》之"去宥"之间的关系，指出"去宥"观念在稷下若干派别间或是共通的。参见李学勤：《谈楚简〈慎子〉》，《中国文化》2007 年第 2 期。

② 陈丽桂：《战国时期的黄老思想》，（台北）联经出版事业股份有限公司，2005，第 109—148 页。

③ 曹峰：《出土文献视野下的黄老道家研究》，《中国社会科学》2013 年第 2 期。

④ 朱谦之：《老子校释》，中华书局，1984，第 154—155 页。

⑤ 阎步克：《北大竹书〈周驯〉简介》，《文物》2011 年第 6 期。韩巍：《西汉竹书〈周驯〉若干问题的探讨》，载北京大学出土文献研究所编：《北京大学藏西汉竹书（叁）》，上海古籍出版社，2015，第 249—298 页。

政治指向。

综上所述，楚竹书中的道家文献在提供《老子》的成书流传和不见于传世文献记述的宇宙生成模式的基础上，通过《太一生水》《恒先》《凡物流形》《三德》《慎子曰恭俭》等，将道家思想改造成一种极具操作性的政治思想，并为我们进一步了解战国秦汉时期流行的以"大道"治国的黄老道家的融合理论提供了新的切入点。

（三）早期黄老道家"阴谋"书的新发现

李零先生指出，《汉志·诸子略》中列有道家的阴谋书，这类书的特点是依托名贤讲治国用兵，体现了战国政治家对道术在应用层面上的关心。[①] 所谓"道"，古今理解大有不同，今天所言的"道"，侧重在思想见解方面，而战国秦汉人所言之"道"，还包括"术"，即实现"道"的具体方法和手段。如汉人贾谊云：

> 道者，所道接物也。其本者谓之虚，其末者谓之术。虚者，言其精微也，平素而无设诸也。术也者，所从制物也，动静之数也。凡此皆道也。[②]

贾谊所论并非一人一时之见，《淮南子·人间训》对"道""术"作出明确区分。其文云：

> 见本而知末，观指而睹归，执一而应万，握要而治详，谓之术。

---

① 李零：《说"黄老"》，载氏著：《李零自选集》，广西师范大学出版社，1998，第284—286页。

② ［汉］贾谊撰，阎振益、钟夏校注：《新书校注·道术》，中华书局，2000，第302页。

居知所为，行知所之，事知所秉，动知所由，谓之道。①

可见，"道"指理论主张，"术"谓实现"道"的方法和手段。王叔岷先生认为，任何学术皆可称为道，亦可称为术。②

《汉志·诸子略》所列阴谋书有：

《伊尹》五十一篇。

《太公》二百三十七篇。其中，《谋》八十一篇，《言》七十一篇，《兵》八十五篇。

《辛甲》二十九篇。

《鬻子》二十二篇。

《管子》八十六篇。

班固注云：伊尹，汤相。吕望为周师尚父，本有道者。或有近世又以为太公术者所增加也。辛甲，纣臣，七十五谏而去，周封之。鬻子，名熊，为周师，自文王以下问焉，周封为楚祖。管子，名夷吾，相齐恒公，九合诸侯，不以兵车也，有《列传》。③作为帝王之师的太公，则多以阴谋家的形象出现。如《淮南子·精神训》云："故通许由之意，《金縢》《豹韬》废矣。"高诱注曰："《金縢》《豹韬》，周公、太公阴谋图王之书。"④上列数人均曾服事于君王，如伊尹由夏入商，辛甲去商之周，管子先事公子纠后事桓公。他们均是

---

① 何宁：《淮南子集释·人间训》，中华书局，1998，第586页。
② 王叔岷：《先秦道法思想讲稿》，中华书局，2007，第14页。
③ [汉]班固撰，[唐]颜师古注：《汉书·艺文志》，中华书局，1962，第1729页。
④ 何宁：《淮南子集释·精神训》，中华书局，1998，第540页。

《老子》第三十章所云之"以道作（佐）人主者"。^①宋人王应麟指出："志于兵权谋者，《伊尹》《太公》而入道家，盖战国权谋之士著书而托之伊尹也。"^②李零先生指出，阴谋书是依托辅佐明君的贤臣，讲他们如何出谋划策、夺取天下的文献。^③

　　《汉志》所列其他阴谋书的存佚情况不一。《伊尹》《辛甲》已无完帙，只有辑本传世。^④《汉志·诸子略》"小说家"部分虽列有《伊尹说》二十一篇，但班固注云："其语浅薄，似依托也。"^⑤目前已公布之清华竹书中，有五篇与汤相伊尹有关，分别是《尹至》《尹诰》《赤鹄之集汤之屋》《汤处于汤丘》《汤在啻门》。其中，《尹至》《尹诰》文辞古奥，内容较质朴，属于"书"类文献。其余三篇分别与《伊尹》《伊尹说》有关。鲁迅先生对《伊尹说》的评价是："然文丰赡而意浅薄，盖亦本《伊尹书》。"^⑥清华竹书整理者指出，《赤鹄之集汤之屋》《汤处于汤丘》文辞显白，故事性较强，其性质应与《伊尹说》类似。^⑦而《汤在啻门》气势宏阔，行文缜密，思想较驳杂，全篇均是记言体例。简文云：

---

　　① 朱谦之：《老子校释》，中华书局，1984，第 119 页。

　　② ［宋］王应麟撰，张三夕、杨毅点校：《汉制考·汉书艺文志考证》，中华书局，2011，第 213 页。

　　③ 李零：《简帛古书与学术源流（修订本）》，生活·读书·新知三联书店，2008，第 398 页。

　　④ 孙启治、陈建华编：《古佚书辑本目录（附考证）》，中华书局，1997，第 209 页。

　　⑤ ［汉］班固撰，［唐］颜师古注：《汉书·艺文志》，中华书局，1962，第 1744 页。

　　⑥ 鲁迅：《中国小说史略》，载氏著：《鲁迅全集》第 9 卷，人民文学出版社，1958，第 29 页。

　　⑦ 李学勤：《新整理清华简六种概述》，《文物》2012 年第 8 期。黄德宽：《清华简〈赤鹄之集汤之屋〉与先秦"小说"——略说清华简对先秦文学研究的价值》，《复旦大学学报（社会科学版）》2013 年第 4 期。李守奎：《汉代伊尹文献的分类与清华简中的伊尹》，《深圳大学学报（人文社会科学版）》2015 年第 3 期。

贞（正）月己睿（亥），汤才（在）啻门，龏（问）于小臣："古之先帝亦有良言青（情）至于今虎（乎）？"小臣仓（答）【1】曰："又（有）才（哉）。女（如）无有良言青（情）至于今，则可（何）以成人？可（何）以成邦？可（何）以成墬（地）？可（何）以成【2】天？"

…………

汤或（又）龏（问）于小臣曰："人可（何）旻（得）以生？可（何）多以长？管（孰）少而老？者（胡）①猷（犹）是人，而【5】罷（一）亚（恶）罷（一）好？"小臣仓（答）曰："唯皮（彼）五味之氒（气），是哉以为人。亓（其）末氒（气），是胃（谓）玉種（种），鼠（一）月台（始）【6】鼜（扬），②二月乃裹，三月乃刑（形），四月乃肚（固），五月或收（褢），六月生肉，七月乃肌，八月乃正，【7】九月纍（显）章，十月乃成，民乃时生。"亓（其）氒（气）晉縣（歇）发綱（治），是亓（其）为长虘（且）好才（哉）。亓（其）氒（气）畜（奋）【8】昌，是亓（其）为堂（当）搬（壮）。氒（气）燮（融）交以备，是亓（其）为力。氒（气）戚（促）乃老，氒（气）爔（徐）乃猷，氒（气）逆𤲃（乱）以方【9】是亓（其）为疾央（殃），氒（气）屈乃夂（终），百志皆窮（穷）。

---

① 陈剑：《〈清华简（伍）〉与旧说互证两则》，复旦网，2015 年 4 月 14 日。

② "鼜"，清华读书会认为："从勹，疑此字读'胞'。《说文》：'胞，儿生裹也。从肉从包。'《庄子·外物篇》：'胞有重阆，心有天游。'陆德明《经典释文》：'胞，腹中胎。'"参见清华读书会：《清华简第五册整理报告补正》，清华网，2015 年 4 月 8 日。陈伟先生认为："疑可读为'荡'。《礼记·月令》'诸生荡'。郑玄注：'荡，谓物动将萌芽也。'"参见陈伟：《读〈清华竹简（伍）〉札记（续）》，简帛网，2015 年 4 月 12 日。

汤或（又）䚄（问）于小臣："夫四以成邦，五以䚄（相）之。
【10】可（何）也？"小臣㪤（答）曰："唯皮（彼）四神，是胃
（谓）四正，五以䚄（相）之，悳（德）、事、㞷（役）、正（政）、
型（刑）。"

汤或（又）䚄（问）于【11】小臣："娧（美）悳（德）絫（奚）
若？亚（恶）悳（德）絫（奚）若？岂（美）事絫（奚）若？亚（恶）
事絫（奚）若？岂（美）㞷（役）絫（奚）若？亚（恶）㞷（役）
絫（奚）若？岂（美）【12】正（政）絫（奚）若？亚（恶）正（政）
絫（奚）若？岂（美）型（刑）絫（奚）若？亚（恶）型（刑）絫
（奚）若？小臣答……【13】……"①

简文记述汤问小臣古先帝之良言，小臣答以成人、成邦、成
地、成天之道。《史记·殷本纪》云："伊尹……以滋味说汤，致
于王道。"②简文主旨与《殷本纪》相合。简文"成人"一节指出，
人作为一个生命体，其根本就是"气"。生命之源是"五味之气"，
其精微之气就是生命的种子。简文所述与道家重视养生的主张相通，
可视为汉代学者对伊尹类文献分类的依据。

《汤处于汤丘》记述汤知伊尹"谨和五味"，"乃与小臣忎（基）
惎（谋）鄩（夏）邦"【9】。小臣病而不出，汤反复探视请教，伊尹
对汤所提出的四个问题一一作答。伊尹所述虽有浓厚的爱民、尚俭
思想，但从全篇来看，这一切都是取代夏邦的"权谋"。从这个角
度来看，把《汤处于汤丘》归入兵权谋类也有一定的道理。李守奎

---

① 李学勤主编：《清华大学藏战国竹简（伍）》，中西书局，2015，第 141—148 页。
② ［汉］司马迁撰，［唐］司马贞索隐：《史记·殷本纪》，中华书局，1959，第 94 页。

先生指出，"忎"即"惎"字。《集韵·志韵》："惎，古作忎。"《广韵·至韵》："惎，谋也。""惎间王室"亦当"谋干王室"，故"惎谋夏邦"与王应麟所论之"兵权谋"正好相合。①

李学勤先生认为，《管仲》自首至终采用齐桓公与仲父管仲问答的形式，通篇共有十二组前后连贯的问答，是阐述治国之道的"语"书。②学界普遍认为，《筦（管）子》八十六篇，是由西汉晚期的刘向编定的。刘向《管子叙录》说：

> 所校雠中《管子》书三百八十九篇，大中大夫卜圭书二十七篇，臣富参书四十一篇，射声校尉立书十一篇，太史书九十六篇，凡中外书五百六十四篇，以校除复重四百八十四篇，定著八十六篇。③

简文《管仲》的内容既不合于今本《管子》，也不似《管子》佚篇，应该是八十六篇之外的佚书。李学勤先生指出："《管子·四称》篇是桓公、管仲问答的体裁，与《管仲》相似，两者彼此有关，是很可能的。"④

由清华竹书《汤在啻门》《汤处于汤丘》等五篇伊尹文献可以看出，伊尹故事在春秋战国时期十分盛行，《汉志》将"《伊尹》五十一篇"列为道家是合理的。《管仲》不仅与《鲍叔牙与隰朋之谏》《竞建内之》等一起，记录了春秋早期的重要史事，还与《凡物流形》

① 李守奎：《汉代伊尹文献的分类与清华简中的伊尹》，《深圳大学学报（人文社会科学版）》2015年第3期。
② 李学勤主编：《清华大学藏战国竹简（陆）》，中西书局，2016，第110—117页。
③ 张舜徽：《张舜徽集：广校雠略·汉书艺文志通释》，华中师范大学出版社，2004，第284—285页。
④ 李学勤：《有关春秋史事的清华简五种综述》，《文物》2016年第3期。

《慎子曰恭俭》等一起，反映了黄老道家的天道、人道思想，具有强烈的现实政治指向，从而为我们了解战国秦汉时期流行的以"大道"治国的黄老道家的融合理论提供了新的切入点。

三、战国早中期墨家的影响及式微

学界普遍认为，先秦思想的发生顺序是儒一墨二道三。道家意在"因阴阳之大顺，采儒墨之善"，[1] 并且受到墨家的影响。《老子》主张"少施寡欲"，以兵为"不祥之器"，皆与墨子说相合。战国中晚期之黄老道家学说，亦主张尚俭、寝兵等。此外，道家"有为"一派 [2] 吸取墨家提倡节俭、反对奢侈之精髓，其治国之术不再强调儒家的因循旧制及外在的仪节，转而与三晋法术结合，遂演化出道法家及黄老之学。从这个角度来看，《庄子·天下》叙述道家学术之兴时，选择从墨子讲起是有其深意的。[3]

《天下》在叙述墨翟学说之后，提到墨学分裂的局面。其文曰：

> 相里勤之弟子五侯之徒，南方之墨者若获、已齿、邓陵子之属，俱诵《墨经》，而倍谲不同，相谓别墨；以坚白同异之辩相訾，以觭偶不仵之辞相应；以巨子为圣人，皆愿为之尸，冀得为其后世，至今不决。[4]

① 李零：《兰台万卷：读〈汉书·艺文志〉》，生活·读书·新知三联书店，2011，第121页。李零：《简帛古书与学术源流（修订本）》，生活·读书·新知三联书店，2008，第313—315页。

② 李零先生指出，《史记》将老、庄、申、韩合传，说明先秦时期宗老者可分为两派：一派无为，庄周持之，专扞儒、墨；一派有为，申不害、韩非主之，与三晋的刑名法术及荀子的礼学结合，对结束战国，走向统一有重大的影响。参见李零：《人往低处走——〈老子〉天下第一》，生活·读书·新知三联书店，2008，第6、15页。

③ 林志鹏：《战国诸子评述辑证——以〈庄子·天下〉为主要线索》，复旦大学出版社，2014，第12页。

④ ［清］郭庆藩：《庄子集释·外篇·天下》，中华书局，2004，第1079页。

　　所谓"别墨"，并非专指哪一派，而是各派之间互相视对方为异端的情况。墨学作为儒、道之过渡，在战国中晚期已渐趋没落，秦后已无传授者，《汉书·艺文志》之著录即是明证。[①] 战国中晚期，墨家一方面在社会上继续发挥影响，另一方面也颓势已现，楚竹书文献于此两方面均有所反映。

　　（一）战国中期墨家的影响

　　儒、墨二家是先秦诸子中的"显学"。《孟子·滕文公下》："杨朱、墨翟之言盈天下。天下之言不归杨，则归墨。"[②]《韩非子·显学》："世之显学，儒、墨也。儒之所至，孔丘也。墨之所至，墨翟也。"[③] 楚竹书中也有不少文献论及墨家学说，如信阳长台关楚墓出土有《墨子》佚文，郭店竹书《唐虞之道》中阐述了墨家"尊贤""利天下而弗利"等思想。[④]

　　上博竹书《郑子家丧》中记述有楚庄王向大夫解释何以攻郑的言辞：

　　　　如上帝鬼【甲2】神以为惹（怒），吾将何以答？……【甲3】[⑤]

　　据学者统计，"上帝鬼神"一词在《墨子》中出现13次。《吕

　　① 李若晖：《"儒墨"连及与墨家消亡的时间》，载氏著：《思想与文献》，上海古籍出版社，2010，第169—174页。
　　② [汉] 赵岐注，[宋] 孙奭疏：《孟子注疏》，载 [清] 阮元校刻：《十三经注疏》，中华书局，2009，第5903页。
　　③ [清] 王先慎撰，钟哲点校：《韩非子集解·显学》，中华书局，1998，第456页。
　　④ 薛柏成：《郭店楚简〈唐虞之道〉与墨家思想》，《吉林师范大学学报（人文社会科学版）》2006年第2期。
　　⑤ 陈佩芬：《〈郑子家丧〉释文考释》，载马承源主编：《上海博物馆藏战国楚竹书（七）》，上海古籍出版社，2008，第175页。

氏春秋·顺民》《论衡·感虚》的内容与《墨子·兼爱下》基本相同。
《国语·吴语》的内容与《吴越春秋·夫差内传》也基本相同。由此
推断，"上帝鬼神"一词与墨家存在密切关联。

《郑子家丧》云：

> （庄王）围郑三月，郑人问其故，王命答之，曰："郑子【甲3】
> 家颠覆天下之礼，弗畏鬼神之不祥……"【甲4】[①]

"鬼神"执行"不祥"的例子，多见于《墨子》。如《墨子·公
孟》曰：

> 公孟子谓子墨子曰："有义不义，无祥不祥。"子墨子曰："古圣
> 王皆以鬼神为神明，而为祸福，执有祥不祥，是以政治而国安也。
> 自桀、纣以下，皆以鬼神为不神明，不能为祸福，执无祥不祥，是
> 以政乱而国危也。故先王之书《子亦》有之曰：'亓傲也，出于子，
> 不祥。'此言为不善之有罚，为善之有赏。"[②]

此外，《墨子·鲁问》亦主张国家淫僻无礼时，尤应尊天事鬼。
其文曰：

> 子墨子游，魏越曰："既得见四方之君，子则将先语？"子墨子
> 曰："凡入国，必择务而从事焉。国家昏乱，则语之尚贤、尚同。国

---

① 陈佩芬：《〈郑子家丧〉释文考释》，载马承源主编：《上海博物馆藏战国楚竹书
（七）》，上海古籍出版社，2008，第176页。
② ［清］孙诒让撰，孙启治点校：《墨子閒诂·公孟》，中华书局，2001，第454—
455页。

家贫，则语之节用、节葬。国家憙音湛湎，则语之非乐、非命。国家淫僻无礼，则语之尊天、事鬼。国家务夺侵凌，即语之兼爱、非攻。故曰：择务而从事焉。"①

由《郑子家丧》的"郑子家颠覆天下之礼，弗畏鬼神之不祥……"与《鲁问》的"国家淫僻无礼，则语之尊天事鬼"之间的关系可以推论，《郑子家丧》所记载的楚庄王围郑出师的理由中含有墨家思想的影子。②

此外，《郑子家丧》中还记述了庄王围郑三月时，郑人采取的求和措施。其文曰：

命以子良为质，命使子家梨木三寸，疏索以纮……【甲5】③

复旦读书会指出，《郑子家丧》的"梨木三寸"，"与《墨子·节葬》的'桐棺三寸''葛以缄之'如出一辙"。④节葬是墨家的重要主张，如《墨子·节用中》云："古者圣王制为节葬之法，曰：衣三领，足以朽肉，棺三寸，足以朽骸，堀穴深不通于泉，流不发泄，则止。死者既葬，生者毋久丧用哀。"⑤需要注意的是，"衣三领""棺三寸""葛以缄之"的组合，正好与《郑子家丧》的"梨木三寸，疏索

---

① ［清］孙诒让撰，孙启治点校：《墨子閒诂·鲁问》，中华书局，2001，第475页。
② ［日］西山尚志：《上博楚简〈郑子家丧〉中的墨家思想》，载王志民主编：《齐鲁文化研究（第9辑）》，泰山出版社，2010，第244—249页。
③ 陈佩芬：《〈郑子家丧〉释文考释》，载马承源主编：《上海博物馆藏战国楚竹书（七）》，上海古籍出版社，2008，第177页。
④ 复旦读书会：《〈上博七·郑子家丧〉校读》，复旦网，2008年12月31日。
⑤ ［清］孙诒让撰，孙启治点校：《墨子閒诂·节用中》，中华书局，2001，第165—166页。

以纮"对应。由此可见,《郑子家丧》深受墨家思想的影响。

由于早期墨者原本就脱胎于儒家,儒墨交融亦是情理中事。清华简《邦家之政》虽然贯彻的是儒家的为政理念,但其提出的节俭、薄葬、均分等主张则与墨子思想交融。[①] 因此,《邦家之政》作为儒墨交融的产物,反映了墨子思想在战国中晚期的发展状况。

（二）墨家的式微

关于上博竹书《鬼神之明》是否属墨家,学界一直存在争议。有学者认为,该篇不属于墨家文献,其理由是,"鬼神有所明,有所不明"的思想明显与墨家"明鬼"思想相矛盾。有学者提出,可通过考察先秦墨家思想的历时演变来回答这一问题。[②]

《韩非子·显学》:"自墨子之死也,有相里氏之墨,有相夫氏之墨,有邓陵氏之墨。故孔、墨之后,儒分为八,墨离为三。"[③] 可知,墨子身后,由于其弟子对墨子思想的不同理解出现了不同的学派。郑杰文先生考察了战国墨家学派的四个发展阶段,并提出从公元前381年田襄子接任墨家巨子开始,至秦惠王（卒于公元前311年）晚年"秦墨"与"东方墨者"相争的七十年间,是墨家的衰败阶段。[④] 上博竹书的年代范围约是公元前324年至公元前278年。由此推测,《鬼神之明》的写作年代有可能跟墨家的衰败期重合。

王中江先生认为,《鬼神之明》中关于鬼神明知的基本立场,是

---

① 李均明:《清华简〈邦家之政〉》的为政观》,《清华大学学报（哲学社会科学版）》2018年第6期。

② 有学者指出,《鬼神之明》中虽然提及鬼神"有所不明"之说,但所反映的思想在本质上与春秋战国时期儒家的鬼神观有所不同,且部分更与墨家有暗合之处。参见邓佩玲:《谈上博简〈鬼神之明〉的学派问题》,《古代文明》2015年第1期。

③ [清] 王先慎撰,钟哲点校:《韩非子集解·显学》,中华书局,1998,第456—457页。

④ 郑杰文:《论战国墨家学派发展的四个阶段》,《周易研究》2011年第3期。

部分肯定和部分否定的"折衷立场"。① 今本《墨子》中关于鬼神明
知论的立场，除了持完全肯定的立场外，也有怀疑的立场，甚至完全
否定的立场。李承律先生进一步指出，需要注意的是后两种立场。②

先来看完全否定的立场。《墨子·公孟》曰：

> 公孟子曰："无鬼神。"又曰："君子必学祭祀。"子墨子曰："执
> 无鬼而学祭礼，是犹无客而学客礼也，是犹无鱼而为鱼罟也。"③

公孟作为墨子的学生，同样持无鬼论的观点，故其否定鬼神具
有明知和赏罚的能力是情理之中的。

此外，《墨子·公孟》中"子墨子"与"程子"的对话亦与鬼神的
明知能力有关。其文曰：

> 子墨子谓程子曰："儒之道足以丧天下者，四政焉。儒以天为不
> 明，以鬼为不神，天、鬼不说，此足以丧天下。"④

墨子所谓的"儒之道足以丧天下者，四政焉"之"四政"中，
最先提出的是"天""鬼"的"不明""不神"。这反映出在《墨子》
成书的战国中期，鬼神是否明知成为儒墨在思想领域激烈争论的
焦点。

---

① 王中江：《〈鬼神之明〉与东周的"多元鬼神观"》，载氏著：《简帛文明与古代思
想世界》，北京大学出版社，2011，第138—157页。
② ［韩］李承律：《上博楚简〈鬼神之明〉鬼神论与墨家世界观研究》，《文史哲》
2011年第2期。
③ ［清］孙诒让撰，孙启治点校：《墨子閒诂·公孟》，中华书局，2001，第456页。
④ ［清］孙诒让撰，孙启治点校：《墨子閒诂·公孟》，中华书局，2001，第458页。

　　值得重视的是，部分墨门弟子根据个体感知，对鬼神的明知与赏罚能力提出疑问。如据《墨子·公孟》载，有游于子墨子之门者，谓子墨子曰："今吾事先生久矣，而福不至。意者先生之言有不善乎？鬼神不明乎？我何故不得福也？"①此外，《公孟》又载，子墨子有疾时，跌鼻问道："今先生圣人也，何故有疾？意者先生之言有不善乎？鬼神不明知乎"？②其实，无名门人与跌鼻的疑问均来源于鬼神明知论、赏罚论与现实中个别经验之间的反差。

　　《墨子·鲁问》中"曹公子"与"子墨子"的问答，把这种怀疑体现得尤为深刻。曹公子曰："朝得之，则夕弗得祭祀鬼神。今而以夫子之教……谨祭祀鬼神。然而人徒多死，六畜不蕃，身湛于病。吾未知夫子之道之可用也。"③曹公子等墨子弟子对鬼神明知与赏罚能力的怀疑，埋下了墨学分裂的根源。

　　《鬼神之明》中明确提出了新的"鬼神不明"说，而且不见墨子对"鬼神不明"的回答。而简文最后的第五简有表示文章终结的墨丁，说明墨子的回答被编者取消了。王中江先生认为，《鬼神之明》是为了修正、改革墨子的鬼神说而提出的，属于墨家的旁系或者与墨子更为疏远的别墨。④可见，《鬼神之明》不仅象征着墨家内部的瓦解，还象征着墨子以来形成的强大凝聚力的瓦解，显示出墨家衰败时期内部理念的变化，甚至奏响了宣告墨家分裂和结束的序曲。⑤

---

　　① ［清］孙诒让撰，孙启治点校：《墨子闲诂·公孟》，中华书局，2001，第462页。
　　② ［清］孙诒让撰，孙启治点校：《墨子闲诂·公孟》，中华书局，2001，第463页。
　　③ ［清］孙诒让撰，孙启治点校：《墨子闲诂·鲁问》，中华书局，2001，第476页。
　　④ 王中江：《明神之明与东萌的"多元鬼神观"》，《中国哲学》2008年第4期。
　　⑤ 李承律先生认为，墨家的鬼神论是从根本上支撑三层世界观的核心理论。如果墨家内部承认"鬼神不明"，个人层面上的宗教信仰，中期之后学派层面上的墨家所有的理论，国家层面上基于尊天事鬼的统治论与天人相关论，就有可能从根本上发生动摇。参见［韩］李承律：《上博楚简〈鬼神之明〉鬼神论与墨家世界观研究》，《文史哲》2011年第2期。

小　结

　　战国早期的社会与学术图景，向因文献资料稀缺而使学者望而却步。清华竹书《系年》的发现，填补了战国早期传世文献记载的空白，而《系年》与楚竹书所记的战国早期战事与诸国之间的领土争夺，揭示了战国早期"领土国家"的形成。在"领土国家"的基础上，诸国诸地域文化间的交流与楚文化的区域学术与思想中心地位同时得以建立。

　　以"子"书为主的楚竹书文献，囊括了早期儒家的学术传播和学派传承谱系，早期道家的丰富理论形态及其与黄老道家的渊源，甚至提供了反映墨家衰败期的新史料，从而使我们对先秦学术发展、学说演变的认识更为深刻。凡此，均成为我们研究楚竹书中所见"君子"政治思想的前提与社会背景。

第二章　楚竹书中诸家讨论"母题"
与学派判断标准

　　埋藏时段集中于公元前 300 年前后的战国楚竹书，使我们得以窥见多种思想交融、多元文本共生之战国学术面貌。由于出土文献在出土地域上存在着一定钓局限性，在抄写时间上存在着一定的固定性，故经常被用来考察同一时期的思想学说之间的交叉互动以及地域之间的相互影响。从这个意义上来说，与传世文献相比，出土文献的共时性特征更为突出。因此，楚竹书文献所体现的不同学派间的共生关系和相互影响，对于先秦学术史和思想史研究具有极大的促进作用。

第一节　楚竹书文献不同文本的重复与差异

一、战国早期流传的多元文本

（一）商周王朝档案的传承

春秋战国时期，存在着一种文化上的公共背景资源为诸家所称引，"语"类文献的广泛流传即是明证。其中，以"诗""书"为代表的经典，在春秋中期以后逐渐流入各诸侯国，并成为各诸侯国教育贵族子弟及战国诸子教育弟子的教材，相关记载在东周文献中经常出现。① 这些根据商周档案、典制、风俗等整理而来的典籍，不仅包含着商周以来的文献承传，② 并对战国时期的学术与思想发展产生了重要的影响。

其荦荦大端，为"通"，为"变"。《礼记·经解》曰："疏通知远，'书'教也。"孔颖达疏云："'书'录帝王言诰，举其大纲，事非繁密，是疏通；上知帝王之世，是知远也。"③ 宋人叶梦得进一步解释道："'书'之记述治乱，要使人考古验今而已。智之事也，故其教疏通知远。"④《尚书·周书》总结了夏商两代的兴亡经验，以指导周人的政治活动。如《召诰》："我不可不鉴于有夏，亦不可不鉴于有

① 张怀通：《〈逸周书〉新研》，中华书局，2013，第30—55页。
② 所谓史学意识，从一般意义上说，是指人们（尤其是史学家们）对史家的活动和思想，史书的撰写及其与社会的关系，以及对这些活动、思想、撰述、关系等方面的历史过程与经验积累的认识和评价。参见瞿林东：《中国简明史学史》，上海人民出版社，2005，第314—319页。
③ ［汉］郑玄注，［唐］孔颖达疏：《礼记正义·经解》，载［清］阮元校刻：《十三经注疏》，中华书局，2009，第3493页。
④ ［宋］卫湜：《礼记集说》第117卷，《景印文渊阁本四库全书》第119册，台湾商务印书馆，1986，第510页。

殷。"疏通知远的思想，在清华竹书《保训》中也可以得到印证。《保训》训辞中的三个典故，第一个讲黄帝；第二个讲舜，连带提到尧；第三个讲上甲微。周文王透过舜和上甲微的故事，阐述了求中、得中、保中与"践天子位"之间的关系，并勉励太子发像舜一样求中，像上甲微一样保中，能"祗备不懈"，坚守"中"的精神。

上博竹书《周易》中出现了一些特殊符号。据陈仁仁先生研究，这些特殊符号标示原则包括"同符"原则三条，"异符"原则五条，这些原则的运用可为"变易"的历史意识之注脚。① 孔颖达正义云："夫'易'者，变化之总名，改换之殊称。"② 《周易》不仅以卦爻辞的组合、变化来表示事物的变化，还在卦爻辞中直接描述事物的变化，如《系辞上》的"在天成象，在地成形，变化见矣"。《革》卦的"汤武革命，顺乎天而应乎人，革之时义大矣哉"。变易意识在《左传》中也可窥见端倪。据《左传·昭公三十二年》载，赵简子问于史墨曰："季氏出其君而民服焉。"史墨对曰："社稷无常奉，君臣无常位……在《易》卦，霣乘《乾》曰《大壮》，天之道也。"③

"疏通""变易"常常引致"鉴戒"。白寿彝先生就将鉴戒意识归结为《易·象传》的"君子以多识前言往行，以蓄其德"。④ 清华竹书《系年》亦体现出"采取成败"的编纂特征。⑤

"语"类文献中的"鉴戒"意识表现为关注社会现实，注重总结历史经验，并将历史经验应用于现实社会。关注现实的理念产生甚

---

① 参见陈仁仁：《战国楚竹书〈周易〉研究》，武汉大学出版社，2010，第70页。

② [魏] 王弼等注，[唐] 孔颖达疏：《周易正义序》，载 [清] 阮元校刻：《十三经注疏》，中华书局，2009，第15页。

③ [晋] 杜预注，[唐] 孔颖达疏：《春秋左传正义·昭公三十二年》，载 [清] 阮元校刻：《十三经注疏》，中华书局，2009，第4621—4622页。

④ 白寿彝：《中国史学史》第一卷，上海人民出版社，2006，第215—216页。

⑤ 杨博：《裁繁御简：〈系年〉所见战国史书的编纂》，《历史研究》2017年第3期。

早，但其在春秋战国时期的流行应与当时社会的动荡以及史官制度的瓦解密切相关。约在宣王后期，周王室的史官世袭制度受到破坏，随后诸侯国的史官世袭制也遭到破坏。如《左传·昭公十五年》所述"数典忘祖"事。晋大夫籍谈之"高祖孙伯黡，司晋之典籍"，而籍谈本人对于此事却一无所知。①

（二）私家著述的兴起

春秋之前，"学在官府"。专业性较强的官职往往世代相传，是为"畴官"。随着平王东迁以及宗法、封建制度的逐渐瓦解，天子甚至诸侯的权力相继下移。在此情况下，"学在官府"的局面自然无以为继。如《史记·历书》云："幽、厉之后，周室微，陪臣执政，史不记时，君不告朔，故畴人子弟分散，或在诸夏，或在夷狄。"②不仅畴人子弟流亡四方，周王室秘藏的典籍图册也散落民间，孔子曾慨叹道："吾闻之，'天子失官，学在四夷'，犹信。"③

与学术下移紧密相关的是私人学术的兴起。一方面，随着"畴人子弟分散"，其所掌握的专门学问与技艺势必在民间播散开来；另一方面，王朝与诸侯因礼崩乐坏，实力穷蹙，已无法正常维持原有的官学教育，致使官学日趋衰落。这些都给私学兴起提供了契机。

私人学术的兴起，是先秦史官文化发展的重要一环。学界一般认为，夏商时期史官的职掌主要有两个方面：一是天道，即掌管天文术数；二是人事，即保管典籍、记录时事、起草文书、宣达王命、

---

① ［晋］杜预注，［唐］孔颖达疏：《春秋左传正义·昭公十五年》，载［清］阮元校刻：《十三经注疏》，中华书局，2009，第4511—4512页。

② ［汉］司马迁撰，［唐］司马贞索隐：《史记·历书》，中华书局，1959，第1258—1259页。

③ ［晋］杜预注，［唐］孔颖达疏：《春秋左传正义·昭公十七年》，载［清］阮元校刻：《十三经注疏》，中华书局，2009，第4526页。

献书规谏、讲颂史事等。西周时期，在职守方面，史、巫开始分离。在"鉴戒"意识的影响下，史官更为注重人事方面的职能，天道方面的职能相对弱化。① 到春秋战国时，史家虽然开始以冷静的态度、自由的思想来思考他们所面临的重大历史和现实问题，但是长期形成的"以天释人"的思维方式使他们仍习惯于用天命和卦象来表达自己对现实变化的关注和扯判。② 如《左传·昭公三十二年》所载史墨与赵简子事，杜预注曰："乾为天子，震为诸侯，而在乾上。君臣易位，犹人臣强壮，若天上有雷也。"③

（三）著述体裁的多样性

据《史记·十二诸侯年表》载，孔子《春秋》以后，有《左氏春秋》《铎氏微》《虞氏春秋》《吕氏春秋》等诸家"春秋"。④《孟子·离娄下》亦云："晋之《乘》，楚之《梼杌》，鲁之《春秋》，一也。其事则齐桓、晋文，其文则史。"唐刘知几将唐以前的史籍分为六家，⑤其中，成书于战国时期的是《左传》《国语》。晋武帝太康年间，汲郡出土了战国时期魏国的编年体史书《竹书纪年》。战国末期，赵国史官纂辑了《世本》。⑥ 清人秦嘉谟云："夫《春秋》为编年，《世本》

---

① 许兆昌：《先秦史官的制度与文化》，黑龙江人民出版社，2006，第99—108、142—157页。

② 尤学工：《先秦史官与史学》，《史学史研究》2001年第4期。

③ ［晋］杜预注　［唐］孔颖达疏：《春秋左传正义·昭公三十二年》，载［清］阮元校刻：《十三经注疏》　中华书局，2009，第4622页。

④ ［汉］司马迁撰，［唐］司马贞索隐：《史记·十二诸侯年表》，中华书局，1959，第509—510页。

⑤ ［唐］刘知几撰，［清］浦起龙通释：《史通通释·六家》，上海古籍出版社，2009，第1页。

⑥ 陈梦家：《〈世本〉考略》，载氏著：《西周年代考·六国纪年》，中华书局，2005，第135—141页。

为纪传,太史公述《世本》以成《史记》,纪传不从《史记》始也。"①
由此可知,战国时期,不仅有"世系"类史书的流传,而且有《国
语》等"治国之善语"的结集。

虽然学界对《世本》的作者及成书时代仍有争议,②但清华竹书
《楚居》的发现,充分证明"世系"类文献在战国时期已广泛流传,
甚至出现了以清华竹书《良臣》为代表的由"世系"类文献衍生的
文本。

清华竹书中还有不少脱胎于商周史官原始档案的"书"类典籍,
如《赤鹄之集汤之屋》《尹至》《尹诰》等。值得注意的是,《保训》
的形制虽然与清华竹书"书"类文献不符,其内容亦非西周实录,
但仍反映了"书"类文献的训诫传统。

楚竹书"语"类文献的大量发现,不仅表明"语"类文献在春
秋战国时期已广泛流行,③还印证了战国时期学术著述体裁的多样性。
相较而言,"世""书""语"等都还处于史学著作的初始阶段,但是
它们却为《系年》等较为成熟的史书提供了素材。④

清华竹书《系年》自公布以来,有关其体裁、性质的争议就不

---

① [汉]宋衷注,[清]秦嘉谟等辑:《世本八种》,商务印书馆,1957,"自序"第
1页。

② 陈建梁:《〈世本〉析论》,《史学史研究》1996年第1期。乔治忠、童杰:《〈世
本〉成书年代问题考论》,《史学集刊》2010年第5期。

③ 杨博:《试论新出"语"类文献的史学价值——借鉴史料批判研究模式的讨论》,
《图书馆理论与实践》2016年第2期。

④ 俞志慧:《古"语"有之:先秦思想的一种背景与资源》,华东师范大学出版社,
2010,第3—44页。

绝于耳。体裁方面的主要观点有编年体，为李学勤先生等所主张；[①]纪事本末体，由廖名春先生首倡，得到许兆昌先生等的赞同。[②]性质方面，陈伟先生认为，《系年》可能与先秦佚籍《铎氏微》有关，冯时先生附和；[③]陈民镇先生主要从史学史的角度审视《系年》的性质与文类，认为它很可能是"志"类文献。[④]刘建明先生则怀疑，《系年》和《楚居》的结合体就是孟子所说的楚史《梼杌》。[⑤]刘全志先生以为，与《左传》相比，《系年》更接近于《春秋事语》，而其性质与汲冢竹书中的"国语"三篇相近。[⑥]

章学诚《文史通义》云："亦有因事命篇之意，初不沾沾为一人具始末也。"[⑦]《系年》的编纂体裁，正是"因事命篇""每事自为起

---

① 李学勤先生认为，《系年》体例类似《竹书纪年》，"是一种编年体的史书"。后又以《系年》体例与《竹书纪年》相比较，认为古本《竹书纪年》并不是像晚出的今本那样标准的编年史。参见李学勤：《初识清华简》，载氏著：《通向文明之路》，商务印书馆，2010，第240—243。李学勤：《由清华简〈系年〉论〈纪年〉的体例》，《深圳大学学报（人文社会科学版）》2012年第2期。

② 廖名春先生主张，《系年》是一部纪事本末体的史书。参见廖名春：《清华简〈系年〉管窥》，《深圳大学学报（人文社会科学版）》2012年第3期。许兆昌、齐丹丹：《试论清华简〈系年〉的编纂特点》，《古代文明》2012年第2期。许兆昌：《从清华简〈系年〉看纪事本末体的早期发展》，载杜勇主编：《叩问三代文明：中国出土文献与上古史国际学术研讨会论文集》，中国社会科学出版社，2014，第406—418页。

③ 简文公布伊始，陈伟先生即提出《系年》与《铎氏微》有关联，后又详加论证。参见陈伟：《不禁想起〈铎氏微〉——读清华简〈系年〉随想》，简帛网，2011年12月19日。陈伟：《清华大学藏竹书〈系年〉的文献学考察》，《史林》2013年第1期。冯时先生认为，《系年》与《铎氏微》当属同类形式的史书。参见冯时：《〈郑子家丧〉与〈铎氏微〉》，《考古》2012年第2期。

④ 陈民镇：《〈系年〉"故志"说——清华简〈系年〉性质及撰作背景刍议》，《邯郸学院学报》2012年第2期。

⑤ 刘建明：《清华简〈系年〉研究》，硕士学位论文，安徽大学历史文化学院，2014，第16—19页。

⑥ 刘全志：《论清华简〈系年〉的性质》，《中原文物》2013年第6期。

⑦ 叶瑛校注：《文史通义校注》，中华书局，1985，第50页。

讫"的"纪事本末"样式。对此,学界多有讨论。① 这里主要补充两点:

第一,似不能将《系年》视作后世完备状态下的"纪事本末体"。纪事本末体始创于南宋袁枢的《通鉴纪事本末》。《系年》每章都是按照年代顺序叙述事件本末,符合纪事本末体"每事为篇,各排比其次第,而详叙其始终"的特征。② 与袁枢《通鉴纪事本末》"区别门目,以类排纂,每事各详起讫,自为标题。每篇各编年月,自为首尾"③ 的最大区别是,《系年》各章没有列出独立的标题。但从表2-1所列的各章叙事主题来看,《系年》的作者根据主题不同,将所述史事作了有意识的分别。从这个角度来说,《系年》确已具备了"纪事本末体"的基本特征。④

表2-1 《系年》各章叙事主题

章序	主题	章序	主题	章序	主题	章序	主题
第一章	西周治乱	第七章	城濮之战	第十三章	邲之战	第十九章	楚县陈蔡
第二章	西周灭亡	第八章	崤之战	第十四章	鄢之战	第二十章	晋越为好
第三章	秦人始源	第九章	灵公即位	第十五章	楚吴关系	第二十一章	晋楚交攻
第四章	卫人屡迁	第十章	晋秦交恶	第十六章	晋楚弭兵	第二十二章	三晋服齐
第五章	伐息赣陈	第十一章	楚人围宋	第十七章	晋齐交攻	第二十三章	楚人屡师
第六章	晋献公立储	第十二章	楚庄伐郑	第十八章	晋吴伐楚		

---

① 许兆昌、齐丹丹:《试论清华简〈系年〉的编纂特点》,《古代文明》2012年第2期。廖名春:《清华简〈系年〉管窥》,《深圳大学学报(人文社会科学版)》2012年第3期。侯文学、李明丽:《清华简〈系年〉的叙事体例、核心与理念》,《华夏文化论坛》2012年第2期。许兆昌:《从清华简〈系年〉看纪事本末体的早期发展》,载杜勇主编:《叩问三代文明:中国出土文献与上古史国际学术研讨会论文集》,中国社会科学出版社,2014,第406—418页。

② [清]永瑢等撰:《四库全书总目·史部五》,中华书局,1965,第437页。

③ [清]永瑢等撰:《四库全书总目·史部五》,中华书局,1965,第437页。

④ 许兆昌、齐丹丹:《试论清华简〈系年〉的编纂特点》,《古代文明》2012年第2期。

除各章没有"自为标题"外,《系年》与"纪事本末体"的另一显著区别是《系年》虽然每章"各编年月,自为首尾",但在具体叙事上并未"详叙其始终"。如第三章叙述秦人起源及其早期发展简史时,称"秦仲焉东居周地,以守周之坟墓,秦以始大",[①]便是略述。由此看来,《系年》虽然具备"纪事本末体"的一些基本特征,但与后世完备状态下的"纪事本末体"相比,仍有一定差距。

第二,与《通鉴纪事本末》《左传纪事本末》相比,目前尚未确定《系年》有专门的"钞撮"对象。陈伟先生认为,《系年》与《铎氏微》有关。冯时先生进一步提出,《系年》与《铎氏微》当属同类形式的史书。[②]但据《史记》记载,《铎氏微》的"钞撮"范围不出《左传》,而《系年》在不少史事记载上与《左传》存在差异。此外,《系年》关于战国早期史事的各章亦不见于《左传》。

《系年》的编纂者具有较为明确的史料取舍标准,其突出表现是有明确的对象限定和时代断限。《系年》叙述的重点是平王东迁之后的诸侯国史事,因此有关西周史事的前四章旨在叙述春秋诸国兴起的契机。[③]《系年》是编纂者用"纪事本末"手法,将有关史料简化、融合后,再加以自己的理解,用楚国语言记述的独立史著。此外,《左传》中亦可见"纪事本末"的历史叙事方法。如《春秋》经中只有"郑伯克段于鄢"数字,《左传·隐公元年》从郑庄公出生说起,讲他不被母亲喜欢的缘由,母亲的偏心和弟弟共叔段的跋扈,接着记述庄公如何平息共叔段叛乱并与母亲决裂,最后讲述庄公母子如何和好如初。按照"毛事各详起迄,自为标题。每篇各编年月,

---

① 李学勤主编:《清华大学藏战国竹简(贰)》,中西书局,2011,第170页。

② 陈伟:《清华大学藏竹书〈系年〉的文献学考察》,《史林》2013年第1期。冯时:《〈郑子家丧〉与〈铎氏微〉》,《考古》2012年第2期。

③ 李学勤:《清华简〈系年〉及有关古史问题》,《文物》2011年第3期。

自为首尾"的标准,若以"郑伯克段于鄢"为标题,则《左传》中此类叙事亦合乎"纪事本末"的基本特征。白寿彝先生根据《左传》的叙事特点推测,"《左传》的原来形式也不一定完全是编年体,其中也包含有传记体和纪事本末体",甚至推测"《左传》本来就是纪事本末体"。[①] 赵光贤先生亦指出,《左传》本是纪事体的史书。[②]

综上所述,《系年》虽然具备"纪事本末体"的基本特征,但与后世完备状态下的"纪事本末体"相比,仍存在一定差距。此外,"纪事本末"作为一种历史叙事方法,不仅见于《系年》,在《左传》中亦可得见。《系年》的发现,为"纪事本末体"史书可能产生于战国早中期的观点提供了新注脚。

除"语"书外,楚竹书中还有大量可归入儒、墨、道、法等诸家学派的"子"书,其中以儒家书为大宗。由于早期"子"书具备"语"书的主要特质,故诸子书也可称为"语"书。如上博竹书《鲁邦大旱》即讲述了一个完整的故事,开篇是背景"鲁邦大旱",中间是哀公问于孔子,末尾是孔子与子贡的议论。此外,郭店竹书《唐虞之道》、上博竹书《子羔》均以尧舜禹等明君圣王的事迹来说理。因此,《史记·秦始皇本纪》中有"《诗》、《书》、百家语"的说法。蒙文通先生认为:

> 殆诸侯之史曰国语;《国语》,《春秋》也。大夫之史曰家语;《家语》,亦《春秋》也。此秦焚篇章,《诗》、《书》、百家语有禁。史迁亦曰"百家杂语"。诸子书曰家语,曰百家,是固由大夫之史,

---

① 白寿彝:《中国史学史》第一卷,上海人民出版社,2006,第151—153页。
② 赵光贤:《〈左传〉编撰考》,《中国历史文献研究集刊》1980年第1集、1981年第2集。

沿《国语》之号转变而来，则晏子辈之《春秋》，谓之《晏子家语》可。《孔子家语》……胃之《孔子春秋》亦可。孟、荀、庄、韩之书，皆应以家语、以《春秋》名。①

由引文可知，"百家语"是由"大夫之史"演变而来的诸子之书。蒙文通先生的观点，符合早期文献产生与传播的特征。尽管许多"语"类文献都是由诸子创作的，但细究而言，以记述先秦史事为主的"语"，与专在表达诸子政治思想的"子"书之间还是存在一定差别的。尽管诸子书也可被称为"诸子百家语"，但是它们和"语"类文献在外在表现形式和性质上的差别还是比较明显的。

首先，"子"类文献的表现形式多为师徒问答，或君王与臣子问对，而"语"类文献多是围绕诸子（如孔子等人）的事迹展开的。

其次，"语"类文献多为叙述性语言，而"子"类文献多是议论之辞。

最后，李零先生曾就"子"类文献的"述"古特点指出："这些诸子书往往都是'借古喻今'，具有寓言的形式，利用'古'作谈话背景。"诸子书的谈资主要来自"语"类作品，儒家喜欢讲唐虞三代故事，墨家喜欢讲夏禹故事，道家喜欢讲黄帝故事。②

总之，"语"类文献相当于一个资料库，经常为诸子所取材。诸子书中的"语"类文献的性质是，它们或者是同源材料；或者是更古之语类材料被诸子锻炼改造后，又被从诸子著作中抽离出来。"语"类文献的流传模式可概括为：语类材料→熔铸入诸子文章→从诸子

---

① 蒙文通：《中国史学史》，上海人民出版社，2006，第13页。
② 李零：《简帛古书与学术源流（修订本）》，生活·读书·新知三联书店，2008，第221页。

文章中抽离。^①诸子书的故事性要远胜于记录性，是一种再回忆与再创造，故其回溯的事实取代了真正的事实。因此，"语"类文献在为诸子创作提供丰富资料的同时，诸子也在不断地丰富着"语"的内容。

二、楚竹书文献不同文本的差异与重复

（一）楚竹书战国文本叙述差异举隅

出土文献的叙述差异，笔者按照文献种类和重复情况作出如下分析：^②

1. 同类文献的叙述差异

（1）"史"类文献的叙述差异

据清华竹书《系年》第十五章"陈公子征舒取妻于郑穆公"记载，夏姬是征舒之妻，而非其母。《左传·宣公九年》所记陈灵公与大臣孔宁、仪行父之间以"征舒似汝"相戏，可见征舒是夏姬之子。此事《史记·陈杞世家》的记载比《左传》稍详。同为"史"书，《系年》与《左传》《史记》的记载就存在差异。

（2）"语"类文献的叙述差异

"语"类文献在春秋战国时期非常流行，是当时作史的基本素材。^③不同文本的叙述之间亦存在差异。如上博竹书《庄王既成》以楚庄王铸无射钟事入题，此事在出土文献、传世文献中都有不少记载。^④学界认为，这些故事是同一个故事在各诸侯国形成的不同版

---

① 叶博：《〈新序〉〈说苑〉研究——在事语类古书的视野下》，硕士学位论文，北京大学中国语言文学系，2009，第 9 页。

② 杨博：《新出文献战国文本的叙述差异》，《中国社会科学院研究生院学报》2018 年第 5 期。

③ 李零：《简帛古书与学术源流（修订本）》，生活·读书·新知三联书店，2008，第 297 页。

④ 曹方向：《上博简所见楚国故事类文献校释与研究》，博士学位论文，武汉大学历史学院，2013，第 48—64 页。

本。如许科先生认为,《左传》《国语》所见周景王故事、《曹沫之阵》所见鲁庄公故事和《庄王既成》所见楚庄王故事是同一个故事在周、鲁、楚几国所衍生出的不同故事版本,"故事主题是借铸钟一事而讲理,但又据各国情势之不同而在人物和内容上进行相应的转换和改编"。①葛亮先生也认为:"《庄王既成》将鲁庄公铸无射钟的故事移植到了楚庄王的身上。"②

（3）"子"类文献的叙述差异

"子"类文献的一个显著特点是,在文献中常举尧、舜、禹、汤、文、武等圣人事迹,或朱、象、桀、纣、盗跖等恶人事迹,以为其说树立典型,其有关圣王明君的叙述亦存在差异。如《荀子·议兵》中有"四帝两王"之说,其中,"四帝"指尧、舜、禹、汤,"两王"指周文王、周武王。上博竹书《举治王天下》中有"夫先四帝二王"之句,是师尚父应对文王之辞。"二王"显然不是指周文王、周武王,与《荀子》中的"四帝两王"有别。疑"二王"是指夏禹、商汤,"四帝"则未详所指。

2. 不同类文献的叙述差异

（1）"世"类文献的叙述差异

①与"书"。清华竹书《良臣》曰:"唐有伊尹,有伊陟,有臣扈。武丁有傅说,有保衡。文王有闳夭,有泰颠,有散宜生,有南宫适,有南宫夭,有芮伯,有伯适,有师尚父,有虢叔。武王有君奭,有君陈,有君牙,有周公旦,有召公,遂佐成王。"

据《尚书·君奭》载:

---

① 许科:《上博简春秋战国故事类文献研究》,博士学位论文,四川大学历史文化学院,2008,第151—152页。

② 葛亮:《〈上博七·郑子家丧〉补说》,载复旦大学出土文献与古文字研究中心编:《出土文献与古文字研究（第4辑）》,上海古籍出版社,2012,第248页。

公曰："君奭！我闻在昔成汤既受命，时则有若伊尹，格于皇天。在太甲，时则有若保衡。在太戊，时则有若伊陟、臣扈，格于上帝；巫咸乂王家。在祖乙，时则有若巫贤。在武丁，时则有若甘盘。率惟兹有陈，保乂有殷，故殷礼陟配天，多历年所。"……公曰："君奭！在昔上帝割申劝宁王之德，其集大命于厥躬？惟文王尚克修和我有夏；亦惟有若虢叔，有若闳夭，有若散宜生，有若泰颠，有若南宫括。……武王惟兹四人尚迪有禄。后暨武王诞将天威，咸刘厥敌。惟兹四人昭武王惟冒，丕单称德。"①

《良臣》将殷商与西周的"良臣"分别系于商汤、武丁，周文王、周武王的名下。而据《君奭》记载，伊陟、臣扈等为太戊时良臣，而非商汤时良臣。

②与"子"。《良臣》曰："黄帝之师：女和、羼人、保侗。"《吕氏春秋·孟春纪·尊师》曰："黄帝师大挠。"

（2）"书"类文献的叙述差异

①与"史"。清华竹书《金縢》称"周公宅东三年"，"宅"与"居"同义，"居东三年"则与《诗·豳风·东山》称东征"自我不见，于今三年"，②《史记·周本纪》称"管蔡叛周，周公讨之，三年而毕定"一致。③但与《史记·鲁周公世家》称周公"宁淮夷东土，二年

---

① ［唐］孔颖达疏：《尚书正义·君奭》，载［清］阮元校刻：《十三经注疏》，中华书局，2009，第475—477页。

② ［唐］孔颖达疏：《毛诗正义·豳风·东山》，载［清］阮元校刻：《十三经注疏》，中华书局，2009，第846页。

③ ［汉］司马迁撰，［唐］司马贞索隐：《史记·周本纪》，中华书局，1959，第132页。

而毕定"相差一年。①

②与"语"。上博竹书《竞建内之》所记殷武丁祭祀时，有雉雊于彝前事，与《尚书·高宗肜日》的记述相似。清华竹书《赤鹄之集汤之屋》也讲述了商汤射获一只赤鹄，令伊尹将其烹煮作羹的故事。

③与"子"。清华竹书《金縢》在"周公乃纳其所为功自以代王之说于金縢之匮"后，明确指出："就后武王陟，成王犹幼在位。"这与钱穆所称《荀子·儒效》主张周公称王说存在一定的差异。②

（3）"史"类文献的叙述差异

①与"语"。仍以《系年》所记之陈公子征舒为例。《国语·楚语上》载："昔陈公子夏为御叔娶于郑穆公，生子南。子南之母乱陈而亡之，使子南戮于诸侯。"韦昭注曰："公子夏，陈宣公之子，御叔之父也，为御叔郑穆公少妃姚子之女夏姬也。……子南，夏征舒之字。"上博简《容成氏》不仅记述五帝，还涉及乔结氏、墉遟氏等不见于传世文献的上古帝王名号，与《史记·五帝本纪》记载的体系不同，应是有别于炎黄古史传说体系的另一种传说体系。

②与"子"。上博简《竞公疟》与《晏子春秋·内篇谏上·景公病久不愈欲诛祝史以谢晏子谏》《晏子春秋·外篇·景公有疾梁丘据裔款请诛祝史晏子谏》所记述之内容近似。上博简《竞建内之》与《管子》之《霸形》《戒》两篇所记述之内容相似，只是所涉人物与

---

① ［汉］司马迁撰，［唐］司马贞索隐：《史记·鲁周公世家》，中华书局，1959，第1518页。

② 钱穆：《刘向歆父子年谱》，载氏著：《两汉经学今古文评议》，中华书局，1959，商务印书馆，2001，第113—114页。

事件背景有很大的差别。①

（4）"语"类文献的叙述差异

①与"子"。上博简《鲁邦大旱》《柬大王泊旱》《鲍叔牙与隰朋之谏》《竞公疟》等灾异类文献虽然都是借助灾异现象来表达"为善政"等政治理念，但是具体的人物、故事情节存在较大的差别。②

需要说明的是，上列文献的种种叙述差异并不能涵盖所有的情况。究其原因，一方面是囿于目前发现材料的限制，另一方面是有关同一主题（人、事）的重复出现是战国文本创造、流传的一个主要方面。如上博简《鲁邦大旱》涉及的"哀公问孔子"主题，清代马骕在《绎史》中专列《孔子类记一·哀公问》篇，汇集了《史记》《礼记》《大戴礼记》《论语》《庄子》《荀子》《韩非子》《吕氏春秋》《韩诗外传》《孔丛子》《孔子家语》《说苑》《新序》等传世古籍中所见之材料。③

（二）楚竹书战国文本的叙事重复

出土文献的叙事差异又可归结为同一主题、同一事件、同一人物等的重复。

1. 同一主题的重复

上博竹书《容成氏》不仅记述五帝世系，还涉及乔结氏、墉遟氏等不见于传世文献的上古帝王名号，明显与《史记·五帝本纪》记载的体系不同，是有别于炎黄古史传说体系的另一种传说体系。

---

① 刘信芳：《竹书〈鲍叔牙〉与〈管子〉对比研究的几个问题》，《文献》2007年第1期。鲁加亮：《〈鲍叔牙与隰朋之谏〉与〈管子·戒〉对读札记》，《华中科技大学学报（社会科学版）》2007年第3期。

② 杨博：《论史料解读的差异性——由楚竹书灾异文献中的旱灾母题入手》，《烟台大学学报（哲学社会科学版）》2015年第1期。

③ ［清］马骕撰，王利器整理：《绎史·孔子类记》，中华书局，2002，第1925—1957页。

战国人既然知其名号，则势必有今人不知之相关史迹为背景。① 郭店竹书《唐虞之道》则在五帝系统之外，提出"六帝"的说法。

《鲁邦大旱》中的"哀公问孔子"母题、上博竹书《鲁邦大旱》《柬大王泊旱》《鲍叔牙与隰朋之谏》《竞公疟》等篇的灾异主题以及上博竹书《庄王既成》中的楚庄王铸无射钟主题等均属此类。

2. 同一事件的重复

勾践灭吴的历史故事，在先秦文献中共有四个完整的叙述文本，分别是《国语》之《吴语》《越语上》《越语下》《越公其事》。这些故事均从勾践败守会稽开始，到勾践灭吴结束。夫差未能一举灭掉越国，给勾践以喘息之机，勾践卧薪尝胆十八年，终于击败吴国，并拒绝夫差求成，最终灭吴。这是基本史实，故其记述与《春秋》《左传》具有一致性。一方面，《越公其事》《国语》具有一些共同的史料来源，如《越公其事》第一章和后两章叙述吴越决战与夫差求成被拒的过程，与《国语》几乎完全相同。另一方面，就故事化程度而言，较之《国语》诸篇，《越公其事》的故事化程度较轻。《吴语》《越语》等或是叙述，或是对话。《越公其事》的表述方式是记事、记言和议论相结合。从故事化倾向来看，《左传》《越公其事》《吴语》《越语上》《越语下》，越往后其故事性越强。从史学角度来看，事情的真实性及其所体现的历史观念较之故事性更为重要。②

此外，上博竹书《平王与王子木》与《说苑·辩物》、阜阳汉简也存在相似内容，均属于同一故事的不同版本。

---

① 朱凤瀚：《新发现古文字资料对先秦史研究的推进》，《中国社会科学报》2009年9月24日。

② 李守奎：《〈越公其事〉与勾践灭吴的历史事实及故事流传》，《文物》2017年第6期。

3. 同一人物的重复

清华竹书《赤鹄之集汤之屋》《汤处于汤丘》《汤在啻门》均涉及汤相伊尹（小臣），加上《尹至》《尹诰》，清华竹书中目前已发表五篇与伊尹有关的文献。此外，上博竹书《容成氏》中也记载了伊尹的事迹。① 《汉书·艺文志》"道家"下有"《伊尹》五十一篇"。关于战国文献中的伊尹学派问题，② 李零先生指出，战国时期有依托商周故事讲"阴谋"的一派，《汉志》将其列入道家，它以《太公》为代表作，《伊尹》等是同类著作，《鬼谷子》是其余绪。银雀山汉简、八角廊汉简中发现的《六韬》，其部分应属于《伊尹·九主》。③ 清华简《汤处于汤丘》中有"以设九事之人，以长奉社稷【8】"之语，或与《伊尹·九主》所谓的"事分在职臣"有关。④ 战国竹书中伊尹故事的重复出现，表明某一典型人物在多种文本记述中重复出现，是战国学术发展的一个鲜明特点。

（三）差异与重复现象的文献学分析

要想探究战国文本叙述差异产生的原因，首要需要考察不同种类文献之间的复杂关系。

新出文献分为"世""书""史""语""子"。其中，"世"以人为主，以时为轴。古人作史，第一中心是"人"，主要是"世系"或"谱牒"。谱牒是按氏姓、国族或家族的亲缘树谱来讲历史的史书，

---

① 于凯：《上博楚简〈容成氏〉疏劄九则》，载朱渊清、廖名春主编：《上博馆藏战国楚竹书研究续编》，上海书店出版社，2004，第384—386页。

② 楚竹书的发现，使得学界对伊尹传说和伊尹学派的认识更加深入。代表性成果有：夏大兆、黄德宽：《关于清华简〈尹至〉〈尹诰〉的形成和性质——从伊尹传说在先秦传世和出土文献中的流变考察》，《文史》2014年第3期。

③ 李零：《简帛古书与学术源流（修订本）》，生活·读书·新知三联书店，2008，第327—328页。

④ 李学勤主编：《清华大学藏战国竹简（伍）》，中西书局，2015，第134页。

常见的是"某生某""某又生某"。现存《世本》虽然是清人辑本，或说原书成书于战国时期，但是这种帝系、王侯谱与卿大夫谱的渊源甚早。殷墟王卜辞中，对于商王世系即有明确的记载。如黄组卜辞《合集》35406即记载了从甲戌日祭祀上甲到庚子日祭祀大庚等十一王的完整祀谱。"世"类文献在西周金文中也可以看到。如西周早期大盂鼎（《集成》02837）中，时王列举"文王受天命，武王作邦，成王敷有四方"后，要求盂"型乃嗣祖南公"。西周初期王世与族谱序列的发轫，经过西周中期的发展，到西周晚期则出现了紧密的一一对应关系，可举共王时期的史墙盘（《集成》10175）为证。东周时期，江陵望山楚墓卜筮祭祷简中记有墓主"悼固"多次祭祀其已故的五世先人。① 新蔡葛陵卜筮类简中的祷祠对象有楚文王、平王、昭王、惠王、简王、声王、坪夜文君、子西等。② 可见，"世系"类文献与卜辞、金文等带有档案文书性质的文献之间存在莫大的关联。

"书"类文献亦是由档案文书修饬而来的，二者的显著区别是后者已具有明确的主题，并依据某一主题将简册记录的周王言行改编为具有教化性或指导性的政治类文献。李零先生认为，即便早期古书直接脱胎于文书档案，它也不是文书档案中必然包含之种类。其之所以能成为后世意义上的"书"，恐怕是后人删选、改编的结果。③ 改编的方式，按照"书"类文献记言为主、记事为主及言事相兼三种类型来说，可以分为两种情况：④

---

① 陈伟等：《楚地出土战国简册（十四种）·望山1号墓简册（附签牌）》，经济科学出版社，2009，第274—275页。

② 陈伟等：《楚地出土战国简册（十四种）·葛陵1号墓简册》，经济科学出版社，2009，第395—445页。

③ 李零：《简帛古书与学术源流（修订本）》，生活·读书·新知三联书店，2008，第50页。

④ 张怀通：《〈逸周书〉新研》，中华书局，2013，第35—36页。

其一是记言类篇章。这类篇章改编自史官记录的周王讲话。因为特定的讲话时间短暂、目的明确，所以对讲话的记录能够做到首尾连贯，自为起讫。这样的讲话记录只需稍加整理，即可成为一篇完整的篇章。如清华简《皇门》记载周公训诫群臣望族应以史为鉴，献言荐贤，助王治国。一般而言，记言类篇章的记录和改编几乎可以同时完成。

其二是记事类篇章或言事相兼类篇章。"书"类文献中，绝大多数都是言事相兼型。如《康诰》开篇曰："惟三月哉生魄，周公初基，作新大邑于东国洛，四方民大和会。侯、甸、男、邦、采、卫、百工、播民，和见士于周。周公咸勤，乃洪大诰治。"[①]交代时间、人物和事件背景，接着以"王若曰"开始记言。这类篇章改编自史官关于周王言行的记录。由于事件延续的时间有长有短，故史官需对相关的言行记录进行收集、提炼与改编，才能创作出主题明确的完整篇章。如清华简《金縢》"周公石（宅）东三年"，表现了作者高超的写作技能。

改编的具体时间与过程，已然于史无征。《墨子·明鬼下》为阐述"鬼神之有"的观点，曾征引"周之《春秋》""燕之《春秋》""宋之《春秋》""齐之《春秋》"。其中，以周之《春秋》"周宣王杀其臣杜伯"事为最早，其余各国"春秋"记事都在周宣王之后。在此之前，不引某国"春秋"，而是引《夏书·禹誓》《商书》《周书·大雅》。《墨子》书中的这些引证，或许暗示出《春秋》之作，起自宣王之时。[②]"春秋"的撰作，既说明了"档案文书"改编为"书"的

---

① ［唐］孔颖达疏：《尚书正义·康诰》，载［清］阮元校刻：《十三经注疏》，中华书局，2009，第 202 页。

② 刘乃寅：《中国历史编纂的起源》，《中国史研究》1990 年第 2 期。

可行性，也激发了这种改编的自觉。从这一意义上来说，周室"春秋"之修撰，带动了"书""诗"的编录。①

"书"类文献在社会政治生活中发挥的重大作用有三：其一是春秋中期以后，逐渐成为各诸侯国教育贵族子弟及春秋战国诸子教育弟子的教材。其二是成为宴饮会盟、臣下进谏、著书立说等的文化背景。其三是成为"史"书创作的基本主干材料之一。

"史"书的创作，关注的是人、时、事、地四项因素。其中，人的因素侧重在"世系"或"牒谱"，时间因素有"春秋""纪年"，事、地的因素则有"书"所记言、记事。李零先生指出："春秋战国时期，语类或事语类的古书非常流行，数量也很大。同一人物，同一事件，故事的版本有好多种，这是当时作史的基本素材。"②

"语"书的大量出现，很大程度上是由"语"者的社会地位降低导致的。③《国语》以记言为主，所记多为贤士、大夫的谠言高论，其与《尚书》记言的性质是有严格区别的。④下面概述的是《尚书》《国语》之间"言""语"的细微差别。

《尚书》之"言"基本上是君王对臣下所发布的诰命，多具有不

① 饶龙隼先生指出，大概公元前 750 年前后出现《夏书》《商书》《周书》之称名；公元前 650 年始出现《书》之称名；春秋以前传写的应称为"书"篇。参见饶龙隼：《上古文学制度述考》，中华书局，2009，第 211—227 页。

② 李零：《简帛古书与学术源流（修订本）》，生活·读书·新知三联书店，2008，第 297 页。此外，还有学者从文献学的角度考察了出土简帛古书与其他古书具有相同或类似内容的现象。参见刘娇：《言公与剿说——从出土简帛古籍看西汉以前古籍中相同或类似内容重复出现现象》，线装书局，2012。单育辰：《楚地战国简帛与传世文献对读之研究》，中华书局，2014。[日]西山尚志：《古书新辨——先秦出土文献与传世文献相对照研究》，上海古籍出版社，2015。杨博：《新出文献战国文本的差异叙述》，《中国社会科学院研究生院学报》2018 年第 4 期。

③ 李佳：《〈国语〉研究》，中国社会科学出版社，2015，第 132 页。

④ 白寿彝：《战国秦汉间的弘人著述》，载氏著：《中国史学史论集》，中华书局，1999，第 30 页。

容置疑的权威性。《国语》的"语"多是对当政者的一种委婉劝谏。《尚书》所记的言语局限在帝王或是周公、祭公等辅政大臣的范围之内，训话的对象是臣民。《国语》劝谏的对象是君王，"语"者出于宣传自己政治主张的目的，需要列举上古圣王贤臣的言行作为论据。

综上所述，似可简单推导出战国文献的一个线性发展模式："诗""书""春秋"等"六艺"的改编，在春秋战国社会生活中发挥了重要作用，最终构成了战国时人共同的文化背景。"语""子"等文献的编纂者借"不必果为我有"之言，使"其道果明于天下，而所志无不申"。

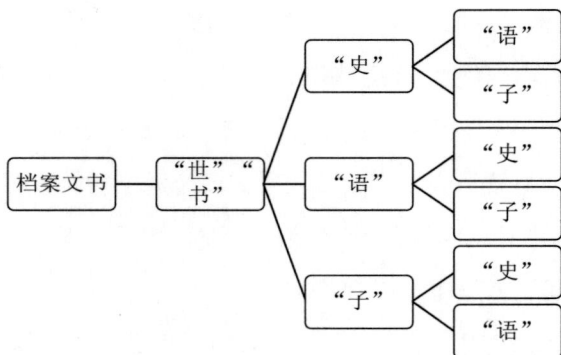

图 2-1　战国文本差异叙述示意

由图 2-1 可知，战国文献衍生、流传的途径并非线性单一的。"史""语""子"等文献不仅取材于"世""书"等文献，它们之间也是互相借鉴的关系。清华简《良臣》《楚居》的发现表明，"世"类文献在战国时期仍有相当的创造活力。而史官创作技能的提升，战国时期私人学术的兴起，使得档案文书→书→史、语等的发展途径更加多样。《左传·昭公二十六年》载有王子朝"告诸侯书"。其文曰：

　　昔武王克殷，成王靖四方，康王息民，并建母弟，以蕃屏
周，……至于夷王，王愆于厥身，诸侯莫不并走其望，以祈王身。
至于厉王，王心戾虐，万民弗忍，居王于彘。诸侯释位，以间王政。
宣王有志，而后效官。至于幽王，天不吊周，王昏不若，用愆厥位。
携王奸命，诸侯替之，而建王嗣，用迁郏鄏，则是兄弟之能用力于
王室也。……①

　　结合清华简《系年》第一章简文不难发现，王子朝在回顾历
代周王事迹时采用的"昔武王……至于夷王……至于厉王……幽
王……"的行文结构，与《系年》首章"昔周武王……至于厉王……
宣王……"的句式相类。特别是王子朝描述"国人暴动"情形的"至
于厉王，王心戾虐，万民弗忍，居王于彘"一句，更是与《系年》
若合符节。此外，王子朝"告诸侯书"中所提及的武、厉、宣、幽
诸王之事，《系年》首章与次章亦多有涉猎，只是叙述立场稍有差
别。②"告诸侯书"是档案文书，为史官在当时所记录。《左传》的
编撰者直接将此"书"全文收录，反映出从文书到史书的发展过程。
而《系年》与"告诸侯书"的不同叙述立场，一方面印证了从档案
文书到史书的可能性，另一方面说明档案文书的书写似乎受到某种
固定模式的影响。以先王为代表，对先王功绩或先王所处时代的历
史大势有一个基本的概括。如《左传·昭公二十六年》曰："武王克
殷，成王靖四方，康王息灵。"

---

　　①　［晋］杜预注，［唐］孔颖达疏：《春秋左传正义·昭公二十六年》，载［清］阮
元校刻：《十三经注疏》，中华书局，2009，第 4591—4593 页。
　　②　朱凤瀚：《清华简〈系年〉所记西周史事考》，载李宗焜主编：《第四届国际汉
学会议论文集——出土材料与新视野》，（台北）"中研院"历史语言研究所，2013，第
441—460 页。

第二节　楚竹书文献诸子学术的"言公"与互摄

楚竹书文献的叙述差异与重复，与诸子学说在战国时期的广泛流传关系甚大。冯友兰先生把中国哲学史分为两段，前一段是先秦，叫"子学"时代；后一段是汉代以降，叫"经学"时代。[①] 李零先生亦认为，先秦学术史主要是子学史。[②] 楚竹书文献的叙述差异与重复现象，对我们重新认识诸子学术本身亦有很大的作用。楚竹书中所体现的先秦诸子学说存在两种关系，一是诸家"言公"，二是诸子学说之间的改造与互摄。

一、诸家"言公"

关于不同古书之间存在的"重文"现象，清人章学诚曾有著名的"言公"论：

> 古人之言，所以为公也。未尝矜于文辞而私据为己有也。志期于道，言以明志，文以足言。其道果明于天下，而所志无不申，不必其言之果为我有也。[③]

"言"所以为"公"，是因申"志"，其言则不必自有。即章学诚所谓的"志期于道，言以明志，文以足言"。楚竹书不仅为我们了解先秦古书的成书、流传提供了资料，而且也有助于我们更好地理解

[①]　冯友兰：《中国哲学史》，中华书局，1961，第40页。

[②]　李零：《简帛古书与学术源流（修订本）》，生活·读书·新知三联书店，2008，第311页。

[③]　叶瑛校注：《文史通义校注·言公上》，中华书局，1985，第169页。

早期诸家之间的关系。

　　楚竹书中的"言公"现象，可以上博竹书《容成氏》为例。《容成氏》《子羔》和郭店竹书《唐虞之道》均旨在推崇禅让。禅让是先秦诸子共同推崇的一个"母题"，裘锡圭先生指出，尧舜禅让是一个广泛流传的上古传说，不可能是战国时代的某一学派所创造出来的，儒、墨等家都大讲禅让说。①

　　楚竹书中的诸家"言公"现象，可以帮助我们了解诸家之间的关系。言说的背景表现在先秦诸子身上，即是以"六艺"为代表的知识背景，郭店竹书《性自命出》《六德》《语丛（一）》等篇都显示出当时存在着《诗》《书》《礼》《乐》《易》《春秋》六经并称的现象。②

　　关于言说的目标，李零先生以儒家为例指出："它（儒家）对'天'的关心，主要还是作为政治命运的关心；它对'人'的关心，也主要是作为政治动物的关心。"③任继愈先生曾就郭店楚简的内容评价道："（郭店楚）竹简内容，反映了战国中后期的社会情况。再过约百年，即秦汉统一，结束了战国纷争的历史……统一的前夕，各地区先知先觉的思想家、有识之士，都在自己的地区为统一天下构画蓝图。竹简也反映了这一统一天下的理想……这一时期．各国各学派都有他们的设想，方法不同，目标则一致。"④在这一政治目标下，

————

　　①　裘锡圭：《新出土先秦文献与古史传说》，载氏著：《中国出土古文献十讲》，复旦大学出版社，2004，第35页。

　　②　廖名春：《论六经并称的时代兼及疑古说的方法论问题》，《孔子研究》2000年第1期。

　　③　李零：《郭店楚简校读记（增订本）》，中国人民大学出版社，2007，"前言"第9页。

　　④　任继愈：《郭店竹简与楚文化》，载武汉大学中国文化研究院编：《郭店楚简国际学术研讨会论文集》，湖北人民出版社，2000，第1—2页。

诸子虽各抒己见，但由于关涉目标相同，则不可避免地出现言语、思想上的相似性。此种相似性，被明人郎瑛概括为"秦汉书多同"：

> 予尝反覆思维，岂著书者故剽窃耶？抑传记者或不真耶？非也。二戴之于《剳记》，彼此明取删削，定为礼经，其余立言之士，皆贤圣之流，一时义理所同，彼此先后传闻；其书原无刻本，故于立言之时，因其事理之同，遂取人之善以为善；或呈之于君父，或成之为私书，未必欲布之人人也；后世各得而传焉，遂见其同似。于诸子百家偶有数句数百言之同者，正是如此耳。①

郎瑛认为，古书之所以相同，是因为"立言之士"所论之"事理"相同，所得之"义理"相似，故"取人之善以为善"。楚竹书文献的发现，使我们对战国时期诸子言说的共通资源有了进一步的认识。

春秋战国之际，社会政治的剧变导致了社会无序状态的加剧。为了实现自身的政治理想，春秋战国诸子纷纷对历史进行再思考，试图从历史中汲取智慧。诸子百家为了阐明己说，对上古史必然有所甄别，并在甄别的过程中形成了不同的历史观。这些不同的历史观成为百家争鸣的一个重要组成部分。

为了阐明己说，诸子不仅多方寻求理想的历史榜样，还用这些榜样来论证自己学说的合理性。儒家内部出现了以"序次"为主，对儒家学术进行整理传承的"记纂之儒"。记纂之儒不对经典本身进行传注阐发，而是通过整理、序次儒家文献，来发挥知识传承的稳

---

① ［明］郎瑛：《七修类稿·辩证类·秦汉书多同》，上海书店出版社，2001，第248页。

定性，继而成为一个时代共有的知识修养。[①] 其中，"事语"类篇章因短小精悍，易于说理，而受到诸家的重视。如《韩非子》之《说林》《外储说》等篇，均为比类文献之汇集。春秋战国诸子以"事语类"材料作为一种知识要素或论据，进行新的学术构建。因此，诸子所树立的历史榜样，对天人关系和古今变化的讨论，对人类社会起源的认知，对社会政治制度的评价，对重大历史事件和著名历史人物的认识等，都寄托了自身的政治思想。[②] 正如蒋伯潜先生所论："诸子之书皆自抒己见，自成一家之言，不复寄托其微言大义于自具内容之古籍。"[③] 如此，诸子书中反映时人政治思想的论述，更可看作"同时代"之史料。

战国诸子旁征博引历史材料，多重表意，不重事实。他们虽然标榜不托诸空言，但对于所依附的行事并不如我们所理解的那样严格，史实、传曰、野语、寓言、轶闻都可以为其所用，甚至自造新说。因此，其故事人物往往具有"箭垛式"倾向。被劝谏的君上在齐总是桓公、景公，在晋不外乎晋文、晋平，鲁则哀公，赵则简子、襄子，魏则文侯、惠王。劝谏者不出管仲、晏婴、孔子、咎犯、师旷、段干木等。各家的哲学内容通过对史事的反复引用解说，逐渐与"史"的内涵相融合。西方学者将论述所征引的"历史成败""典章制度"合称为"历史典故"，认为其目的在于炫耀说话者的博学，并通过提供历史的判断，来证明自己意见的正当。[④]

---

① 李翠叶、尚学锋：《"孔子遗说"的记纂与儒家杂记类文献的文体功能》，《孔子研究》2016 年第 3 期。

② 刘重来：《略论先秦诸子典籍的史学价值》，《文献》1998 年第 4 期。

③ 蒋伯潜：《诸子通考》，岳麓书社，2010，第 3 页。

④ Paul R. Goldin, *After Confucius - Studies in Early Chinese Philosophy*, University of Hawaii's Press, 2004, p.82.

诸子所传之古史人物典型中，以伊尹和孔子居多。清华竹书《汤处于汤丘》《汤在啻门》《赤鹄之集汤之屋》均是诸子传衍之伊尹故事。就伊尹个人来说，其在历史上确实存在，且地位甚高。儒家、道家、法家、阴阳家结合自身经验和价值取向，对伊尹作出不同的解释。伊尹由此成为战国诸子确立自己学派认同感的一个符号，并且这种认同感在各自的群体中成为一种传统。因此，伊尹的身份有两种，一个是作为事件的原始身份，一个是作为传说的变形身份。如果说作为事件的身份代表一种共同的社会记忆，那么，作为传说的身份就是对这种记忆的解读。由于作为传说的身份是千差万别的，故有关伊尹故事的文献性质也是复杂的，有《伊尹》与《伊尹说》之别。① 清华竹书中有关伊尹的五篇文献，在一定程度上反映了战国时期这种风潮的流行。《鲁邦大旱》是一则关于孔子或者说假托孔子的短篇故事，"这类关于大旱对策的套话曾经一度十分流行，它是一个时代或一个学派在阐述天灾与人事的关系时，一种典范式的对应态度"。②

二、诸子学说的关系和相互改造

楚竹书文献不仅使我们认识到诸子言说的共通资源，也给我们提供了深入了解早期诸子学派之间关系的实例。这些实例既有学派之间的相互看法，又有学派之间的改造与互摄，下文将分别论述之。

学派之间的相互看法，可以早期儒道关系为例。《史记·老子韩非列传》对儒道关系的评价是：

---

① 苏晓威：《出土道家文献典籍考》，博士学位论文，北京大学中国语言文学系，2009，第42—48页。

② 曹峰：《〈鲁邦大旱〉初探》，载朱渊清、廖名春主编：《上博馆藏战国楚竹书研究续编》，上海书店出版社，2004，第121—138页。

世之学老子者则绌儒学，儒学亦绌老子。"道不同不相为谋"，岂谓是邪？①

学界普遍认为，早期儒道之间势若水火，但是郭店楚墓中儒道典籍共出，似透露出早期儒道两家和平相处、同源共济的信息。而今本《老子》中许多与儒家思想截然对立的内容，在郭店《老子》中并不存在。②如"仁义"是儒家的核心理念，今本《老子》第十九章反对仁义说。其文曰：

> 绝圣弃智，民利百倍。绝仁弃义，民复孝慈。绝巧弃利，盗贼无有。③

郭店《老子》甲篇曰：

> 𢇍（绝）智弃𠭥（辩），民利百倍。𢇍（绝）巧弃利，頯（盗）恻（贼）亡有。𢇍（绝）伪弃虑，民复季（孝）子（慈）。【甲1】④

此外，郭店《老子》丙篇曰：

---

① ［汉］司马迁撰，［唐］司马贞索隐：《史记·老子韩非列传》，中华书局，1959，第2143页。

② 李均明、刘国忠、刘光胜、邬文玲：《当代中国简帛学研究（1949—2009）》，中国社会科学出版社，2011，第146—147页。

③ 朱谦之：《老子校释》，中华书局，1984，第74页。

④ 陈伟等：《楚地出土战国简册（十四种）·郭店1号墓简册》，经济科学出版社，2009，第140页。

故大【丙2】道废，安有仁义？六（新）亲不和，安有孝**孥**（慈）？邦家昏乱，安有正臣？【丙3】①

今本《老子》第十八章的内容与之相应。其文曰：

大道废，有人（仁）义。智惠出，有大伪。六亲不和，有孝慈。国家昏乱，有忠臣。②

由此可知，郭店《老子》与今本《老子》关于仁义、孝慈、忠臣的立场明显不同。今本《老子》认为，仁义是大道，孝慈可以和睦六亲，正臣可以安定国家。再如《庄子·胠箧》云：

彼窃钩者诛，窃国者为诸侯。诸侯之门而仁义存焉，则是非窃仁义圣知耶？③

与之相应的郭店竹书《语丛（四）》则曰：

窃钩者戬（诛），窃邦者为诸侯，诸侯之门，义士【8】之所廌（存）。【9】④

---

① 陈伟等：《楚地出土战国简册（十四种）·郭店1号墓简册》，经济科学出版社，2009，第156页。

② 朱谦之：《老子校释》，中华书局，1984，第72—73页。

③ ［清］郭庆藩：《庄子集释·外篇·胠箧》，中华书局，2004，第350页。

④ 陈伟等：《楚地出土战国简册（十四种）·郭店1号墓简册》，经济科学出版社，2009，第263页。

需要指出的是，《语丛（四）》中的"义士"并非专指儒家，《庄子》却以其来贬斥仁义，似是对《语丛（四）》此句有所改编。

此外，孔老、孟庄等所体现的儒道关系亦值得重新考虑。[①] 如《史记·老子韩非列传》引孔子之言曰："吾今日见老子，其犹龙邪！"[②] 可见，孔子对老子是十分敬重的。孟子与庄子大约同时，虽然孟子以好辩著称，但《孟子》书中从未斥责过老子、庄子。

战国中期以前，在"言公"的大背景下，儒道同源共济，旨趣贯通，老子对儒家提倡的圣、仁、义、礼、孝、慈等理念是肯定的。早期儒道之间从互相兼容到司马迁所记的互相排斥应该经历了一个漫长的历史过程。[③] 郭店《老子》的出土，有助于我们重新评价早期儒道之间的复杂关系。由郭店《老子》的反儒倾向并不明显似可推测，早期儒道间的矛盾、冲突并没有后世认为的那样激烈和尖锐。

诸子学派之间的改造与互摄，仍以儒道学派为例。楚竹书中不乏儒家学派通过借用、改造道家学派的言论、概念来宣扬已说的实例。如郭店竹书《性自命出》云：

> 衍（道）者，群物之衍（道）。凡衍（道），心术为宝（主）。衍（道）四术，唯【14】人衍（道）为可衍（道）也。其三术者，

---

① 许抗生：《初读郭店竹简〈老子〉》，载国际儒联学术委员会编：《中国哲学》第20辑《郭店楚简研究》，辽宁教育出版社，1999，第99页。李存山：《从郭店楚简看早期道儒关系》，载国际儒联学术委员会编：《中国哲学》第20辑《郭店楚简研究》，辽宁教育出版社，1999，第188—189页。

② ［汉］司马迁撰，［唐］司马贞索隐：《史记·老子韩非列传》，中华书局，1959，第2140页。

③ 周淑萍：《郭店楚简与先秦学术思想史研究》，《西北工业大学学报（社会科学版）》2004年第2期。

衍（道）之而已……【15】①

上博竹书《性情论》亦云：

道也 [者，群物之道。凡道，心术]【7】为宝（主）。道四术
也，唯人道为可道也。其三术者，道之而已……【8】②

儒家学派大讲"道"充分表明，儒学受到道家学派的深刻影响。
《性自命出》中的"可道"之"道"，意为行走、践履。③其所强调的
"人道"，为儒家后学所继承。如《荀子·儒效》曰："道者，非天之
道，非地之道，人之所以道也，君子之所道也。"④《老子》道章"道
可道，非常道"之"道"，为天地万物之道，⑤"可道"意为可言说。
《性自命出》《性情论》所反映的儒家化用道家"道"的概念来宣扬自
身"人道"思想的情况，显示出儒道文本之间的改造、互摄与渗透。
　　化用别家言论以为己说张本的例子，传世文献中也比比皆是。
如《孔丛子·杂训》曰：

---

①　陈伟等：《楚地出土战国简册（十四种）·郭店1号墓简册》，经济科学出版社，
2009，第222页。
②　濮茅左：《〈性情论〉释文考释》，载马承源主编：《上海博物馆藏战国楚竹书
（一）》，上海古籍出版社，2001，第229—230页。
③　林志鹏：《战国诸子评述辑证——以〈庄子·天下〉为主要线索》，复旦大学出
版社，2014，第29—30页。
④　[清] 王先谦撰，沈啸寰等点校：《荀子集解·儒效》，中华书局，1988，第122页。
⑤　今本第二十五章"道大，天大，地大，王亦大"，马王堆帛书本与今本都是道、
天、地、王顺序。郭店竹书《老子》与北大竹书《老子》则云"天大，地大，道大，王
亦大"，似反映出此种"道"序文本在战国中期至西汉中期一直流传不绝。参见韩巍：
《西汉竹书〈老子〉的文本特征和学术价值》，载北京大学出土文献研究所编：《北京大学
藏西汉竹书（贰）》，上海古籍出版社，2012，第216页。

县子问子思曰："吾闻同声者相求，同志者相好。子之先君见子产时，则兄事之，而世胃子产仁爱，称夫子圣人，是谓圣道事仁爱乎？吾未谕其人之孰先后也，故质于子。"子思曰："然、子之问也。昔季孙问子游，亦若子之言也。子游答曰：'以子产之仁爱譬夫子，其犹浸水之与膏雨乎！'康子曰：'子产死，郑人丈夫舍玦佩，妇女舍珠瑱，巷哭三月，竽瑟不作。夫子之死也，吾未闻鲁人之若是也，奚故哉？'子游曰：'夫浸水之所及也则生，其所不及则死，故民皆知焉。膏雨之所生也，广莫大焉。民之受赐也普矣，莫识其由来者。上德不德，是以无德。'季孙曰：'善。'"县子曰："其然。"①

子思认为，水是极为珍贵的东西，"夫浸水之所及也则生，其所不及则死"，但由于膏雨均沾，民众反而体会不到其珍贵性。子思由此评价道："上德不德，是以无德。"

《老子》第三十八章曰："上德不德，是以有德。"子思改"有"为"无"，将《老子》这句话的意义改作："上德者不自以为德，故民亦以德归之。"战国时期，诸子学说之间的改造、互摄情况，由此可见一斑。

综上所述，楚竹书"子"类文献的发现，使我们得以窥见战国中期诸子在同一政治目标下，既同根互济，旨趣贯通，又"言公"与"私意"互摄的复杂面貌。先秦诸子思想的丰富性、多层性，亦透过楚竹书文献而显露出冰山一角。

---

① 傅亚庶：《孔丛子校释·杂训》，中华书局，2011，第111页。

第三节　楚竹书所提示的先秦诸子学派的判定标准

楚竹书所揭示的学派之间（如早期儒、道）与地域之间（如齐、楚）的交流、诸家学说的"言公"与互摄等现象，均引起学界对先秦诸子学派判定标准问题的进一步考量。[①]

一、由楚竹书引发的先秦诸子学派的判定问题

关于郭店儒简的学派归属，学界最初有两种相左的看法：其一是李学勤先生主张将其称作"子思子"，[②]庞朴先生认为其属于思孟学派。[③]其二是以李泽厚先生为代表的一批学者认为，其并未显示出所谓"思孟学派"的特色，而是类似于《礼记》的儒家总集或七十子后学部分言论与论文的汇编、集合。[④]如陈鼓应先生认为，郭店儒简中未见孟子性善说的言论，却多次出现了告子"仁义内外"的主张，故其"不属于所谓思孟学派甚明"。[⑤]

[①]　其实胡适先生、任继愈先生等均不承认古代有什么"道家""名家""法家"的名称，明确反对使用"六家"来描述先秦的思想流变。美国学者苏德恺亦认为："先秦哲学本来没有六家，而司马谈自己创造了汉初的'六家'概念及其抽象的类目。"参见胡适：《中国古代哲学史大纲台北版自序》，载氏著：《胡适学术文集·中国哲学史》，中华书局，1992，第5—6页。任继愈：《先秦哲学无"六家"——读司马谈〈论六家要旨〉》，载氏著：《任继愈自选集》，首都师范大学出版社，2009，第55—59页。[美] 苏德恺：《司马谈所创造的"六家"概念》，载刘梦溪主编：《中国文化（第7期）》，生活·读书·新知三联书店，1993，第134—135页。

[②]　李学勤：《先秦儒家著作的重大发现》，载国际儒联学术委员会编：《中国哲学》第20辑《郭店楚简研究》，辽宁教育出版社，1999，第13—15页。

[③]　庞朴：《孔孟之间——郭店楚简的思想史定位》，《中国社会科学》1998年第5期。

[④]　李泽厚：《初读郭店楚简印象记要》，载国际儒联学术委员会编：《中国哲学》第21辑《郭店简与儒学研究》，辽宁教育出版社，2000，第1—9页。

[⑤]　陈鼓应：《〈太一生水〉与〈性自命出〉发微》，载陈鼓应主编：《道家文化研究》第17辑《"郭店楚简"专号》，生活·读书·新知三联书店，1999，第404页。

程元敏先生指出，从《意林》《文选注》引文看，《子思子》有，楚简《缁衣》亦有，是两文作者取材同，非直接从《子思子》引。郑樵《诗辩妄·诗序辩》谓"'古者长民，衣服不二，从容有常，以齐其民'，其文全出于《公孙尼子》"。这段话既见于今本，又见于简本《缁衣》，三事合一，可证《缁衣》为刘瓛所作，与子思无关。[①]李存山先生在综合比较《五行》《六德》《忠信之道》后认为，郭店儒简不仅与思孟学派（以及曾子学派）相出入，它们内部之间也相出入，故而判定此三篇必非一人或内部关系较近的一个学派所作。[②]这两种意见通过对"郭店儒简为子思所作"的关键性证据的质疑，使多数学者重新回到郭店儒简为"七十子后学论集"的说法上来。刘光胜先生由此发出诘问：思想一致能否作为判定一个学派成立的标准呢？[③]

郭店儒简的学派属性只是涉及儒家学派内部的分化，而上博竹书《容成氏》《鬼神之明》的学派属性则涉及儒、墨、纵横等"九流十家"。关于《容成氏》的性质，学界目前主要有五种看法。其一，整理者李零先生认为其是讲"上古帝王传说"的；[④]裘锡圭先生认为其是"战国人所写的一篇相当有系统的上古史"。[⑤]其二，姜广辉先

---

① 程元敏：《〈礼记·中庸、坊记、缁衣〉非出于〈子思子〉考》，载王国璎主编：《张以仁先生七十秩寿庆论文集》上册，（台北）学生书局，1999，第1—47页。

② 李存山：《"郭店竹简与思孟学派"复议》，载郭齐勇主编：《儒家文化研究》第1辑《新出楚简研究专号》，生活·读书·新知三联书店，2007，第70页。

③ 刘光胜：《先秦学派的判断标准与郭店儒简学术思想的重新定位》，《上海交通大学学报（哲学社会科学版）》2010年第6期。

④ 李零：《〈容成氏〉释文考释》，载马承源主编：《上海博物馆藏战国楚竹书（二）》，上海古籍出版社，2002，第249页。李零：《三代考古的历史断想——从最近发表的上博楚简〈容成氏〉、燹公盨和虞逑诸器想到的》，载刘东主编：《中国学术（第14辑）》，商务印书馆，2003，第189—190页。

⑤ 裘锡圭：《新出土先秦文献与古史传说》，载氏著：《中国出土古文献十讲》，复旦大学出版社，2004，第19页。

生、李存山先生、王晖先生等认为其属儒家。[①] 其三，李学勤先生认为其属纵横家。[②] 其四，饶宗颐先生、赵平安先生、郭永秉先生等认为其属墨家。[③] 其五，吴根友先生认为其属杂家。[④] 由于《容成氏》通篇叙述西周之前的上古历史，且它讲述的故事战国诸子都有征引，故笔者认为，与其将《容成氏》硬归入某家某学派，倒不如把它当成一篇单纯的"语"类文献。

　　关于上博竹书《鬼神之明》的学派属性，整理者曹锦炎先生认为其是《墨子》佚文。[⑤] 不少学者提出不同甚至完全相反的观点。李锐先生指出，《史记·伯夷列传》中司马迁的赞语和《鬼神之明》的思想非常接近，而司马迁转益多师，其思想的学派属性难以判定，由此提出将《鬼神之明》和传世文献简单对应以判定其学派的做法

---

① 姜广辉：《上博藏简〈容成氏〉的思想史意义》，《中国社会科学报》2003 年 1 月 23 日。李存山：《反思经史关系：从"启攻益"说起》，《中国社会科学》2003 年第 3 期。王晖：《出土文字资料与五帝新证》，《考古学报》2007 年第 1 期。赞同此观点的学者，还有梁韦弦先生、王青先生、牛新房先生等。参见梁韦弦：《郭店简、上博简中的禅让学说与中国古史上的禅让制》，《史学集刊》2006 年第 3 期。王青：《论上博简〈容成氏〉篇的性质与学派归属问题》，《河北学刊》2007 年第 3 期。牛新房：《楚竹书〈容成氏〉补议》，《中国历史文物》2010 年第 4 期。

② 李学勤：《简帛书籍的发现及其意义》，载氏著：《中国古代文明研究》，华东师范大学出版社，2009，第 412 页。

③ 饶宗颐：《由尊卢氏谈到上海竹书（二）的〈容成氏〉——兼论其与墨家关系及其他问题》，载香港城市大学中国文化中心编：《九州学林（第 11 辑）》，香港城市大学中国文化中心，2006，第 2—15 页。赵平安：《楚竹书〈容成氏〉的篇名及其性质》，载饶宗颐主编：《华学（第 6 辑）》，紫禁城出版社，2003，第 75—78 页。郭永秉：《帝系新研——楚地出土战国文献中的传说时代古帝王系统研究》，北京大学出版社，2008，第 132—134 页。赞同此观点的学者，还有史党社先生。参见史党社：《读上博简〈容成氏〉小记》，简帛研究网，2006 年 3 月 6 日。

④ 吴根友：《"传贤不传子"的政治权力转移程序——上博简〈容成氏〉篇政治哲学的问题意识及其学派归属问题初探》，载郭齐勇主编：《儒家文化研究》第 1 辑《新出楚简研究专号》，生活·读书·新知三联书店，2007，第 164—166 页。

⑤ 曹锦炎：《〈鬼神之明〉释文考释》，载马承源主编：《上海博物馆藏战国楚竹书（五）》，上海古籍出版社，2005，第 307 页。曹锦炎：《上海博物馆藏楚竹书〈墨子〉佚文》，《文物》2006 年第 7 期。

是值得怀疑的。[①]

李锐先生又指出，儒、道、墨、法等只是汉代以后制造的观念，是倒置到先秦学术史、思想史上面去的，用"六家""九流十派"来判定学派，实际是拿《史记》《汉书》对诸子书的想象来作为讨论基础。因此，对于出土的简帛古书，应抛开"六家""九流十家"的框架，用师承渊源和师说来判定其学派。只有存在师承渊源并且称述师说者，才是某一学派的人。故在李锐先生看来，"只有以其宗师之名为学派名称才合适，如慎子学派、庄子学派、孟氏之儒等"。[②] 李振宏先生通过系统梳理《庄子·天下》《荀子·非十二子》《吕氏春秋·不二》《韩非子·显学》《淮南子·要略》《论六家要旨》《汉书·艺文志》等文献，得出了相近的结论。李振宏先生认为，我们现在所了解的"先秦学术体系"，先秦诸子的学派划分，形成于汉代，是汉人根据他们的时代需要，对先秦诸子学进行的新的阐释或改造，而这种改造在某种程度上改变了先秦学术的真实面貌。先秦时期可以名家的学者并不是很多，称为某学即可，如老学、孔学、庄学、孟学、荀学，等等。[③]

二、诸子学派判定问题的再认识

围绕先秦诸子学派的判定标准问题，学界提出了一些新的认识。如上博竹书《鬼神之明》可能是儒墨之间的对话；郭店竹书《穷达

---

① 李锐：《论上博简〈鬼神之明〉篇的学派性质——兼说对文献学派属性判定的误区》，《湖北大学学报（哲学社会科学版）》2009 年第 1 期。

② 李锐：《"六家""九流十家"与"百家"》，《中国哲学史》2005 年第 3 期。李锐：《论上博简〈鬼神之明〉篇的学派性质——兼说对文献学派属性判定的误区》，《湖北大学学报（哲学社会科学版）》2009 年第 1 期。李锐：《对出土简帛古书学派判定的思索》，《人文杂志》2012 年第 6 期。

③ 李振宏：《论"先秦学术体系"的汉代生成》，《河南大学学报（社会科学版）》2008 年第 2 期。

以时》所反映的天人关系论可能有着道家天人论的思想背景；郭店竹书《语丛一》《语丛三》中的许多论述将儒道术语自然地融合在一起；上博竹书《恒先》中显然夹杂着名辩的色彩，等等。①

　　由于对战国时期的思想面貌缺乏全面的了解，故学界对于先秦诸子学派属性的判定持谨慎态度。而由此产生的新问题是：用"百家""某学"的新标准是否比"六家""九流十派"更加合适？

　　首先，"六家"的分类虽然出自司马谈的《论六家要旨》，但是儒、墨确实是先秦时期固有的说法，阴阳、道、法、名等诸家也存在差异。②"六家"的分类对象是先秦古书，《汉书·艺文志》的分类对象同样是先秦古书。《汉志》的讲述顺序是先孔子，再七十子，再战国诸子，以上是先秦学术史。继而讲秦的禁书，然后讲汉代的开禁，最后讲汉代的搜书和校书，以上是秦汉学术史。《汉志》在学术史基础上所作之分类，是比较符合先秦至汉代的学术实际的。换言之，"六家"之说确有其道理。

　　此外，李锐先生由《尹文子》"[以]大道治者，则名、法、儒、墨自废；以名、法、儒、墨治者，则不得离道"推断，先秦时期已有道、名、法、儒、墨五家的称号。③《尹文子》一书，前人虽多斥为魏晋人伪作，但李学勤先生、胡家聪先生、王晓波先生等研究后认为今本虽经后人润饰，但其思想内涵与传世文献所述尹文学说相

---

　　① 曹峰：《价值与局限：思想史视野下的出土文献研究》，载刘笑敢主编：《中国哲学与文化》第6辑《简帛文献与新启示》，广西师范大学出版社，2009，第77页。
　　② 李零：《先秦诸子的思想地图——读钱穆〈先秦诸子系年〉》，载氏著：《何枝可依：待兔轩读书记》，生活·读书·新知三联书店，2009，第81—82页。
　　③ 李锐：《"六家""九流十家"与"百家"》，《中国哲学史》2005年第3期。

合，当为可信的先秦古书。^①若将《尹文子》与《六家要旨》相较，则前者无阴阳家而后者有；若将《尹文子》与《庄子·天下》相较，则二者均不及邹衍，这应不是简单的巧合。一个合理的推论是：《庄子·天下》《尹文子》评述诸子的篇章应作于邹衍学派大行其道之前。^②

其次，就"六家"的内部分化来说，由于世殊时异，思想变形与文本变迁在先秦学术代际传递中是经常发生的事情。"六家"或"九流十家"的学术分类无法完全概述先秦思想发展面貌，故学者提出应辅之以必要的学术尺度，这是有其道理的。除"学派师承渊源和师说"外，学者又提出了三个学术尺度：

其一是与文本内容对照；

其二是依靠传世文献的记载；

其三是理清学派独特的术语与思想理路。^③

第一种尺度失之过狭。若按此标准，则《史记》所谓的申不害"本于黄老"，韩非"归本于黄老"，慎到、田骈、接子、环渊等"皆学黄老道德之术"等，应皆非黄老学派。^④第三种尺度则失之过宽。李泽厚先生曾指出，郭店竹简中虽有《缁衣》《五行》《鲁穆公问子思》诸篇，却并未显示出所谓"思孟学派"的特色，反而多次出现

---

① 李学勤：《〈管子·心术〉等篇的再考察》，载氏著：《古文献丛论》，上海远东出版社，1996，第 190—191 页。胡家聪：《稷下争鸣与黄老新学》，中国社会科学出版社，1998，第 260—263 页。

② 林志鹏：《战国诸子评述辑证——以〈庄子·天下〉为主要线索》，复旦大学出版社，2014，第 5—6 页。

③ 刘光胜：《先秦学派的判断标准与郭店儒简学术思想的重新定位》，《上海交通大学学报（哲学社会科学版）》2010 年第 6 期。

④ 李锐先生亦指出，这些人是从宗旨而论的"黄老"，同是"黄老"之学，一个谈的是宗旨，一个讲的是师承。因此，《史记》中"本于黄老""归本于黄老""皆学黄老道德之术"等语，讲的是学术宗旨，只是一种回溯性的说法，并不是真实的历史事实。参见李锐：《对出土简帛古书学派判定的思索》，《人文杂志》2012 年第 6 期。

了告子"仁内义外"的主张，故据以断定竹简属于"思孟学派"似显匆忙。① 刘光胜先生指出，《汉志》"儒家类"所记《漆雕子》《宓子》《景子》《世子》等著作绝大部分已亡佚，我们只能把郭店儒简和思孟学派的著作比较，而不能和其他学派的著作比较。② 故有学者提出，应将郭店儒简视作孔子及其后学的思想资料。这种处理方法在目前看来应该是明智之举，据此得出的结论也会更加可靠。③

再次，楚竹书的学术思想史价值在于：其保留了特定时期、特定地域的思想面貌，为研究先秦学术思想史提供了可信的参照物。思想史旨在研究思想的传承和迁变，关心的是哪些流派留存了下来，以及为什么会留存下来；哪些流派没有留存下来，其原因何在。在此意义上说，传世文献的文本面貌及意义诠释是随时代变迁而变化的，楚竹书反映的正是此方面的价值。因此，有学者指出，在与"诸子百家"相关的精英思想层面，我们很难通过出土文献从根本上动摇过去通过传世文献构建起来的思想史脉络。④

最后，诸子之间既然存在共通的资源，彼此之间的思想难免重叠。这种重叠既体现在学派之间，也体现在地域之间。单凭某一个标准，根本无法彻底厘清先秦诸子的思想面貌。由于标准总不外乎例外，故李零先生指出："一人一家，一书一家，等于没家。"⑤ 鲁惟

---

① 李泽厚：《初读郭店竹简印象记要》，载国际儒联学术委员会编：《中国哲学》第21辑《郭店简与儒学研究》，辽宁教育出版社，2000，第1—9页。

② 刘光胜：《先秦学派的判断标准与郭店儒简学术思想的重新定位》，《上海交通大学学报（哲学社会科学版）》2010年第6期。

③ 参见冯国超：《郭店楚墓竹简研究述评（下）》，《哲学研究》2001年第4期。王永平：《郭店楚简研究综述》，《社会科学战线》2005年第3期。邵汉明：《中国文化研究二十年》，人民出版社，2006，第793页。刘传宾：《郭店竹简文本研究综论》，上海古籍出版社，2017。

④ 曹峰：《出土文献可以改写思想史吗？》，《文史哲》2007年第5期。

⑤ 李零：《重归古典——兼说胡适、冯友兰异同》，载氏著：《去圣乃得真孔子：〈论语〉纵横谈》，生活·读书·新知三联书店，2014，第1—13页。

一也指出，刘向、刘歆父子的分类并非"有意对中国哲学进行分析"，而是"图书馆里负责收集文献和编排图书的学者们的著录工作"。[①] 葛兆光先生指出，在先秦思想知识界，一些议题，如宇宙时空、社会秩序和个人存在等，是诸家公用的。[②] 由此可知，"言公"在于共同文化背景、共同目标的相同，差异叙述的目的在于发扬"私意"，以表达自己的政治主张。[③] 因此，用"六家""九流十派"来判定学派，虽然会有一些出土文献的学派属性不好判定，但是大部分文献的学派属性还是可以分得清的。如《荀子》的性恶论与郭店竹书《性自命出》之"好恶，性也"有一定的关联，《荀子》对思孟学派的批判也可在郭店竹书《五行》中找到支点。[④]"学术"与"思想"之间的紧密联系，构成了汉人以"六家""九流十派"来判定学派的学术背景。在今后的研究中，这个标准仍是把握先秦学术的重要抓手。[⑤]

---

① ［英］鲁惟一：《汉代的信仰、神话和理性》，王浩译，北京大学出版社，2009，第 8—12 页。

② 葛兆光：《中国思想史》第一卷，复旦大学出版社，2013，第 131—172 页。

③ 杨博：《新出文献战国文本的叙述差异》，《中国社会科学院研究生院学报》2018 年第 5 期。

④ 李均明、刘国忠、刘光胜、邬文玲：《当代中国简帛学研究（1949—2009）》，中国社会科学出版社，2011，第 161 页。

⑤ 杨博：《楚简帛史学价值刍议》，《中原文化研究》2014 年第 1 期。

小　结

战国时期，诸子对商周王官之学的继承、私家学术的兴起、文献体裁的多样性以及诸子学说之间的改造与互摄，既构成了诸子学术兴起的文献背景，又构成了"君子"思想含蕴转化的丰厚土壤。

在学术发展的共时性方面，我们既看到了"子"书"言公"的表现，又看到了诸家圆融互摄、改造别家言论以为己说张本的现象。诸子之间既然存在共通的资源，彼此之间的思想就难免有所重叠。这种重叠既体现在学派之间，也体现在地域之间。单凭某一个标准，根本无法彻底厘清先秦诸子的思想面貌。虽然楚竹书文献引发了学界对先秦学派判定问题的讨论，但是汉人用"六家""九流十派"来判定学派，是有着深刻的历史渊源与学术背景的，在今后的研究中，仍不能忽视这一重要标准。

第三章　楚竹书中的"君子"修己

　　任继愈先生曾就郭店楚简的内容评道:"(郭店楚)竹简的内容反映了战国中后期的社会情况。再过约百年．即秦汉统一,结束了战国纷争的历史,从此中国进入了一个新阶段。统一的前夕,各地区先知先觉的思想家、有识之士,都在自己的地区为统一天下构画蓝图。竹简也反映了这一统一天下的理想……这一时期．各国各学派都有他们的设想,方法不同,目标则一致。"[1]战国诸子均意识到,无论何种学说,如在"政治上无所用,其学必不长久"。[2]正如《汉书·艺文志》所云:

　　　　凡诸子百八十九家,四千三百二十四篇。……诸子十家,其可观者九家而已。皆起于王道既微,诸侯力政,时君世主,好恶殊方。是以九家之术蜂出并作,各引一端,崇其所善,以此驰说,取合诸侯。其言虽殊,辟犹水火,相灭亦相生也。仁之与义,敬之与和,相反而皆相成也。……《易》曰:"天下同归而殊涂,一致而百

---

① 任继愈:《郭店竹简与楚文化》,载武汉大学中国文化研究院编:《郭店楚简国际学术研讨会论文集》,湖北人民出版社,2000,第1—2页。
②　李源澄:《儒墨道法四家学术之比较》,《学术世界》1935年第5期。

159

虑。"今异家者各推所长，穷知究虑，以明其指，虽有蔽短，合其
要归，亦《六经》之支与流裔。使其人遭明王圣主，得其所折中，
皆股肱之材已。……而观此九家之言，舍短取长，则可以通万方之
略矣。……是故"法家者流……无教化，去仁爱，专任刑法而欲以
致治"。

清人王先谦亦指出，法家严刑峻法的目的，实在于"救群生之
乱，去天下之祸，使强不凌弱，众不暴寡，耆老得遂，幼孤得长，
此则重典之用而张弛之宜"。这与孟子所言的"制民之产，必使仰足
以事父母，俯足以蓄妻子，乐岁终身饱，凶年免于死亡"，墨子所主
张的"兴天下之利，除天下之害"，荀子所提倡的"明礼义以道之，
致忠信以爱之，尚贤使能以次之，爵服庆赏以申之，时其事、轻其
任以调齐之，长养之，如保赤子"等，均"同归而殊涂，一致而百
虑"。李零先生曾经以郭店儒家简为例指出："它（儒家）对'天'的
关心，主要还是作为政治命运的关心；它对'人'的关心，也主要
是作为政治动物的关心。"[①]因此，笔者以"政治思想"来指代楚竹
书中所反映的先秦思想。

刘泽华先生在研究先秦政治思想时曾提出注重"共识"的研究
手法，"注意那些共同的资源、共同的话题，不拘泥于、纠缠于学派
具体的判定区分，将研究对象本身作更为细化的分析"。[②]近年来，
在出土文献的刺激下，一些西方学者也提出了类似的看法。如美国

---

　　① 李零：《郭店楚简校读记（增订本）》，中国人民大学出版社，2007，"前言"第
9页。
　　② 刘泽华先生说："诸子百家思想的主流和归宿是什么呢？应该说是政治。……
诸子百家所论，可以说上穷碧落下黄泉，无所不及，但最终归于一个'治'字。"参见
刘泽华：《中国政治思想史集》，人民出版社，2008，"总序"第3页。

学者齐思敏和戴梅可认为，"汉代以前及西汉的思想家们，跟后期非常严格的、标准的模式相比，本质上似乎都属于'杂家'"。[①]刘泽华先生的学生、以色列学者尤锐（Yuri Pines）在研究战国时期的思想动态时，关注的是战国诸子的共同遗产，强调的是战国诸子共同关注和普遍认识的理念，从而界定出战国诸子共同关注的话语范畴，并在此基础上建构出战国时期思想变迁的模式。[②]

　　就目前所出土的战国楚竹书文献而言，战国诸子出于"致治"目的而对共通"母题"的讨论，均呈现出思想多元、兼容并包的局面，这表明战国时期的思想氛围也是多元的，文献流传为战国诸子提供了共通资源，而对读者（使用者）而言，学派性并非其所关注的重点。相对于传世文献而言，埋藏时段集中于公元前300年前后的楚竹书，对于推究战国诸子的政治思想至关重要。按照"六家""九流十派"的标准，楚竹书"子"类文献以儒家为主，道家为辅，并兼及墨家、法家、兵家及纵横家等。[③]

---

　　①　Mark Csikszentmihalyi and Michael Nylan, "Constructing Lineages and Inventing Traditions through Exemplary Figures in Early China", in *T'oung Pao*, 2003, Vol.89, pp.59-99.

　　②　尤锐先生界定出一种"大多数当时思想家和政治家都积极参与了的共同话语构成的宽泛概观"，笔者理解为"言公"的共识。参见尤锐：《展望永恒帝国——战国时代的中国政治思想》，孙英刚译，王宇校，上海古籍出版社，2013，第8—10页。此外，亦有学者注意到，"义"在战国时期引起了诸子的群体性重视，成为"子"学的共同话域。"义"不是某家某派的特殊标签，而是不同学派普遍认同的思想观念，是诸子建构自身学说的公共文化资源。参见桓占伟：《百家争鸣中的共鸣——以战国诸子"义"思想为中心的考察》，《史学月刊》2014年第6期。

　　③　金景芳：《战国四家五子思想论略——儒家孟子、荀子，墨家墨子，道家庄子，法家韩非子》，《吉林大学社会科学学报》1980年第1期。

第一节　楚竹书中的天人关系

郭店竹书《穷达以时》云：

有天有人，天人有分。察天人之分，而知所行矣。【1】①

《穷达以时》明确指出，唯有明了天人不同的职分，才能更好地修身进德，即"修己"需"知天"。②天人关系是楚竹书中经常讨论的议题，曾有学者就上博竹书《鲁邦大旱》评价道："《鲁邦大旱》的故事出于战国儒家某一学派的构拟，意在反驳不重祭祀的儒家学派，反映了它的作者相信天人相关，不仅要求改善政治，还重视祭祀鬼神以应对天灾的思想。"③下面，笔者拟从宇宙生成模式、上帝鬼神的权能变化、"天人有分"等方面来梳理楚竹书中反映的天人关系与君子"修己"之间的思想脉络。

一、讲述宇宙生成模式的目的

郭店竹书《太一生水》和上博竹书《恒先》《凡物流形》皆表现出以宇宙生成论作为人事效法依据的思路、利用"道"为统治者获取政治资源的主题。三篇文献虽属黄老道家，但联系《周易·系辞上》《大戴礼记·曾子天圆》等儒家传世文献的相关记述可以发现，

---

① 陈伟等：《楚地出土战国简册（十四种）·郭店1号墓简册》，经济科学出版社，2009，第176页。

② 刘光胜：《孔孟之间儒家天人之学的转进》，《中国哲学史》2014年第1期。

③ 陈侃理：《上博楚简〈鲁邦大旱〉的思想史坐标》，《中国历史文物》2010年第6期。

儒、道于此思路、主题别无二致。

郭店竹书《太一生水》描述了以"太一"为开端和起源，并特别重视水的作用的宇宙生成模式。这种模式将"太一"和万物对照起来，称"太一"及其作用方式为"万物母""万物经"。更值得注意的是，在讲完宇宙生成模式之后，作者将论述的方向转到了"君子知此之谓……【8】"，将天道与人事对应起来。此外，作者还由"[天不足]于西北，地不足于东南【13】"的自然现象，推导出"天道贵弱，削成者以益生者，伐于强，积于[弱]【9】"的结论。《恒先》的主旨是为"天下之明王、明君、明士【13】"处理"天下之事""天下之名""天下之作""天下之为""天下之生"等问题时，提供政治上的指导原则。《恒先》指出，因为"气是自生、自作【2】"的，"气"所构成之物也都是"自生、自作"的，所以统治者应采取无为而治的治国政策。①

各类文献中关于宇宙生成模式的阐释，请参见表3-1。

表3-1　各类文献中有关"宇宙生成"思想举例

文献出处	内容
《老子》	先天地生，寂兮寥兮，独立不改，周行而不殆，可以为天下母。吾不知其名，故强字之曰道。（25章）道生一，一生二，二生三，三生万物。（42章）
《太一生水》	太一生水，水反辅太一，是以成天。天反辅太一，是以成地。天地[复相反辅]【1】也，是以成神明。神明复相辅也，是以成阴阳。阴阳复相辅也，是以成四时。四时【2】复相辅也，是以成沧热。沧热复相辅也，是以成湿燥。湿燥复相辅也，成岁【3】而止。……是故太一藏于水，行于时，周而或[始，以己为]【6】万物母。一缺一盈，以己为万物经。【7】

---

① 参见曹峰：《出土文献视野下的黄老道家研究》，《中国社会科学》2013年第2期。

续表

《恒先》	恒先无有，质、静、虚。质大质；静大静；虚大虚。自厌不自忍，或作。有或焉有气，有气焉有有，有有焉有始，有始焉有往者。未有天地，未【1】有作、行、出、生，虚静为一，若寂寂梦梦，静同而未或明，未或滋生。气是自生，恒莫生气。气是自生、自作。恒气之【2】生，不独有与也。或，恒焉。生或者同焉。昏昏不宁，求其所生。异生异，畏生畏，韦生韦，悲生悲，哀生哀。求欲自复，复【3】生之生行。浊气生地，清气生天。气信神哉，云云相生。信盈天地，同出而异生，因生其所欲。【4】
《凡物流形》	闻之曰：至静而知【15】，察知而神，察神而同，察同而金，察金而困，察困而复。是故陈为新，人死复为人，水复【24】于天，成百物不死。如月出则或入，终则或始，至则或反。察此言，起于一端？【25】闻之曰：一生两，两生三，三生母，母成结。是故有一，天下无不又有；无一，天下亦亡无一有。【21】
《庄子·天地》	泰初有无，无有无名，一之所起，有一而未形。物得以生，谓之德；未形者有分，且然无间，谓之命；留动而生物，物成生理，谓之形；形体保神，各有仪则，谓之性。性修反德，德至同于初。同乃虚，虚乃大。合喙鸣；喙鸣合，与天地为合。其合缗缗，若愚若昏，是谓玄德，同乎大顺。
《管子》	凡道，无根，无茎，无叶，无荣，万物以生，万物以成，命之曰道。……凡物之精，此则为生，下生五谷，上为列星。流于天地之间，谓之鬼神；藏于胸中，谓之圣人。……精也者，气之精者也。气道乃生，生乃思，思乃知，知乃止矣。凡心之形，过知失生。（《内业》）地者，万物之本原，诸生之根菀也，美恶、贤不肖、愚俊之所生也。水者，地之血气，如筋脉之通流者也。……人，水也。男女精气合，而水流形。……水者，何也，万物之本原也，诸生之宗室也，美恶、贤不肖、愚俊之所产也。（《水地》）
《黄帝四经·道原》	恒先之初，迥同大（太）虚。虚同为一，恒一而止。湿湿梦梦，未有明晦。神微周盈，精静不配（熙）。古（故）未有以，万物莫以。古（故）无有刑（形），大迥无名。天弗能复（覆），地弗能载。小以成小，大以成大。盈四海之内，又包其外。在阴不腐，在阳不焦。一度不变，能适规（蚑）侥（蛲）。鸟得而蜚（飞），鱼得而流（游），兽得而走。万物得之以生，百事得之以成。人皆以之，莫知其名。人皆用之，莫见其刑（形）。

续表

《大戴礼记·曾子天圆》	曾子曰：天之所生上首，地之所生下首。上首之谓圆，下首之谓方。如诚天圆而地方，则是四角之不掩也。且来，吾语汝。参尝闻之夫子曰：天道曰圆，地道曰方，方曰幽而圆曰明。明者，吐气者也，是故外景；幽者，含气者也，是故内景。故火日外景，而金水内景。吐气者施，而含气者化，是以阳施而阴化也。阳之精气曰神，阴之精气曰灵。神灵者，品物之本也，而礼乐仁义之祖也，而善否治乱所兴作也。阴阳之气各静其所，则静矣，偏则风，俱则雷，交则电，乱则雾，和则雨，阳气胜则散为雨露，阴气胜则凝为霜雪。阳之专气为雹，阴之专气为霰，霰雹者，一气之化也。
《易经·系辞上》	《易》有太极，是生两仪，两仪生四象，四象生八卦，八卦定吉凶，吉凶生大业。是故法象莫大乎天地，变通莫大乎四时，县象著明莫大乎日月；崇高莫大乎富贵，备物致用，立成器以为天下利，莫大乎圣人；探赜索隐，钩深致远以定天下之吉凶，成天下之亹亹者，莫大乎蓍龟。

长沙子弹库楚帛书《四时》也是一篇讲述宇宙生成的文献，记述从天地一片混沌到伏羲、女娲二神生四子的过程。四子后来成为代表四时的四神，四神开辟天地、造出天盖等。剥去神话的外衣，我们仍可看到从无到有、一而二、二而四、四转生万物的过程。

关于楚竹书中描述的宇宙生成模式，有两个方面的内容需要注意：

第一，楚竹书中描述的宇宙生成模式，除具体起点（表现为"道""一""太一""恒先"等）及生成过程（表现为是否有"反辅"，"一生二、二生三"）有所不同外，相关描述均可简化为"无→有、一→二→三……万物"的过程。

第二，楚竹书中描述的宇宙生成模式，无不体现出对战国社会现实政治的关心。楚竹书讲宇宙生成，是从根源方面探究当时社会发展的"至理"，从而实现"致治"之目的。上博竹书《凡物流形》的体裁、性质均与《楚辞·天问》相似，二者均关注宇宙的生成、自然的起源，表现出"知天下""治邦家"的强烈政治愿望。[①] 黄老道家"推天道以明人事"的思想特质，因战国秦汉简牍典籍的出土而表现得愈加显明。[②]

虽然楚竹书中尚未发现与宇宙生成模式有关的儒家文献，但《易经·系辞上》《大戴礼记·曾子天圆》等儒家传世文献中的相关论述，可与道家文献互相参证。

> 《易经·系辞上》曰："是故易有太极，是生两仪。两仪生四象，四象生八卦。"孔颖达《周易正义》曰："夫有必始于无，故太极生两仪也。太极者，无称之称，不可得而名，取有之所极，况之太极者也。太极谓天地未分之前，元气混而为一，即是太初、太一也。故《老子》云：道生一。即此太极是也。又谓混元既分，即有天地，故曰太极生两仪，即《老子》云一生二也。不言天地而言两仪者，指其物体，下与四象相对，故曰两仪，谓两体容仪也。两仪生四象者，谓金木水火，禀天地而有，故云两仪生四象。土则分王四季，有地中之别，故唯云四象也。"[③]

廖名春先生认为，《系辞上》是对《易经》占筮的原则、体例、整体性质和基本原理的概括性论述。《易经》不仅是圣人探讨事物义理和变易法则的工具，更是记载圣人之道的典籍。圣人可以用它教化百姓，成就天下的事业。因此，《系辞上》曰："是故天生神物，

① 曹峰：《出土文献视野下的黄老道家研究》，《中国社会科学》2013 年第 2 期。
② 吴冠宏：《论战国时期黄老道家对老子道家"天道—治道"思想的继承与改造》，硕士学位论文，台湾东华大学中国语文学系，2013。
③ ［魏］王弼注，［唐］孔颖达疏：《周易正义·系辞上》，载［清］阮元校刻：《十三经注疏》，中华书局，2009，第 169—170 页。

圣人则之；天地变化，圣人效之；天垂象，见吉凶，圣人象之；河出图，洛出书，圣人则之。"①

《曾子天圆》篇提出"天圆而地方"的观念：

> 参尝闻之夫子曰："天道曰圆，地道曰方。"

清人孔广森据《吕氏春秋·圜道》补注云：

> 何以说天道之圆也？精气一上一下，圜周复杂，无所稽留，故曰"天道圆"。何以说地道之方也？万物殊类殊形，皆有分职，不能相为，故曰"地道方"。②

天道主动而无所不包，地道主静而承载万物。天地各有其道，宇宙本身在动静之间规律运行。明、暗、风、雨、雷、电等都是由阴阳二气相互作用、相互变化生成的，故阴阳之精构成了万物的本源。《曾子天圆》又曰：

> 吐气者施，而含气者化，是以阳施而阴化也。阳之精气曰神，阴之精气曰灵。神灵者，品物之本也，而礼乐仁义之祖也，而善否治乱所由兴作也。阴阳之气各从其所，则静矣。

清人孔广森注曰：

神为魂，灵为魄，魂魄，阴阳之精，有生之本也。及其死也，魂气上升于天为神，体魄下降于地为鬼，各反其所自出也。乐由阳来，礼由阴作，仁近乐，义近礼，故阴阳为祖也。[①]

不管是自然现象还是动物植物，都是由阴阳二气变化生成的，其本质上仍是阴阳二气。可见，《曾子天圆》所反映的宇宙生成模式较为简洁，即由阴阳而至万物（二→万物）。[②]除礼乐仁义由阴阳化生以外，阴阳之气还是品物之本、善否治乱之所由兴作也。故清人孔广森补注云："自'律历'以下，备言圣人法天地之事。"[③]

综上所述，楚竹书中所描述的宇宙生成模式，不仅提供了传世文献中所未见的宇宙生成模式，还揭示出现实政治是诸子描述宇宙生成模式的落脚点。若将黄老道家文献与传世儒家文献有关宇宙生成的篇章合观便不难发现，儒、道两家阐述宇宙生成模式的目的是相通的，即为自身主张的政治理想提供哲学依据。

二、上帝鬼神的权能变化

清华竹书《程寤》《祭公》等篇分别从不同侧面反映了周人自上帝手中接受商命的思想。朱凤瀚先生指出："周人的上帝并非袭自商人，且神性与商人的上帝不同，它是周人的至上神和周王朝的保护神。"[④]故《系年》云："昔周武王监观商王之不恭上帝，禋祀不寅，

---

① [清]孔广森撰，王丰先点校：《大戴礼记补注·曾子天圆》，中华书局，2013，第110页。

② 郭晨晖：《上博简〈凡物流形〉所见宇宙观及鬼神观研究》，硕士学位论文，北京师范大学历史学院，2013，第10—30页。

③ [清]孔广森撰，王丰先点校：《大戴礼记补注·曾子天圆》，中华书局，2013，第111—113页。

④ 朱凤瀚：《商周时期的天神崇拜》，《中国社会科学》1993年第4期。

乃作帝籍，以登祀上帝天神，名之曰千亩，以克反商邑，敷政天下。……宣王是妯弃帝籍田，立卅又九年，戎乃大败周师于千亩。"

有关"上帝"与"天"的关系，朱凤瀚先生亦曾指出，西周王朝建立后，上帝被尊奉为三朝保护神，在天与上帝二位一体的情形下，天在神性上具有更为复杂的特征：天在人格化程度上不如上帝，而接近于自然，天有并非周人保护神的一面，其意志难以揣测，故顺天而行就成为周人行事的基本准则之一。[①]如上博竹书《举治王天下》曰："乃命之曰：'昔者有神观监于下，乃语周之先祖曰：天之所向，若或与之；天之所怀（背），若佢（拒）之。'物有所总，【9】道有所修，非天之所向，莫之能得。"【7】[②]强调的就是顺天而行的基本准则。

有关"上帝"或"天"与鬼神的关系，除《鬼神之明》《郑子家丧》外，楚竹书中还有不少篇章论及先秦时期灾异、祭祀与为政方略之间的关系。如上博竹书《鲁邦大旱》《柬大王泊旱》《鲍叔牙与隰朋之谏》[③]《竞公疟》等。其中，《鲁邦大旱》记述鲁哀公就"鲁邦大旱"事求教于孔子，孔子明确提出需要加强"刑德之治"。《柬大王泊旱》指出，大旱为上帝对简王失政所施之刑罚。《鲍叔牙与隰朋之谏》指出，日食是上帝对桓公失政的谴责，唯有转以善政，方可免于灾厄。《竞公疟》更是明言，唯有改行善政，景公的疾病才可痊愈。

① 朱凤瀚：《商周时期的天神崇拜》，《中国社会科学》1993年第4期。

② 濮茅左：《〈举治王天下〉释文注释》，载马承源主编：《上海博物馆藏战国楚竹书（九）》，上海古籍出版社，2012，第189—236页。邬可晶：《〈上博（九）·举治王天下〉"文王访之于尚父举治"篇编连小议》，载《中国文字》编委会编：《中国文字（新39期）》，（台北）艺文印书馆，2013，第77—88页。

③ 陈剑先生认为，《竞建内之》与《鲍叔牙与隰朋之谏》应合编为一篇《鲍叔牙与隰朋之谏》，笔者亦从此说。参见陈剑：《谈谈〈上博（五）〉的竹简分篇、拼合和编联问题》，简帛网，2006年2月19日。

可见，鬼神不仅具有消除干旱、日食等自然权能，作用于君主自身的人事权能，而且具有执行“不祥”的政治权能。前述楚竹书文献充分表明，灾异鬼神思想在春秋战国时期仍有很大的流行空间。

春秋战国诸子常常利用灾异的时机来劝谏君王，以达到推行自己政治主张的目的。有学者提出，《鲁邦大旱》式的文献是“一则关于孔子或者说假托孔子的短篇故事”，因为“这类关于大旱对策的套话曾经一度十分流行，它是一个时代或一个学派在阐述天灾与人事的关系时，一种典范式的对应态度”。[①]

综上所述，上帝鬼神思想在春秋战国时期仍有相当大的流行空间，无论是“顺天而行”的行事准则还是关于大旱对策的套话，均反映出春秋战国诸子对时机策略的有效把握。在此基础上，春秋战国诸子进一步限制了包括上帝鬼神在内的非人性化的“天”与“人”的相互关系范畴。

三、“天人有分”与君子“修己”

关于个体命运，清华竹书《心是谓中》的阐述是：

> 㓮（断）命在天，𧕿（苛）疾在畏（鬼），取命在人。人有天命，其亦有身命。心厥为【5】死，心厥为生。死生在天，其亦遳（失）在心。君公、侯王、庶人、坪（平）民，其毋蜀（独）忻（祈）保豪（家）𣍘（没）身于畏（鬼）与天，其亦忻（祈）诸□（心）【6】与身。【7】[②]

① 曹峰：《〈鲁邦大旱〉初探》，载朱渊清、廖名春主编：《上博馆藏战国楚竹书研究续编》，上海书店出版社，2004，第121—138页。

② 李学勤主编：《清华大学藏战国竹简（捌）》，中西书局，2018，第149页。

简文认为，人的寿命虽由天定，身体疾病或是鬼在作祟，但人也是可以"取命"的。人有天所决定的命，也有人自身所决定的命，心可以让人生，也可以让人死。死生虽由天决定，亦会因为心而发生改变。曹峰先生认为，《心是谓中》提出了一种全新的命运观。这种命运观在不否定偶然与机遇的前提下，提出人的命运可以改变，心甚至可以决定生死。这种命运观把先秦时代对人主观能动性的强调推向了极致。《心是谓中》对于促进战国中晚期君权的隆升以及个人身心的解放，都起到了积极的作用。①

天人关系一直是思想史研究中的重大课题，传世文献中关于天人关系的论述主要有两种，一是"天人合一"，一是"天人有分"。一般认为，孟子讲道德天，主张"天人合一"。②荀子讲自然天，主张"天人有分"。学界普遍认为，战国诸子有关天人关系的论述中，最具代表性的当属《荀子》一书。中国古代哲学尤其是儒家哲学是以"天人合一"为基本特征的，"天人有分"直到战国末期才由荀子提出。③

《荀子》中的"天"，可分为自然之天与神性之天两大类。④

第一是自然之天。《荀子·天论》曰："夫星之坠、木之鸣，是天

---

① 曹峰：《清华简〈心是谓中〉的心论与命论》，《中国哲学史》2019 年第 3 期。

② "天人合一"始见于宋人张载的《正蒙·乾称》："儒者则因明致诚，因诚致明，故天人合一，致学而可以成圣，得天而未始遗人。"参见 [宋] 张载撰，[清] 王夫之注：《张子正蒙注·乾称篇下》，中华书局，1975，第 333 页。孟子虽未明言"天人合一"，但其"知其性则知天"的说法却被宋儒张载、程颢、程颐等继承发扬，成为"天人合一"说的历史渊源。参见张岱年：《中国哲学中"天人合一"思想的剖析》，《北京大学学报（哲学社会科学版）》1985 年第 1 期。

③ 梁涛：《竹简〈穷达以时〉与旦期儒家天人观》，《哲学研究》2003 年第 4 期。

④ 参见梁涛：《荀子"天人之分"辨正》，《邯郸师专学报》2003 年第 4 期。陈林、乐爱国：《荀子"天人关系"辨正》，《管子学刊》2012 年第 4 期。

地之变，阴阳之化，物之罕至者也。怪之，可也；而畏之，非也。"星坠、木鸣等自然现象是"天地之变，阴阳之化"的结果，对于这些自然现象只可"怪之"，而不能"畏之"。自然界有其客观运行的法则，它"不为尧存，不为桀亡。应之以治则吉，应之以乱则凶"。关于自然之天与"人"之间的关系，《荀子·富国》说："掩地表亩，刺草植谷，多粪肥田，是农夫众庶之事也。守时力民，进事长功，和齐百姓，使人不偷，是将帅之事也。高者不旱，下者不水，寒暑和节，而五谷以时熟，是天之事也。"可见，天的职分、权能是施以雨露，调节寒暑，确保五谷丰收。天、地、人各有其职分，唯有依分而行，才能并行不悖。故《荀子·天论》曰："天有其时，地有其财，人有其治，夫是之谓能参。舍其所以参，而愿其所参，则惑矣。"[①]

　　第二是被赋予人格化的神性之天。《荀子·大略》曰："天之生民，非为君也；天之立君，以为民也。"《荀子·礼论》曰："礼有三本：天地者，生之本也。……故礼，上事天，下事地。"需要指出的是，《荀子》中的"天""地"并不是自然之天地，而是指天地在创生万物之时所表现出的一种潜藏"规则"——创生万物而生生不息，使万物各得其所、各尽其才。神性之天与"人"的重要区别就在于"不求知天"与"知天"。故《荀子·天论》曰："万物各得其和以生，各得其养以成，不见其事而见其功，夫是之谓神。皆知其所以成，莫知其无形，夫是之谓天。惟圣人为不求知天。"人类之所以要对天道采取"不求知"的态度，是因为人类应该把注意力专注在主体自身。[②]那么，人类对"天"应采取什么态度呢？《荀子·天论》的答案是：

----

　　① 本段关于《荀子》的引文，均引自 [清] 王先谦撰，沈啸寰等点校：《荀子集解》，中华书局，1988。

　　② 韩德民：《荀子"制天命"说新解》，《中国文化研究》1999 年第 4 期。

"故君子……于天地万物也，不务说其所以然，而致善用其材。"天地万物只是备人取用的材质，至于其所以然之理，于社会人事无任何价值。此即《荀子·天论》所谓的"无用之辩，不急之察，弃而不治"。①

与"不求知天"要求把注意力专注在主体自身一样，"知天"也强调对"人"自身的关注。如《荀子·天论》曰："圣人清其天君，正其天官，备其天养，顺其天政，养其天情，以全其天功。如是则知其所为，知其所不为，则天地官而万物役矣。其行曲治，其养曲适，其生不伤，夫是之谓知天。"②圣人对于天君、天官、天养、天政、天情、天功等天给予且显现于人之物，施以清、正、备、顺、养、全的整套工夫，以彰显人之能治的一面。③可见，"不求知天"与"知天"是统一的一体两面，"不求知天"是对天而言的，"知天"是对人而言的。

"天人有分"具有深刻的历史渊源，清华简《心是谓中》可能对《荀子》所阐述的"天人有分"思想产生了重要的影响。此外，谈及"天人有分"的楚竹书文献还有郭店竹书《穷达以时》《语丛（一）》等，上博竹书《曹沫之陈》《鬼神之明》等。其中，郭店竹书《穷达以时》云：

> 有天有人，天人有分。察天人之分，而知所行矣。【1】④

---

① 本段关于《荀子》的引文，均引自 [清] 王先谦撰，沈啸寰等点校：《荀子集解》，中华书局，1988。
② [清] 王先谦撰，沈啸寰等点校：《荀子集解·天论》，中华书局，1988，第310页。
③ 陈林、乐爱国：《荀子"天人关系"辨正》，《管子学刊》2012年第4期。
④ 陈伟等：《楚地出土战国简册（十四种）·郭店1号墓简册》，经济科学出版社，2009，第176页。

《穷达以时》提出，关系人之穷达的，不仅有人而且有天，天人各有其分。李锐先生认为，"时"固然重要，但不论时运如何，君子都要加强自身修为。[①] 庞朴先生认为，《穷达以时》开篇的"天人之分"，"决非荀子那个'天人之分'"，"因为这个天，不是荀子那个'不为尧存，不为桀亡'的自然之天"，而是"或有或无的'世'，不可强求的'遇'，穷达以之的'时'"。[②] 裘锡圭先生指出，"天人有分""天人之分"的"分"，与《韩非子·外储说左上》之"夫不明分"的"分"类似，应该读去声，用如"名分""职分"之"分"。[③]《淮南子·本经训》曰："古者天子一畿，诸侯一同，各守其分，不得相侵。"高诱注曰："分，犹界也。"[④] 由此可知，《穷达以时》中的"天人有分"强调的是天人各有其分界，"察天人之分，而知所行矣"。《穷达以时》一方面对天人的职分作了区分，另一方面强调"天"对人世穷达的重要作用。其文云：

遇不遇，天也。【11】[⑤]

"遇不遇"之"天"，显然不同于《荀子》"不为尧存，不为桀亡"

---

① 李锐：《郭店、上博简中的天人关系略述》，载瞿林东主编：《史学理论与史学史学刊》，社会科学文献出版社，2008，第260—270页。

② 庞朴：《孔孟之间——郭店楚简中的儒家心性说》，载国际儒联学术委员会编：《中国哲学》第20辑《郭店楚简研究》，辽宁教育出版社，1999，第27页。

③ 裘锡圭先生2004年春季在北京大学《郭店楚简研读》课上讲授之语。转引自李锐：《战国秦汉时期的学派问题研究》，北京师范大学出版社，2011，第332页。

④ 何宁：《淮南子集释·本经训》，中华书局，1998，第602页。

⑤ 陈伟等：《楚地出土战国简册（十四种）·郭店1号墓简册》，经济科学出版社，2009，第177页。

的自然之天，而是一种命运之天。① 但是，《穷达以时》又并非片面强调"天"的作用。其文云：

　　穷达以时，德行弌（一）也……【14】故君子憞（敦）于反己。【15】②

简文认为，穷达取决于时运，时运由天决定。由于一个人的德行与天无关，而是完全取决于自身的行为，故君子尤应"敦于反己"。③ 由此可知，《穷达以时》的思想主旨是听天命，尽人事。

郭店竹书《语丛（一）》云：

　　知天所为，知人所为，【29】虞（然）后知道，知道虞（然）后知命。【30】④

《语丛（一）》的"天所为""人所为"与《穷达以时》的"察天人之分，而知所行矣"接近，二者均阐述了"天人有分"下，人应该如何行事，但是《穷达以时》的侧重点在于"敦于反己"，《语丛（一）》旨在强调只有知天、知人，才能知道、知命，比《穷达以时》的不求知天又进了一步。⑤ 无论是否要求知天，两篇简文均为君子应

---

　　① 冯友兰先生总结出了"天"在中国哲学史上的五种涵义："物质之天"，"主宰之天"或"意志之天"，"命运之天"，"自然之天"，"义理之天"或"道德之天"。参见冯友兰：《中国哲学史新编》，人民出版社，1998，第103页。
　　② 陈伟等：《楚地出土战国简册（十四种）·郭店1号墓简册》，经济科学出版社，2009，第177页。
　　③ 梁涛：《竹简〈穷达以时〉与早期儒家天人观》，《哲学研究》2003年第4期。
　　④ 陈伟等：《楚地出土战国简册（十四种）·郭店1号墓简册》，经济科学出版社，2009，第245页。
　　⑤ 崔存明：《天人相参：中国文化的智慧》，《光明日报》2014年5月14日。

专注"修己"提供了逻辑理路。

关于君子应专注"修己"的思想，还可见于上博竹书《曹沫之陈》关于鲁庄公为大钟的记载。其文曰：

> 臧（庄）公曰："昔施伯语寡人曰：【6】'君子得之遊（失）之，天命。'今异于尔言。"敀（曹）穆（沫）曰："□不同矣。臣是故不敢以故答。然而古亦【7】有大道焉。必恭僉（俭）以得之，而骄泰以遊（失）之。君其亡以异于臣之言。君弗聿（尽），臣闻之曰：君【8】子以臤（贤）称而遊（失）之，天命；以亡道称而旻（没）身遶（就）茒（死），亦天命。不然，君子以臤（贤）称，曷有弗【9】得？以无道称，曷有弗遊（失）？"臧（庄）公曰："曼哉，吾闻此言。"乃命毁钟型而听邦政。不昼【10】寝，不饮酒，不听乐。居不设虘（席），食不膏（二）味……【11】兼惹（爱）万民，而亡有厶（私）也。【12】①

《曹沫之陈》中，庄公引施伯语曰："君子得之失之，天命。"曹沫反驳道："君子以贤称而失之，天命；以亡道称而没身就死，亦天命。"可见，曹沫一方面强调贤德的力量，另一方面承认即便是贤德亦有不得。而由庄公最后"毁钟而听邦政"的行为可知，简文的主旨是强调"君子以贤称"。②

综上所述，楚竹书不仅为"天人有分"思想提供了年代更早的

---

① 李零：《〈曹沫之陈〉释文考释》，载马承源主编：《上海博物馆藏战国楚竹书（四）》，上海古籍出版社，2004，第247—251页。
② 李锐：《郭店、上博简中的天人关系略述》，载瞿林东主编：《史学理论与史学史学刊》，社会科学文献出版社，2008，第260—270页。

文献实例，① 揭示了"天人有分"思想在先秦时期的历史渊源，更为重要的是，通过对"天人有分"的辨析勾勒出君子应专注"修己"的逻辑理路。

---

① 有关楚竹书与《荀子》在"年代""史料""思想"等方面的关系，可参见杨博：《论楚竹书与〈荀子〉思想的互摅——以古史人物活动事迹为切入点》，载李学勤主编：《出土文献（第 5 辑）》，中西书局，2014，第 180—189 页。

第二节 "君子"修己的途径与德行要求

《穷达以时》强调的是君子应敦于反己。郭店竹书《语丛（一）》则肯定了人的地位。其文曰：

> 夫（天）生百物，人为贵。【18】①

《性自命出》云：

> 凡人虽有眚（性）……【1】眚（性）自命出，命【2】自天降。衍（道）始于情，情生于眚（性）……【3】②

由《性自命出》可知，"性"包括自然和社会两种属性，二者相辅相成，通过"礼乐"等外物的激发而相互融合，最终达到"贵""善""美"的境界。"情生于性"，"性"需要通过"心"的感受来表现，但"心无定志"，常常受到"物""悦""习"的影响。因此，"教"是修养"心"的必要方式。③《性自命出》又曰：

---

① 陈伟等：《楚地出土战国简册（十四种）·郭店1号墓简册》，经济科学出版社，2009，第245页。
② 陈伟等：《楚地出土战国简册（十四种）·郭店1号墓简册》，经济科学出版社，2009，第221页。
③ 陈慧、廖名春、李锐：《天·人·性：读郭店楚简与上博竹简》，上海古籍出版社，2014，第4—5页。

养眚（性）【11】者，习也……【12】①

要想解决如何成为"君子"的问题，首先需要从理论上解决是否有成为"君子"的可能，然后才是具体途径问题。楚竹书对于这两个问题均有所论及。

能否成为"君子"，是指"君子"能否通过学习与日常坚持达到立身目的。"君子"的修养途径则涉及"人性论"的问题。春秋战国诸子探讨人性论问题的目的，无不是为了宣扬自身的立身处世原则与政治思想。郭店竹书《性自命出》、上博竹书《性情论》均有相关论述。如上博竹书《性情论》曰：

> 凡好恶，旨（性）乜。所好、恶，物也。善不善，眚（性）也。【4】所善所不善，势也……【5】②
>
> ［凡好］【2】［恶，眚（性）也。所］好、恶，物也。善不善，眚（性）也。所善所不善，势也……【3】③

简文明确指出，"性"有善的部分，也有不善的部分。郭店竹书《性自命出》则云：

> 凡人虽有旨（性），心亡奠志。凷（待）物而后作，凷（待）

---

① 陈伟等：《楚地出土战国简册（十四种）·郭店1号墓简册》，经济科学出版社，2009，第222页。

② 陈伟等：《楚地出土战国简册（十四种）·郭店1号墓简册》，经济科学出版社，2009，第221页。

③ 濮茅左：《〈性情论〉释文考释》，载马承源主编：《上海博物馆藏战国楚竹书（一）》，上海古籍出版社，2001，第222—225页。

悦而后行，峀（待）习而后【1】奠。喜怒悂（哀）悲之燹（气），
眚（性）也。及其现于外，则物取之……【2】①

既然"性"中之善与不善皆可能发展，那么，君子应致力于摒
弃"性"中不善之部分，保留"性"中善之部分。

一、"君子"修己的目标

郭店竹书《五行》《缁衣》《成之闻之》均涉及"君子"修己的
内容，其中《五行》阐述的四种"君子"精神，似可视为"君子"
修己的目标。②

（一）"五行皆形于内而时行之"

《五行》曰：

五行皆型（形）于内而时行【6】之，谓之君子。【7】③

这是对"君子"最明确的界定。"型（形）于内而时行之"，讲
的是道德唯有感悟于心，才能落实为行为。需要注意的是，"皆"与
"时"一强调"型（形）于内"的全面性，一强调"时行之"的持续
性。所行的内容即"五行"。《五行》云：

五行：仁型（形）于内胃（谓）之悳（德）之行，不型（形）

---

① 陈伟等：《楚地出土战国简册（十四种）·郭店 1 号墓简册》，经济科学出版社，
2009，第 221 页。

② 林家瑜：《郭店儒简的君子》，硕士学位论文，台湾师范大学国文学系，2010。

③ 陈伟等：《楚地出土战国简册（十四种）·郭店 1 号墓简册》，经济科学出版社，
2009，第 181 页。

于内胃（谓）之行。义型（形）于内胃（谓）之悳（德）之【1】
行，不型（形）于内胃（谓）之行。豊（礼）型（形）于内胃（谓）
之悳（德）之行，不型（形）于内胃（谓）之【2】行。智型（形）
于内胃（谓）之悳（德）之行，不型（形）于内胃（谓）之行。圣
型（形）于内胃（谓）之悳（德）【3】之行，不型（形）于内胃
（谓）之悳（德）之行。【4】①

由简文可知，"德之行"和"行"的根本区别是：仁、义、礼、
智、圣是否"形于内"。如果"形于内"，那么就是"德之行"。如果
"不形于内"，那么就是"行"。因此，"君子"不仅要有外在的行为
表现，更要有由衷的践行态度。

（二）"为善有终""为悳无终"

《五行》云：

> 君子之为善也，又（有）与始，又（有）与冬（终）也；君子
> 之为德也，【18】又（有）与始，无与冬（终）也。【19】

何者为善？何者为德？

> 悳（德）之行五，和胃（谓）之悳（德）；四行和，胃（谓）
> 之善。善，人【4】道也。悳（德），天道也。②

---

① 陈伟等：《楚地出土战臣简册（十四种）·郭店 1 号墓简册》，经济科学出版社，
2009，第 181 页。

② 陈伟等：《楚地出土战臣简册（十四种）·郭店 1 号墓简册》，经济科学出版社，
2009，第 181—182 页。

按照"德之行"的说法，四"行"可以称作"善之行"。"德之行"有五，而"善之行"仅四。《五行》继言：

> 金圣（声），善也；玉音，圣也。善，人【19】道也。悳（德），天道也。唯有悳（德）者，肰（然）句（后）能金圣（声）而玉晨（振）之。【20】

先善后圣，方能成德，故为善是君子成德之基。五行和之德包含了四行和之善，四行和之"行"和五行和之"行"，讲的都是形于内的德之行。而成德的关键在于：

> 善弗为亡近，悳（德）弗【7】之（志）不成，智弗思不得。思不清不察，思不伥（长）不型（形）。不型（形）不安，不安不药（乐），不药（乐）【8】亡悳（德）。【9】①

"善弗为亡近，德弗志不成"，强调的是君子为善必须以真心实践为起点，君子为德必须从对德行的认同与坚持开始。成德的关键，在于"不乐无德"。德存于人的内心，透过实践方能显现于外，但是成德的关键不在外显的德行，而是内在心境的提升与转化。君子唯有发自内心为德，才能有形于内的德行；安乐的修养心境，是成德的突出表现。因此，君子体悟道德，不会半途而废；君子通过持续为善行德，不断提升心境，来达到安乐成德的理想境界。②

---

① 陈伟等：《楚地出土战国简册（十四种）·郭店1号墓简册》，经济科学出版社，2009，第181—182页。

② 林家瑜：《郭店儒简的君子》，硕士学位论文，台湾师范大学国文学系，2010，第32页。

（三）"集大成"与"能进之"

君子成德的重点有二，即以"进之"为工夫，以"大成"为目标。《五行》云：

> 君子集大成。能进之，为君子；弗能进也，各止于其里。【42】

"集大成"是君子行德的目标，"进之"是君子行德的过程。所谓的"进之"，就是不断提高自身的修养与心境。君子唯有不断提高自身的修养与心境，才能最终达到"君子的境界"；否则，只能停留在自己原来的境地。所谓的"集大成"，是指把仁、义、礼、智、圣五种"德行"和谐为一。君子是能够把五种"德行"和谐为一并以时践行的人，故称"君子""集大成"。如何"进之"？《五行》给出的答案是：

> 目而智（知）之，胃（谓）之进之；喻而智（知）之，胃（谓）之进之；辟（譬）而智（知）之，胃（谓）之进之；【47】几而智（知）之，天也。【48】①

"目而知之""喻而知之""辟而知之""几而知之"等，都是"进之"的方法，而"知之"的内容就是"君子道"。"进之"的方法中，"几而知之"是最高的境界，故被称作"天"。

"进之"的方法虽然有多种，但均离不开"心"的作用。《五行》曰：

---

① 陈伟等：《楚地出土战国简册（十四种）·郭店1号墓简册》，经济科学出版社，2009，第183页。

耳目鼻口手足六者，心之役也。心曰唯，莫敢不唯；如（诺），莫敢不如（诺）；【45】进，莫敢不进。后，莫敢不后；深，莫敢不深；浅，莫敢不浅。和则同，同则善。【46】①

《五行》认为，"心"有着极其重要的作用，不仅"德"的境界要通过"心"来达到，仁、智、圣等"德行"也都要靠"心""思"来达到。②

（四）"慎独"

《五行》认为，君子是能把仁、义、礼、智、圣五种"德行"和谐为一并以时践行的人。通过"心"的作用达到"君子"境界的过程，《五行》称之为"慎独"。其文曰：

"淑人君子，其义（仪）瞿（一）也"。能为瞿（一），肰（然）句（后）能为君子，君子慎其蜀（独）也。【16】

"[瞻望弗及，]泣涕如雨"。能"差沱（池）其羽"，肰（然）句（后）能至哀，君子慎其【17】蜀（独）也。【18】③

"能为一"，方能成为君子；而君子是"五行皆形于内而时行之"的人，故"能为一"就是指能把仁、义、礼、智、圣五种"德行"和谐为一。"能'差池其羽'，然后能至哀，君子慎其独也"，是说真

---

① 陈伟等：《楚地出土战国简册（十四种）·郭店1号墓简册》，经济科学出版社，2009，第183页。

② 任蜜林：《论竹简〈五行〉的君子思想》，载王中江、李存山主编：《中国儒学（第11辑）》，中国社会科学出版社，2016，第444—445页。

③ 陈伟等：《楚地出土战国简册（十四种）·郭店1号墓简册》，经济科学出版社，2009，第182页。

正懂得丧礼的人能够超越丧服的外在形式，而专注于内心的真情。

"慎独"是先秦文献中常见的概念，《大学》《中庸》把"慎独"解释为"独处"，是古代比较常见的解释。朱熹在注解《大学》时，一方面把"慎独"解释为"独处"，另一方面又提出"己独知之者"，强调为善要内外如一。在《中庸》中，"慎独"大都与"性"有关，指内在的修养。《五行》的"慎独"与《中庸》的"慎独"相似，二者虽然一个讲"心"，一个讲"性"，但均可视作纯内在的修养方式。

综上所述，《五行》所谓的"君子"修己，是一种纯内在的修养方式。君子是能够把仁、义、礼、智、圣五种"德行"和谐为一并以时践行的人，而仁、义、礼、智、圣五种"德行"的和谐状态被称为"德"。"德"作为"天道"的表现，落实到人身上就是人格修养的最高境界。这种境界，《五行》称为"君子"。如何达到这种最高境界呢？在《五行》看来，除要"为德无终""能进之"以外，还要靠"慎独"。①

二、"君子"修己的要求

楚竹书对于"君子"修己有着明确的要求，这些要求同时也是"君子"德行的具体体现。楚竹书提出的诸多"君子"修己途径中，较有代表性的有"学习传统""礼仪规范""亲近益友""恒心毅力"四种。②

（一）学习传统文化

"诗""书"等典籍作为贵族教育子弟之教材，构成了贵族共同

---

① 任蜜林：《论竹简〈五行〉的君子思想》，载王中江、李存山主编：《中国儒学（第 11 辑）》，中国社会科学出版社，2016，第 445—447 页。

② 黄武智：《上博楚简"礼记类"文献研究》，博士学位论文，台湾中山大学中国文学系，2009，第 251—266 页。

的文化背景。郭店竹书《语丛（一）》将"易""诗""春秋""礼""乐"并称。其文曰：

"易"，所以会天術（道）人術（道）【36】也。【37】

"诗"，所以会古含（今）之恃（志）【38】也者。【39】

"春秋"，所以会古含（今）之【40】事也。【41】

"礼"，交之行述也。【42】

"乐"，或生或教者也。【43】①

《史记·孔子世家》云："孔子以诗书礼乐教，弟子盖三千焉，身通六艺者七十有二。"可见，学习传统典籍是君子立身的基本途径。如上博竹书《季庚子问于孔子》云：

孔子曰："丘闻之。孟子吴（余）曰：'夫书者，以著君子之德也；【6】夫诗也者，以志君子之志；夫仪者，以斤（谨）君子之行也。君子涉之，小人观之，君子敬成其德，小人晦昧……'"【7】②

简文认为，学习传统典籍可以使人砥砺德行、行为得体。李锐先生等对信阳长台关古佚书的重新编联，亦可见"六艺"与君子之道的关系：

毋（母）教之七岁……（X.1-38；S.28）

---

① 陈伟等：《楚地出土战国简册（十四种）·郭店1号墓简册》，经济科学出版社，2009，第245页。

② 濮茅左：《〈季庚子问于孔子〉释文考释》，载马承源主编：《上海博物馆藏战国楚竹书（五）》，上海古籍出版社，2005，第211—213页。

□，学书三岁，学言三岁，学射与御［□岁］（X.1-3；S.29）

君子之道，必若五谷之全，三……（X.1-5；S.8）

（二）自觉践行礼仪规范

德行的养成除了要学习传统文化外，还要在日常生活中自觉践行礼仪规范。如郭店竹书《语丛（一）》云：

有仁有智，有义有礼。【16】①

《语丛（三）》亦云：

惡（义），宜也。惡（爱），仁【35】也。惡（义），处之也。礼，行之【36】也。【37】②

《语丛（一）》《语丛（三）》均将"礼""义"并举。段玉裁《说文解字注》曰："义之本训谓礼容各得其宜。礼容得宜则善。"③《语丛（一）（三）》中的"义"应妻为"仪"。言、视、听、动等所依据之标准为"礼"；"仪"是礼的外在形式。上博竹书《君子为礼》中有一段与《论语·颜渊》近似的简文。其文云：

---

① 陈伟等：《楚地出土战国简册（十四种）·郭店 1 号墓简册》，经济科学出版社，2009，第 245 页。

② 陈伟等：《楚地出土战国简册（十四种）·郭店 1 号墓简册》，经济科学出版社，2009，第 258 页。

③ ［汉］许慎撰，［清］段玉裁注：《说文解字注》，上海古籍出版社，1988，第633 页。

颜（颜）困（渊）侍于夫子，夫子曰："回，君子为礼，以依于仁。"颜（颜）困（渊）作而答曰："回不敏，弗能少居。"夫子曰："坐，吾语汝。言之而不义，【1】口勿言也；视之而不义，目勿视也；听之而不义，耳勿听也；动而不义，身毋动焉。"颜（颜）困（渊）退，数日不出……[问]【2】之曰："吾子何其瘠也？"曰："然，吾新闻言于夫子，欲行之不能，欲去之而不可，吾是以瘠也。"……【3】①

《君子为礼》中的"义"也应读为"仪"。简文阐述了言行得体的重要性，并借颜渊之口道出了实践所学的困难。此外，《君子为礼》还提出了一些"君子"仪态方面的具体规范，如：

凡色毋忧、毋佻、毋作、毋諆（谣）、毋【5】俛视、毋侧閿（睨）；凡目毋游，定视是求。毋钦、毋去，声之疾徐，称其众寡。【6】
肩毋废毋垌（痌），身毋偃毋倩（欠），行毋昏（眠）毋敓（摇），足毋坠毋高。【7】②

内有德操而外显威仪，是"君子"理想人格的体现。③曹建墩先生据上博竹书《天子建州》的记载指出，战国时期，威仪之学在儒门演变为容礼之学，儒门后学向人心、性情追寻容礼的情感依据，并从此角度阐发容礼对个人的成德意义，强调内在德性与外在礼容的和谐

---

① 张光裕：《〈君子为礼〉释文考释》，载马承源主编：《上海博物馆藏战国楚竹书（五）》，上海古籍出版社，2005，第254—256页。
② 张光裕：《〈君子为礼〉释文考释》，载马承源主编：《上海博物馆藏战国楚竹书（五）》，上海古籍出版社，2005，第257—259页。
③ 罗新慧：《周代威仪辨析》，《北京师范大学学报（社会科学版）》2017年第6期。

统一，从而使容礼成为君子修身成德之方式和教化百姓的工具。[①]

（三）亲近仁人益友

君子在"修己"的过程中所交往的人，足以影响自身的人格，故君子特别重视朋友的品格。如上博竹书《缁衣》云：

> 子曰："惟君子能牙（好）其匹，小人岂能牙（好）其匹？
> 【21】故君子之舂（友）也有向，其恶也有方，此以迩者不惑，而远者不惎（疑）。《诗》云：'君子好述。'"……【22】
> 子曰："私惠不怀德，君子不自齿（留）焉。"【21】
> 子曰："翌（轻）銮（绝）贫贱，而重銮（绝）富贵，则牙（好）仁不【22】坚，而恶恶不着也。人惟曰不利，吾弗信之矣。《告（诗）》云：'朋舂（友）攸図（摄），図（摄）以威仪。'"……【23】[②]

除了重视朋友的品德外，君子择友时还重视所交往之人是否与自己志同道合。如上博竹书《从政》云：

> 闻之曰："君子之相讓（就）也，不必在近迡（昵）乐。"【甲13】[③]

---

① 曹建墩：《两周社会崇尚威仪之风的兴衰及其观念之演进》，《中州学刊》2018年第 11 期。

② 陈佩芬：《〈缁衣〉释文考释》，载马承源主编：《上海博物馆藏战国楚竹书（一）》，上海古籍出版社，2001，第 196—199 页。

③ 张光裕：《〈从政〉释文考释》，载马承源主编：《上海博物馆藏战国楚竹书（二）》，上海古籍出版社，2002，第 226 页。

（四）坚持长期实践

"君子"修己是一个漫长的过程，具备恒心、毅力是实现"君子"修己目标的必要条件。如上博竹书《从政》云：

> 闻之曰："行在己而名在人，名难争也，【甲18】章（敦）行不倦（倦），故（持）善不厌，虽世不识，必或知之，是故【甲12】君子弱（强）行以故（待）名之至也。君子闻善言，以改其【乙5】言；见善行，纳其身焉，可胃学（学）矣。"【甲11】①

简文认为，君子在日常生活中闻善言、见善行后，能自觉践行并扩充推广，就是一种修身的过程。简文所谓的"强行"，即指"努力实践"。上博竹书《天子建州》也云：

> 不讳所不学于师者三：弨（强）行、忠謩（谋）、信言，此所不学于师也。【甲13】②

简文指出，"强行"为弟子无法学于师长者。究其原因在于，老师只能教授弟子知识层面的东西，而弟子能否实践老师所授，则与个人的恒心和毅力有关。上博竹书《弟子问》亦云：

> 子曰："予！汝能斳（慎）始与终，其善矣，为君子乎？"

---

① 陈剑：《上博简〈子羔〉〈从政〉篇的竹简拼合与编联问题小议》，《文物》2003年第5期。

② 曹锦炎：《〈天子建州〉释文考释》，载马承源主编：《上海博物馆藏战国楚竹书（六）》，上海古籍出版社，2007，第332—333页。

【11】①

孔子对宰予能否做到慎始慎终的怀疑，亦反映出孔子对恒心、毅力的重视。

三、"君子"修己的德行

上博竹书《孔子诗论》对"君子"人格的阐释是：

《梂（樛）木》，福斯在君子，不 [亦能改（怡）乎？]【12】②

晁福林先生提出，《樛木》是劝诫贵族子弟积极奋进的诗篇。儒家认为，在社会结构开始动荡变迁的春秋时代，"君子"唯有付出艰辛的努力，并及时抓住机遇，才能图谋发展。晁福林先生将孔子所论的君子人格概述为"悌""严以律己""谨慎恭敬""纯朴厚重""宽容待人"等。③ 笔者拟再补充两点：

〔一〕坦诚相待

上博竹书《性情论》云：

凡人情为可兑（悦）也。句（苟）以其情，唯（虽）怎（过）不恶；不以【21】[其] 情，唯（虽）难不贵。未言而信，有美情者也……【22】④

---

① 张光裕：《〈弟子问〉释文考释》，载马承源主编：《上海博物馆藏战国楚竹书（五）》，上海古籍出版社，2005．第 274 页。

② 廖名春：《上海博物馆藏诗论简校释》，《中国哲学史》2002 年第 1 期。

③ 晁福林：《从上博简〈诗论〉看孔子的君子观》，《社会科学战线》2008 年第 3 期。

④ 濮茅左：《〈性情论〉释文考释》，载马承源主编：《上海博物馆藏战国楚竹书（一）》，上海古籍出版社，2001．第 250—253 页。

简文指出，个人之言行举止若是发自真心，则虽有过错，仍不致令人感到厌恶。郭店竹书《缁衣》亦云：

为上可賘（望）而知也，为下【3】可頪（类）而篙（志）也，则君不疑其臣，臣不惑于君。《诗》云："叴（淑）人君子，其仪不【4】弋（忒）。"《尹寡（诰）》云："惟尹（伊）允及汤，咸有一德。"……【5】①

简文认为，君臣之间若是坦诚相待，就不会相互猜忌，从而做到"君不疑其臣，臣不惑于君"。

（二）言行一致

言行一致是"君子"人格的重要内涵。郭店竹书《缁衣》云：

可言【30】不可行，君子弗言；可行不可言，君子弗行。则民言不慇（危）行，行不慇（危）【31】言。②

上博竹书《从政》亦云：

闻之曰："可言而不可行，君子不言；可行而不可言，君子不行。"【甲11】③

---

① 陈伟等：《楚地出土战国简册（十四种）·郭店1号墓简册》，经济科学出版，2009，第163页。

② 陈伟等：《楚地出土战国简册（十四种）·郭店1号墓简册》，经济科学出版，2009，第165页。

③ 陈剑：《上博简〈子羔〉〈从政〉篇的竹简拼合与编联问题小议》，《文物》2003年第5期。

"君子"除要言行一致外，还要言必行，行必果。郭店竹书《缁衣》云：

> 句（苟）有车，必见其轼；句（苟）有衣，必见其耑（敝）；人句（苟）有言，必闻其声；句（苟）有行，必见其城（成）。【40正】①

简文认为，"君子"应言必行，行必果。② 上博竹书《弟子问》亦云：

> 言行相惩（近），肰（然）后君子。【12】③

郭店竹书《缁衣》亦云：

> 子曰：言从行之，则行不可匿。故君子顅（顾）言而【34】行，以成其信，则民不得大其美而小其恶……【35】④

可见，言行一致、言而有信，均是"君子"人格的重要内涵。

---

① 陈伟等：《楚地出土战国简册（十四种）·郭店 1 号墓简册》，经济科学出版，2009，第 165 页。
② 吴默闻：《治世之道与君子之德——〈礼记·缁衣〉的政治哲学思想探析》，《湖湘论坛》2011 年第 2 期。
③ 张光裕：《〈弟子问〉鋞文考释》，载马承源主编：《上海博物馆藏战国楚竹书（四）》，上海古籍出版社，2004，第 275 页。
④ 陈伟等：《楚地出土战国简册（十四种）·郭店 1 号墓简册》，经济科学出版，2009，第 165 页。

小　结

春秋战国诸子探讨"宇宙生成模式""天命鬼神""天人有分"等问题的根本落脚点是：在自己的地区为统一天下构画蓝图。而楚竹书不仅为"天人有分"思想提供了年代更早的文献实例，显示出"天人有分"在先秦时期的历史渊源；更为重要的是，通过对"天人有分"的辨析，勾勒出君子应专注"修己"的逻辑理路。

楚竹书通过对个体成为"君子"的修养途径和"君子"德行的逻辑展现，既构筑出"君子"政治思想的个体基石，也为家族乃至理想社会构筑出完美人格。透过楚竹书文献，我们得窥春秋战国诸子政治思想，特别是儒家政治思想对"君子"人格的重视，而君子"修己"思想在战国早期的逻辑进境亦由楚竹书文献的记述得以重光。[1]

---

① 杨博：《战国楚竹书与儒家"理想社会"构建》，《南昌大学学报（人文社会科学版）》2019 年第 1 期。

第四章　楚竹书中的"君子"治世

楚竹书对"人"的关心，主要表现为现实政治和理想政治对于"君子"个体和伦理问题的关注。《论语·宪问》曰：

> 子路问君子。子曰："修己以敬。"曰："如斯而已乎？"曰："修己以安人。"曰："如斯而已乎？"曰："修己以安百姓。修己以安百姓，尧舜其犹病诸！"[①]

相对于"治国"来说，"君子"是理想政治的基石。余英时先生更是直接明言：

> 依照传统的说法，儒学具有修己和治人的两个方面，而这两方面又是无法截然分开的。但无论是修己还是治人，儒学都以"君子的理想"为其枢纽的观念；修己即所以成为"君子"；治人则必须先成为"君子"。从这一角度说，儒学事实上便是"君子之学"。[②]

---

① ［魏］何晏注，［宋］邢昺疏：《论语注疏·宪问》，载［清］阮元校刻：《十三经注疏》，中华书局，2009，第5461页。

② 余英时：《儒家的"君子"理想》，载氏著：《中国思想传统的现代诠释》，江苏人民出版社，2004，第118—133页。

　　学界一般认为，郭店儒简中，除《性自命出》《五行》专论心性，《语丛》多零散补充之论外，其余各篇所论皆君子外王之理。[①] 除《穷达以时》中的"君子"（如傅说、吕望、管夷吾、百里奚、孙叔敖等）皆为"贤臣"外，其他郭店儒简中的"君子"多半都可用"人君"加以诠释。[②] 故可以说，"为政在人"的政治格局，决定了"君子"政治思想的目标对象是为政者。[③] 本章主要涉及三个方面的问题：其一是阐述如何成为理想化的"人"，其二是对君子"人伦"的具体描述，其三是对为政"君子"的诸种要求。

---

　　① 陈丽桂：《郭店儒简的外王思想》，《台大文史哲学报》2011 年总第 55 期。
　　② 林家瑜：《郭店儒简的君子》，台湾师范大学国文学系，2010，第 72—73 页。
　　③ 谢耀亭：《从出土简帛看思孟学派的内圣外王思想》，科学出版社，2011，第 148—151 页。

第一节　楚竹书中的君子"人伦"

上博竹书《民之父母》云：

> 子皂（夏）问于孔子："《詻（诗）》曰：'凯俤君子，民之父母。'
> 敢问何如而可谓民之父母？"【1】①

子夏将"君子"与"民之父母"对应，充分反映出"君子"与
政治间的密切关系。据《吕氏春秋·不屈》记载，惠子批评白圭"新
妇"的比喻时，亦引《洞酌》此句。其文曰：

> 惠子闻之，曰："不然。《诗》曰：'恺悌君子，民之父母。'恺
> 者大也，悌者长也。君子之德，长且大者，则为民父母。父母之教
> 子也，岂待久哉？何事比我于新妇乎？……"②

惠子将"恺悌君子"解读为"君子之德，长且大者"，体现出其
对君子德行的重视。"悌"是儒家对人伦的基本要求之一。故上博竹
书《内豊》云：

---

① 濮茅左：《〈民之父母〉释文考释》，载马承源主编：《上海博物馆藏战国楚竹书
（二）》，上海古籍出版社，2002，第154页。
② 许维遹撰，梁运华整理：《吕氏春秋集释·审应览·不屈》，中华书局，2009，第
498—499页。

君子曰：悌，民之经也。【10】①

郭店竹书《成之闻之》则将人伦与天命、治国联系在一起。其文曰：

天圣（降）大棠（常），以理人伦。折（制）为君臣之义，煮（图）为父子之新（亲），分【31】为夫妇之攴（辨）。是故小人乱天棠（常）以逆大道，君子釮（治）人伦以顺天德。【32】②

与"大常"结合后，人伦的内涵进一步扩展延伸至君臣、父子、夫妇。因此，君子按照人伦来治理天下，是顺天的行为。郭店竹书《尊德义》云：

酓（尊）德义，明乎人伦，可以为君。【1】③

简文认为，尊德义与明人伦是为政者的两项必备素养，而尊德义与人伦之间是有着内在逻辑继承性的。

在重视个体修养的基础上，楚竹书对于"君子"人伦提出了具体要求。郭店竹书《成之闻之》《尊德义》等充分显示出楚竹书对家族人伦关系的重视。如郭店竹书《唐虞之道》云：

---

① 李朝远：《〈内豊〉释文考释》，载马承源主编：《上海博物馆藏战国楚竹书（四）》，上海古籍出版社，2004，第228页。
② 陈伟等：《楚地出土战国简册（十四种）·郭店1号墓简册》，经济科学出版社，2009，第204页。
③ 陈伟等：《楚地出土战国简册（十四种）·郭店1号墓简册》，经济科学出版社，2009，第212页。

夫圣人……下事地，教民有新（亲）也……【4】……新（亲）事且（祖）渲（庙），教民孝也；大（太）教（学）之中，天子亲齿，教民弟（悌）也；先圣【5】牙（与）后圣，考后而逗（归）先，教民大顺之道也。

尧舜之行，恶（爱）亲尊贤。恶（爱）【6】亲故孝，尊贤故廛（禅）。孝之杀，恶（爱）天下之民。廛（禅）之传，世亡忘（隐）德。孝，念（仁）之冕也。【7】廛（禅），义之至也。六帝兴于古，皆采（由）此也……【8】①

简文不仅将"孝"的地位抬升到"仁之冕"的高度，还将"孝""悌"视为"教民大顺之道"。

具体论述"孝""悌"等家族伦理关系的楚竹书文献，是上博竹书《内豊》（含《昔者君老》）。该篇除论及父子、兄弟之间的关系外，还由孝悌出发扩展引伸到君臣之义。②就目前整理的情况来看，论述"孝道"思想的内容占到该篇的一半以上。该篇有助于我们了解"君子"政治思想是如何从对君子个体修养的要求过渡到对家族伦理秩序的维护上的。《内豊》云：

君子之立孝，恶（爱）是甬（用），礼是贵……【1】……故为人父者，言人之【2】父之不能畜子者，不与言人之子之不孝者；故为人子者，言人之子之不孝者，不与言人之父之不能畜子者。【3】故为人倪（兄）者，言人之倪（兄）之不能戀（慈）俤（弟）者，

① 陈伟等：《楚地出土战国简册（十四种）·郭店 1 号墓简册》，经济科学出版社，2009，第 193 页。

② 梁静：《上博楚简〈内礼〉研究》，《文献》2012 年第 4 期。

不与言人之俤（弟）之不能承（承）兄者；故为人俤（弟）者，言人之俤（弟）之不能承（承）兄【4】[者，不与言人之倪（兄）之不能戀（慈）俤（弟）者。君子]曰：与……与父言，言畜子；与子言，言孝父。与倪（兄）言，言戀（慈）俤（弟），【5】与俤（弟）言，言承（承）兄。反此乱也……【6】①

简文指出，立孝的根本是"爱"与"礼"。《内豊》所论述的君臣、父子、兄弟之间的关系，与今本《大戴礼记·曾子立孝》的开篇部分比较接近。② 简文认为，"君子"应时刻反省自己是否以"爱""礼"的原则处理家族关系。

一、"君子"孝道

"君子"孝道，首先体现在以父母之事为重。如《内豊》云：

君子事父母，无厶（私）邀（乐），无厶（私）悬（忧）。父母所乐乐之，父母所悬（忧）悬（忧）之。善则从之，不善则垂（止）之；垂（止）之而不可，罴（隐）而任，【6】不可。虽至于死，从之。孝而不谏，不成[孝；谏而不从，亦]不城（成）孝……【7】③

---

① 李朝远：《〈内豊〉释文考释》，载马承源主编：《上海博物馆藏战国楚竹书（四）》，上海古籍出版社，2004，第220—224页。
② [清] 孔广森撰，王丰先点校：《大戴礼记补注·曾子立孝》，中华书局，2013，第94页。
③ 李朝远：《〈内豊〉释文考释》，载马承源主编：《上海博物馆藏战国楚竹书（四）》，上海古籍出版社，2004，第224—225页。

简文指出，事奉父母必须忽略个人之事务，关注父母所乐所忧之事。

其次，与父母相处时，要处处顺从父母。父母行“不善”之事时，“君子”应委婉劝谏；若父母不听劝谏，“君子”应隐其恶行并替其承担后果。故《内豊》云：

> 君子［曰］:“孝子不匱（负），若（匿）在腹中。巧叓（变），故父母安。”【7】[①]

“孝子不负”是指不违背父母的心意，“匿在腹中”是指隐藏自己的好恶。“巧变”是指事奉父母时应随机应变。唯能“巧变”，父母在接受侍奉时才能无所顾虑而“安”。

再次，父母有疾时，子女须诚心祭祷，时刻关注其病情。故《内豊》云：

> 君子曰:“孝子，父母有疾，冕（冠）不奐（綄），行不容，不𡚸（卒）立，不庶语。时昧祘（攻）、縈（禜），行祝于五祀，剴必有益？君子以城（成）其孝【8】，是谓君子。”【9】[②]

最后，父母去世时，子女要表达哀戚之情。如上博竹书《昔者君老》讲述了国君去世后，太子应遵循的礼节。其文曰：

---

① 李朝远:《〈内豊〉释文考释》，载马承源主编:《上海博物馆藏战国楚竹书(四)》，上海古籍出版社，2004，第225页。

② 李朝远:《〈内豊〉释文考释》，载马承源主编:《上海博物馆藏战国楚竹书(四)》，上海古籍出版社，2004，第226—227页。

　　　　君砼（卒）。太子乃亡闻、亡听，不问不令，唯衮（哀）是思，
唯邦之大舅（叟）是敬。【4】①

上博竹书《弟子问》亦云：

　　　　子曰："吾闻父母之丧，【7】食肉如饭土，饮酒如泾（淆），信
乎？"子赣（贡）曰："莫新（亲）乎父母，死不靦（顾），生可言
乎？其信也。"【8】②

　　无论是对父母之顺从劝谏，还是对父母生老病死的忧惧，均是
子女孝顺父母的表现。因此，孝道在心，而与衣食供养无直接关系。
故《内豊》说：

　　　　君子曰："孝子事父母，以食恶美，下之……"【9】③

　　简文认为，衣食供养是较低层次的孝顺，"爱""礼"才是孝道
的核心原则。不仅如此，"爱""礼"也是"悌"的基本内涵。

二、"君子"人伦

　　《内豊》（含《昔者君老》）由对父兄的孝悌出发，扩充到君臣之
义。家族伦理作为一种政治作为时，也十分强调"悌"这一人伦原

---

　　① 陈佩芬：《〈昔者君老〉释文考释》，载马承源主编：《上海博物馆藏战国楚竹书
（二）》，上海古籍出版社，2002，第245—246页。
　　② 陈剑：《谈谈〈上博（五）〉的竹简分篇、拼合和编联问题》，简帛网，2006年
2月19日。
　　③ 李朝远：《〈内豊〉释文考释》，载马承源主编：《上海博物馆藏战国楚竹书
（四）》，上海古籍出版社，2004，第227页。

则。《内豊》云：

> 君子曰："悌，民之经也。在小不静（争），在大不瞉（乱）。故为孳（幼）必听长之俞（令），为戋（贱）必听贵之命。从人欢然，则孚（免）于戾。"【10】^①

《论语·学而》云："其为人也孝弟，而好犯上者，鲜矣。"可见，"孝弟"的政治功能在于培养民众"不好犯上""不争""不乱"之品行。换言之，德行的养成有助于家族、国家乃至天下的稳定。这就将家族伦理与天下治理有机结合起来。不仅如此，《论语·学而》又云："孝弟也者，其为仁之本与？"所谓"仁之本"，乃行孝悌时之心，与《内豊》所云之"爱"与"礼"相似。可见，"悌"这一人伦原则上可有助于维护国家稳定，下可有利于培养个体德行。

"孝""悌"由"君子"个体修养转变为家族伦理的过程，《论语·为政》的描述是："或谓孔子曰：'子奚不为政？'子曰：'《书》云：孝乎惟孝，友于兄弟，施于有政。'是亦为政，奚其为为政？"关于家族伦理对君主为政的重要性，郭店竹书《尊德义》云：

> 酋（尊）德义，明乎人伦，可以为君。【1】^②

郭店竹书《六德》直接将家族伦理与天下治理系联在一起。其

---

① 李朝远：《〈内豊〉释文考释》，载马承源主编：《上海博物馆藏战国楚竹书（四）》，上海古籍出版社，2004，第228页。

② 陈伟等：《楚地出土战国简册（十四种）·郭店1号墓简册》，经济科学出版社，2009，第212页。

文曰：

> 智也者，夫德也……【19】……信也者，妇德也……【20】……圣也者，父德也。子也者，会埻长材【21】以事上，谓之义。上共下之义，以奉社稷，谓之孝……【22】……仁者，子德也。

> 故夫夫、妇妇、子子、君君、臣臣，六者各【23】行其戠（职），而谗谄无繇（由）迬（作）也。【24】①

　　简文将夫德、妇德、父德与子德统称为"上共下之义，以奉社稷"。《尊德义》《六德》《内豊》等楚竹书文献体现出战国时期，儒家通过"君子"修己、家族伦理所表达的由修身、齐家到治国、平天下的逻辑发展轨迹。换言之，阐述"君子"修己、人伦思想的楚竹书文献，展现了"君子"政治思想中修、齐、治、平这一儒家传统精神在战国早期的逻辑发展轨迹。②

---

① 陈伟等：《楚地出土战国简册（十四种）·郭店 1 号墓简册》，经济科学出版社，2009，第 237 页。
② 杨博：《战国楚竹书与儒家"理想社会"构建》，《南昌大学学报（人文社会科学版）》2019 年第 1 期。

第二节　楚竹书中的君子"治世"

楚竹书"君子"政治思想对天人关系、"君子"修己、家族伦理等的关注，无不体现出"君子"对个体德行的重视以及对现实政治的关心。郭店竹书《五行》云：

> 有惪（德）则邦家兴。【29】[1]

楚竹书"君子"政治思想主要从"修己""治人"两个方面对为政"君子"进行说理。"修己"的目的有二：一是把为政者培养成"君子"，二是"导民以德"。[2] 故楚竹书关于为政"君子"的表述主要涉及两个方面的问题，其一涉及如何取得政权的"政道"问题，[3] 包括君位更替、对君王的要求等；其二涉及如何治民的"治道"问题，包括仁之以德、刑德并举等具体政策。

一、禅让说的式微与为政"君子"德行之渐重

（一）禅让与世袭的角力

与"政道"问题相关的君位更替方式大致分为两种：一是世袭，一是禅让。世袭与"血统"有关，禅让则重视"德行"。尧舜禅让属

---

[1] 陈伟等：《楚地出土战国简册（十四种）·郭店1号墓简册》，经济科学出版社，2009，第182页。

[2] 谢耀亭：《从出土简帛看思孟学派的内圣外王思想》，科学出版社，2011，第148—151页。

[3] "政道""治道"的概念来自牟宗三先生。牟宗三先生指出："政道是相应政权而言，治道是相应治权而言。"参见牟宗三：《政道与治道》，广西师范大学出版社，2006，第1页。

于远古传说，并无文字记载，其真实性尚无法确认。若仅就思想层面来说，尧舜禅让是一个广泛流传的上古传说，不可能是战国时代的某一学派所创造出来的，儒、墨等家都大讲禅让说。[①]《唐虞之道》《容成氏》《子羔》等楚竹书文献均与禅让有关。其中，《唐虞之道》是由爱亲尊贤而推崇禅让。《容成氏》以古史为依托，讲述了尧舜以前普遍实行的禅让和汤武的征伐，表达了对禅让的推崇。《子羔》则借由子羔与孔子关于尧舜禹"三王之作"的讨论，表达了对"有德者必有其位"的期望。鉴于《子羔》在论述"政道"问题时，提出"血统"与"德行"两个标准，故下文以《子羔》为例展开讨论。

首先，《子羔》阐述了获得政权的两种方式：其一为后世"三王"所用之"世袭制度"，其二为昔者"尧舜"所用之"禅让"。其关于禅让的描述是：

昔者而弗世也，善与善相授也，故能**紿**(治)天下，平万邦。【1】[②]

简文对"禅让"政治下"善与善相授也""治天下，平万邦"的推许，表明简文作者轻"世袭"而重"禅让"的态度。

其次，在君王应具备的条件方面，《子羔》轻"血统"而重"德行"。简文开篇论述了三王究竟是"天子"还是"人子"的问题。其文曰：

---

① 裘锡圭：《新出土先秦文献与古史传说》，载氏著：《中国出土古文献十讲》，复旦大学出版社，2004，第35页。

② 陈剑：《上博简〈子羔〉〈从政〉篇的竹简拼合与编联问题小议》，《文物》2003年第5期。

子羔问于孔子曰："厽（叁）王者之作也，虘（皆）人子也，而其父戔（贱）而不足爯（称）也欤？抑亦诚天子也欤？"【9】

孔子曰："坴（舜）其可谓受命之民矣。坴（舜），人子也……【7】，而厽（叁）天子事之……"【14】

舜虽为"人子"，却能够使"三天子事之"，反映了简文作者轻"血统"而重"德行"的态度。[①]

最后，有德者能否受命，与其是否得遇明君有关。《子羔》中存在着两组对立的观点，即"世袭与血统""禅让与德行"。两组对立的观念原本存在于不同时代，后者存在于理想中的古代社会，前者则存在于现实社会，子羔却提出一个假设问题：

如坴（舜）在含（今）之世则何若？【8】

孔子的回答是：

不逢明王，则亦不大使。【7】

此外，简文又曰：

子羔曰："尧之得坴（舜）也，坴（舜）之德则诚善【6】欤？

[①]　艾兰先生认为，在《子羔》的叙述结构中，王朝的合法性单纯是由于世袭，禅让不过是世袭制度中的一种选项，并非王朝更替制度的先例。参见［美］艾兰《楚竹书〈子羔〉与早期儒家思想的性质》，或复旦大学出土文献与古文字研究中心编：《出土文献与传世典籍的诠释—— 纪念谭朴森先生逝世两周年国际学术研讨会论文集》，上海古籍出版社，2010，第 233 页。

抑尧之德则甚晶（明）欤？"孔子曰："均也，坴（舜）穑于童土之田，则【2】……"①

在简文中，孔子除了肯定"舜之德则诚善"外，对于"尧之德则甚明"亦表赞扬。可见，孔子认为，有德之士能否"得为帝"，除取决于自身条件外，是否得遇明君亦是重要条件之一。②

《子羔》指明了"政道"问题的关键，即世袭与禅让涉及君王的选择方式，而血统与德行涉及对君王的具体要求。需要注意的是，与"血统"有关的统治正当性问题。战国诸子所提倡的"禅让制度"认为，统治的正当性并非源于"血统"，而在于统治者"德行"的卓越，故"人子"亦得以"受命为帝"。彭裕商先生曾指出，《容成氏》既推崇禅让，也肯定汤武征伐，并无"是此非彼"之意。③而《子羔》承认，战国社会强调"血统"的"世袭"是获得政权的主要途径。因此，就战国社会的实际情况而言，楚竹书有意识地将德行作为选择君位继承者的核心标准。

（二）对为政"君子"德行的具体要求

楚竹书对"为政"君子德行的重视，突出表现在强调为政"君子"德行在现实政治中的有效运用上。楚竹书对为政"君子"德行的基本要求是"爱民以德"。

上博竹书《季庚子问于孔子》将"仁"与"德"联系起来，提

---

① 陈剑：《上博简〈子羔〉〈从政〉篇的竹简拼合与编联问题小议》，《文物》2003年第5期。

② 黄武智：《上博楚简"礼记类"文献研究》，博士学位论文，台湾中山大学中国文学系，2009，第338—339页。

③ 彭裕商：《禅让说源流及学派兴衰——以竹书〈唐虞之道〉〈子羔〉〈容成氏〉为中心》，《历史研究》2009年第3期。

出“仁之以德”说。其文云：

> 庚子曰：“请问何谓仁之以德？”
> 孔子曰：“君子在民【2】之上，埶（执）民之中，施教于百眚（姓），而民不服焉，是君子之耻也。是故君子玉其言而匡（诚）其行，敬成其【3】德以临民，民瞿（望）其道而服焉，此之谓仁之以德。”……【4】①

所谓“仁之以德”，就其字面意义而言，可解释为“爱民以德”。据《论语·宪问》载，“子路问君子”，孔子答曰：“修己以安百姓，尧舜其犹病诸！”明确提出君子必须通过修养德行以“安百姓”。上博竹书《从政》亦云：

> 毋占民赠（敛），则同；不膚（敷）法盈恶，则民不悁（怨）。【乙2】
> 兴邦豪（家），絅（治）正教，从命则政不袈（劳）。【乙1】②

“毋占民敛”是指不要收取过多的税收。“敷法盈恶”是指法令过多，就会使民众常陷于犯罪的漩涡。《论语·颜渊》云：“子曰：‘听讼，吾犹人也，必也使无讼乎！’”孔颖达正义曰：“在前以道化之，使无争讼乃善。”③郭店竹书《缁衣》亦云：

---

① 濮茅左：《〈季庚子问于孔子〉释文考释》，载马承源主编：《上海博物馆藏战国楚竹书（五）》，上海古籍出版社，2005，第202—209页。
② 陈剑：《上博简〈子羔〉〈从政〉篇的竹简拼合与编联问题小议》，《文物》2003年第5期。
③ [魏]何晏注，[宋]邢昺疏：《论语注疏·颜渊》，载[清]阮元校刻：《十三经注疏》，中华书局，2009，第5439页。

子曰："民以君为心，君以民为体，心好则体安之，君好则民㤴（欲）【8】之，故心以体废，君以民芒（亡）。"……【9】①

楚竹书对于为政"君子"自身的德行修养也有详细的阐述。如上博竹书《从政》曰：

闻之曰：从政，尃（敦）五德……五德：一曰愋（宽），二曰恭，三曰惠，四曰仁，五曰敬。君子不愋（宽）则无【甲5】以容百眚（姓）；不恭则无以敘（除）辱；不惠则无以聚民；不仁【甲6】则无以行政；不敬则事无城（成）……【甲7】②

在宽、恭、惠、仁、敬五德之外，笔者再补充"勤""忠""义"三德。

第一，"勤"。上博竹书《仲弓》云：

仲弓曰："敢【27】问民务。"

孔子曰："善哉问乎！足以教矣。君【15】□毋自隐（惰）也。昔三弋（代）之明王，有四海之内，犹埊（来）【18】□□刑政不缓，德教不卷（倦）。"

仲弓曰："若此三【17】者，既闻命矣。敢问导民兴德如何？"……【11】③

———————
① 陈伟等：《楚地出土战国简册（十四种）·郭店1号墓简册》，经济科学出版社，2009，第163—164页。
② 陈剑：《上博简〈子羔〉〈从政〉篇的竹简拼合与编联问题小议》，《文物》2003年第5期。
③ 陈剑：《上博竹书〈仲弓〉篇新编释文》，简帛研究网，2004年4月18日。

简文以三代明王勤政之事为例，强调为政者须以"不缓""不倦"的态度来"导民兴德"。上博竹书《季庚子问于孔子》亦云：

> 贤人之居邦豪（家）也，婴（夙）盟（兴）夜寐（寐）。【10】①

上博竹书《相邦之道》亦云：

> 出正政，毋忘所治事。【1】②

第二，"忠"。郭店竹书《尊德义》云：

> 酋（尊）德义，明乎人伦，可以为君。【1】
> 仁为可亲【3】也，义为可酋（尊）也，忠为可信也……【4】③

简文先是强调"德义""人伦"对君主执政的重要性，然后阐述所遵之德义、所明之人伦的具体内容。"仁""义""忠"均是对为政"君子"的道德要求。关于"忠为可信也"的思想，郭店竹书《忠信之道》云：

> 忠庚（积）则可亲也，信庚（积）则可信也。忠【1】信庚

---

① 陈剑：《谈谈〈上博（五）〉的竹简分篇、拼合和编联问题》，简帛网，2006年2月19日。

② 张光裕：《〈相邦之道〉释文考释》，载马承源主编：《上海博物馆藏战国楚竹书（四）》，上海古籍出版社，2004，第234页。

③ 陈伟等：《楚地出土战国简册（十四种）·郭店1号墓简册》，经济科学出版社，2009，第212页。

（积）而民弗亲信者，未之有也……【2】①

郭店《缁衣》亦云：

　　子【19】曰：大臣之不新（亲）也，则忠敬不足，而賈（富）贵已过也，邦豪（家）之不宁【20】也……【21】②

简文指出，君主"忠""敬"不足，不但会导致臣下不亲近自己，甚至会造成"邦家不宁"的严重后果。

第三，"义"。郭店竹书《六德》云：

　　子弟大材设诸【13】大官，小材设诸小官，因而施禄焉，使之足以生，足以死，谓【14】之君，以义使人多。义者，君德也……【15】③

简文指出，君主根据臣子的能力委派官职，根据臣子的贡献授予爵禄，甚至决定他们的生死，就是君臣之"义"。郭店竹书《成之闻之》将"义"与"天命"联系起来。其文曰：

　　天夅（降）大棠（常），以理人伦。折（制）为君臣之义。

---

①　陈伟等：《楚地出土战国简册（十四种）·郭店 1 号墓简册》，经济科学出版社，2009，第 200 页。

②　陈伟等：《楚地出土战国简册（十四种）·郭店 1 号墓简册》，经济科学出版社，2009，第 164 页。

③　陈伟等：《楚地出土战国简册（十四种）·郭店 1 号墓简册》，经济科学出版社，2009，第 237 页。

【31】①

可见，"义"是处理君臣关系的第一准则。如郭店竹书《六德》云：

> 仁，内也。义，外也。礼乐，共也。内立父、子、【26】夫也，外立君、臣、妇也……【27】②

此外，"义"还具有"尊贤"的内涵。如郭店竹书《唐虞之道》云：

> 孝，念（仁）之冕也。【7】塵（禅），义之至也。六帝兴于古，皆采（由）此也。恶（爱）亲忘贤，念（仁）而未义也。尊贤【8】遗亲，义而未念（仁）也……【9】③

简文将禅让提升至"义之至"的高度。在这里，"义"的着眼点在天下，而非一家一国。尊贤为"义"的思想又见于郭店竹书《五行》。其文曰：

> 贵贵，其止（等）尊贤，义也。【35】④

---

① 陈伟等：《楚地出土战国简册（十四种）·郭店1号墓简册》，经济科学出版社，2009，第204页。
② 陈伟等：《楚地出土战国简册（十四种）·郭店1号墓简册》，经济科学出版社，2009，第237页。
③ 陈伟等：《楚地出土战国简册（十四种）·郭店1号墓简册》，经济科学出版社，2009，第193页。
④ 陈伟等：《楚地出土战国简册（十四种）·郭店1号墓简册》，经济科学出版社，2009，第183页。

郭店竹书《尊德义》亦云：

仁为可亲【3】也，义为可訇（尊）也。【4】①

上博竹书《从政》亦云：

闻之曰：昔三弋（代）之明王之有天下者，莫之舍（予）也，而口取之，民皆以为义。【甲1】②

（三）对为臣"君子"德行的要求

若将为政者与民对立，那么，为政者不仅包括君主，也包括治理邦国的大臣。如此一来，对为君者之德行要求也同样适用于为臣者。若将君主与大臣对立，那么，楚竹书中亦有对为臣"君子"德行的特定要求。结合战国时代的社会现实可知，"忠""义"对为君者和为臣者的要求并不完全相同。

第一，"忠"。郭店竹书《六德》云：

忠者，臣德也。【17】

《论语》中虽然提出"臣事君以忠"，但其前提是"君使臣以礼"，并没有将"忠"提升到臣德的高度。《六德》明确把"忠"规定为臣德，并描述了一幅家齐国治的和谐图景：

① 陈伟等：《楚地出土战国简册（十四种）·郭店1号墓简册》，经济科学出版社，2009，第212页。
② 陈剑：《上博简〈子羔〉〈从政〉篇的竹简拼合与编联问题小议》，《文物》2003年第5期。

父圣子仁，夫智妇信，君义【34】臣忠……故夫夫、妇妇、父父、子子、君君、臣臣，此六者各【35】行其职，而谗谄蔑由作也……【36】①

郭店竹书《唐虞之道》将"忠""孝"相提并论。其文云：

古者虞舜笃事瞽叟，乃戴其孝；忠事帝尧，乃戴其臣。【8】

故其为瞽盲子也，甚孝；及其为尧臣也，甚忠；尧禅天下【24】而授之……【25】②

简文将舜对瞽叟的孝和舜对帝尧的忠相提并论。据《史记》记载，无论瞽叟如何对待舜，舜均以孝事之，可见，《唐虞之道》强调的是舜对瞽叟单方面的孝，舜对帝尧单方面的效忠，与《论语·先进》"以道事君，不可则止"的说法截然有别。

第二，"义"。郭店竹书《鲁穆公问子思》曰：

鲁穆公问于子思曰："何如而可谓忠臣？"子思曰："恒称【1】其君之恶者，可谓忠臣矣。"……【2】

成孙弋曰："噫，善哉言乎！【4】夫为其君之故杀其身者，尝有之矣。恒称其君之恶者，【5】未之有也。夫为其[君]之故杀其身者，效禄爵者也。恒【6】称其君之恶者，远禄爵者[也]。为

---

① 陈伟等：《楚地出土战国简册（十四种）·郭店1号墓简册》，经济科学出版社，2009，第237—238页。

② 陈伟等：《楚地出土战国简册（十四种）·郭店1号墓简册》，经济科学出版社，2009，第193—194页。

义而远禄爵，非【7】子思，吾恶闻之矣。"【8】①

简文记述了子思和鲁穆公关于"何如而可谓忠臣"的对话及成孙弋的评价。子思对"忠臣"的界定是"恒称其君之恶者"。成孙弋认为，"恒称其君之恶者"高于"为其[君]之故杀其身者"，后者是为了报效禄爵，而前者是为了"义"。战国时期，爵禄制十分盛行，"恒称其君之恶者，可谓忠臣矣"的提出，表明战国诸子对臣子的德行提出了更高的要求。

综上所述，楚竹书在阐述"政道"问题时，极为关注现实政治，其一方面承认"血统"在君位继承方面的优势地位；另一方面强调"德行"的作用，并通过提出对君王个人德行的具体要求，来实现自己的政治理想，这是楚竹书关于"政道"问题的精髓所在。

二、有关"君子"施政方法与原则的论述

上博竹书《相邦之道》云：

孔子退，告子赣（贡）曰："吾见于君，不昏（问）有邦之道，而昏（问）叟（相）邦之道，不亦整（欣）乎？"【4】②

由孔子将"有邦之道"与"相邦之道"对举可知，二者之间存在明显的区别。其中，"有邦之道"注重的是如何保有其国，将"邦国"视为国君所有之物；而"相邦之道"注重的是如何治理国家，

① 陈伟等：《楚地出土战国简册（十四种）·郭店1号墓简册》，经济科学出版社，2009，第175页。
② 张光裕：《〈相邦之道〉释文考释》，载马承源主编：《上海博物馆藏战国楚竹书（四）》，上海古籍出版社，2004，第237页。

其着眼点在国计民生方面。楚竹书文献关于"君子"施政方法与原则的论述，多侧重于"有邦之道"方面。这里需要强调的是，"为政以德""以身作则""亲贤举能"三项。

首先，"为政以德"。楚竹书文献对"德"的强调与关注，可参见前文对于《季庚子问于孔子》的分析，兹不赘述。需要指出的是，郭店竹书《缁衣》云：

> 子曰：伥（长）民者教之【23】以德，齐之以礼，则民有劝心；教之以政，齐之以刑，则民有娩（免）心。【24】故㪻（慈）以㤅（爱）之，则民有新（亲）；信以结之，则民不悖；恭以位（莅）之，则民【25】有㥯（逊）心。《寺（诗）》云："吾大夫恭且赣（俭），柿（靡）人不敛。"《吕刑》云："非用臸，制以刑【26】，惟作五虐之刑曰法。"……【27】①

"劝心"指劝善之心，"免心"指逃避刑罚之心。简文指出，若为政者以德、礼来教化民众，则民众即有追求良善之心；若为政者以政、刑来约束民众，则民众仅存免于刑罚之心。《缁衣》又云：

> 子曰："政之不行，教之不成也，则刑罚不【27】足耻，而雀（爵）不足劝也。故上不可以亵刑而翌（轻）雀（爵）。"……【28】②

---

① 陈伟等：《楚地出土战国简册（十四种）·郭店1号墓简册》，经济科学出版社，2009，第164页。
② 陈伟等：《楚地出土战国简册（十四种）·郭店1号墓简册》，经济科学出版社，2009，第165页。

简文认为，政令无法顺利实施的原因，在于为政者教化民众的失败。若民众对于为政者不信服，为政者即使以刑罚、爵禄来威胁、利诱民众，也无法使民众感到可耻或光荣。

上博竹书《季庚子问于孔子》云：

> 臧鷹（文）仲有言曰："君子弪（强）则遴（遗），愚（威）则民不【9】导，歯（卤）则遴（失）众，盅（礵）则无新（亲），好刑则不羊（祥），好杀则作蹟（乱）。"是故贤人之居邦豪（家）也，娑（凤）墅（兴）夜稀（寐）【10】降耑（端）以比，民之劝美弃恶毋归，誓（慎）小以畲（合）大，疏言而簪（密）守之。毋钦远，毋诣逐；恶人勿韚（陷），好【19】人勿贵，救民以新（亲），大皋（罪）则处之以刑，常罪则处之以罚，小则訨之。凡欲勿棠（狂），凡遴（失）勿危，各【20】当其曲以成之。然则邦平而民膈（扰）矣。此君子从事者之所商钥（望）也。【23】①

季庚子引述烈今的言论，强调执政者必须以威势强权统治民众。孔子引用臧文仲的言论，阐述了施行严刑峻罚的严重后果。为政者之所以采取宽厚的施政态度，是因为严刑峻罚只会激起民众的反抗之心，而待民宽厚则会得到民众的信服与顺从。

需要注意的是，楚竹书并非完全摒弃刑治。如上博竹书《仲弓》载：

> 仲弓曰："敢问为政何先？"【5】

---

① 陈剑：《谈谈〈上博（五）〉的竹简分篇、拼合和编联问题》，简帛网，2006年2月19日。

[仲尼曰]:"老老慈幼,先有司,嬰(举)贤才,宥过懸(与)罪,【7】皋(罪)政之始也。"【8A】①

刑罚之所以是治国的次要手段,并非因为刑罚不重要,而是因为民众无法完全理解刑罚的价值。因此,《论语·为政》说"齐之以刑,民免而无耻",而"齐之以礼,有耻且格"。

"德教为主"就是以德治的方式教化民众。如上博竹书《从政》云:

兴邦豪(家),綗(治)正教,从命则政不袋(劳)。【乙1】②

如何以德治教化民众呢?除了要求执政者以正确的态度施政,并透过"以身作则""亲贤举能"等影响民众之外,郭店竹书《缁衣》中还提出"以言导民"的方法。其文曰:

言从行之,则行不可悫。故君子顾言而【34】行,以成其信,则民不得大其美而小其恶……【35】

子曰:"君子导人以言,而禁以行,故言【32】则虑其所终,行则稽其所敝,则民慎于言而谨于行。"……【33】③

此外,郭店竹书《性自命出》还强调了乐直指人心的教化作用。

①　陈剑:《上博竹书〈仲弓〉篇新编释文》,简帛研究网,2004年4月18日。

②　陈剑:《上博简〈子羔〉〈从政〉篇的竹简拼合与编联问题小议》,《文物》2003年第5期。

③　陈伟等:《楚地出土战国简册〔十四种〕·郭店1号墓简册》,经济科学出版社,2009,第165页。

其文曰：

笑，喜之浅泽也。乐，喜之深泽也。【22】凡声，其出于情也信，然后其入拨人之心也厚。【23】

凡教者，隶其【31】心为难也。从其所为，近得之矣，不如以乐之速也。【36】①

简文认为，音乐可以直抵人心，用音乐教化民众，可以达到事半功倍的效果。

其次，"以身作则"。郭店竹书《缁衣》云：

有国者章好章恶，以视民厚，则民【2】情不忒。《诗》云："靖共尔位，好是正直。"……【3】②

简文提出，为政者应该以自己的言行，为民众树立榜样。上博竹书《从政》亦云：

兴邦冢（家），綯（治）正教，从命则政不袭（劳）。窂（壅）戒先邅（匿），则自异（己）始。【乙1】③

最后，"亲贤举能"。郭店竹书《缁衣》曰：

---

① 陈伟等：《楚地出土战国简册（十四种）·郭店1号墓简册》，经济科学出版社，2009，第222—223页。

② 陈伟等：《楚地出土战国简册（十四种）·郭店1号墓简册》，经济科学出版社，2009，第163页。

③ 陈剑：《上博简〈子羔〉〈从政〉篇的竹简拼合与编联问题小议》，《文物》2003年第5期。

　　子曰："大人不新（亲）其所贤，而【17】信其所戔（贱），教此以遊（失），民此以緐（烦）。"……【18】

　　子【19】曰："大臣之不新（亲）也，则忠敬不足，而賈（富）贵已过也，邦豪（家）之不宁【20】也，则大臣不台（治），而褻臣怎（託）也。此以大臣不可不敬，民之蓝（绝）也。故【21】君不与小慇（谋）大，则大臣不悁（怨）。"……【22】①

　　简文强调，执政者必须亲近贤人，疏远不肖之人。如何举用贤能呢？上博竹书《孔子见季桓子》给出的答案是：

　　如子亲仁，行耺（圣）人之道。【4】

　　仁爱（援）仁而进之，不仁人弗得进矣。【9】②

上博竹书《仲弓》亦云：

　　仲弓曰："雔（雍）也不慇（敏），虽有贤才，弗智（知）塱（举）也。敢问塱（举）之【9】如之何？"仲尼［曰］："夫贤才不可穿（弇）也。塱（举）尔所智（知），尔所不智（知），人其豫（舍）之者（诸）？"……【10】③

---

　　①　陈伟等：《楚地出土战国简册（十四种）·郭店1号墓简册》，经济科学出版社，2009，第164页。
　　②　濮茅左：《〈孔子见季桓子〉释文考释》，载马承源主编：《上海博物馆藏战国楚竹书（六）》，上海古籍出版社，2007，第202、207页。
　　③　李朝远：《〈仲弓〉释文考释》，载马承源主编：《上海博物馆藏战国楚竹书（三）》，上海古籍出版社，2003，第270—271页。

　　简文认为，只要贤才得到举荐和重用，他人自然会推荐贤能。[①]

　　楚竹书关于"君子"与"治世"问题的讨论，大抵可置于某种以"德治"为核心的思想结构之中，体现出"君子"德治为本的政治思想。楚竹书对个体作用的强调，对君子修己、君臣德行的要求显示出逻辑上的承继性，战国儒家的德治思想通过这些问题的论述得以依次展开。楚竹书为战国儒家对"德治"的重视，提供了有价值的佐证。

　　需要特别说明的是，无论是"政道"还是"治道"，均十分强调君子个体的作用。结合本章所述，似可知楚竹书"君子"政治思想的逻辑精髓在于，通过强调君子个体的作用，依靠君子个体的德行修养，对家族、社会和国家施加影响。这是楚竹书"君子"政治思想对战国政治思想史研究的又一重要贡献。

---

　　① 黄武智：《上博楚简"礼记类"文献研究》，博士学位论文，台湾中山大学中国文学系，2009，第 281—292 页。

小　结

楚竹书关于"君子"与"治世"问题的讨论，均着意于君子个体的德行修养及其对家族和社会施加的影响。楚竹书对君子个体作用的强调，对君子修己、君臣德行的要求则显示出逻辑上的承继性。

楚竹书对为政"君子"的阐述涉及两个方面的问题：其一涉及如何取得政权的"政道"问题，包括君位更替方式、对君王的要求等；其二涉及如何治民的"治道"问题，包括仁以德之、刑德并举等具体政策。战国儒家"为政以德"的德治思想，通过这两方面问题的论述得以依次展开。

综上所述，讨论"君子"修己、为政等问题的楚竹书文献展现了"君子"政治思想中修、齐、治、平这一传统"君子"精神在战国早期的逻辑发展轨迹。

结语 楚竹书"君子"政治思想与战国秦汉社会现实之互动

    战国楚竹书是目前所见出土文献中年代最早的典籍，保留了传世典籍较早的版本和较真实的面貌，许多内容亦为传世文献所不见，在证经补史、重新审视先秦学术史及思想史中一些湮没已久的记述等方面都有着不可替代的作用。本书从"学术与政治"的互动角度入手，抓住"君子"这一战国诸子共通的"母题"，分别对楚竹书中所见的战国时期社会历史背景、文献流播与学术承传、"君子"政治思想等进行了全面细致的考察，并在此基础上，阐述了楚竹书"君子"政治思想与战国秦汉社会的互相影响。

一、本书主要观点之归纳

    （一）在学术发展的纵向与共时两个层面，楚竹书填补了早期儒道学派发展、相互关系等诸多先秦诸子学术认识之断层

    楚竹书中所反映的先秦学术状况，向来是出土文献研究领域的热点问题，为本书探讨楚竹书"君子"政治思想之先秦学术背景提供了素材。

    以"子"书为主的楚竹书文献，在学术发展的纵向方面，有助

于我们厘清早期儒家的学术传播情况和学派传承谱系、早期道家的丰富理论形态及其与黄老道家的渊源,甚至提供了墨家衰败期的文献。在学术发展的共时性方面,楚竹书使我们看到诸家互摄,改造别家典型概念以为己说张本的现象,认识先秦时期地域文化间交流的广度和深度,改变了我们关于中原文化对楚文化影响的固有认知。

楚竹书所揭示的学派之间(如早期儒、道)与地域之间(如齐、楚)的交流、互摄现象,已引起学界对学派判定标准问题的进一步讨论。鉴于以《鬼神之明》为代表的楚竹书文献在判定学派属性方面的矛盾与复杂情况,有学者对学派属性的判定持谨慎态度,这是非常有意义的。但由此产生的问题是:用"百家"或"某学"的新标准是否比"六家""九流十派"更加合适。其实,汉人以"六家""九流十派"来判定学派属性是有着深刻的历史渊源与学术背景的,在今后的研究中仍不能忽视这一重要标准。

(二)通过从个体、家族到国家、天下的逻辑轨迹,楚竹书"君子"政治思想提供了"德治"思想的发展实例

诸子政治思想在"致治"目的上的统一,使诸子明了无论何种学说,如在"政治上无所用,其学必不长久"。笔者由此提出,探析楚竹书中所体现的"君子"政治思想,是对楚竹书作史学研究的一个重要层面。

楚竹书所阐述的"天人关系"体现着儒道关心现实政治的共通目的,通过对"天人有分"的辨析,勾勒出君子应专注"修己"的逻辑理路。基于"爱"与"礼"的"孝""悌"等家族伦理,均强调个体的德行修养及其对家族和社会施加的影响。楚竹书通过对个体成为"君子"的修养途径和"君子"修己的逻辑展现,构筑出"君子"政治思想的坚定基石,进而为家族乃至理想社会构筑出完美人格。

楚竹书"君子"政治思想在讨论"政道"问题时，一方面承认"血统"在选择君位继承者时的优势地位，另一方面强调"德行"的作用，通过提出对君王个人德行的具体要求来实现自己的政治理想。楚竹书中有关"君子"与"治世"问题的讨论，体现着德治为本的政治思想。楚竹书文献对个体的强调以及对君子修养、君臣德行的要求，均显示出逻辑上的承继性，"为政以德"的德治思想通过这些问题的论述得以依次展开。楚竹书文献展现了"君子"政治思想中修、齐、治、平这一传统"君子"精神在战国早期的逻辑发展轨迹。

二、楚竹书"君子"政治思想与战国秦汉社会之互动

从楚竹书文献的学派属性来看，"子"书是其中的大宗，而"子"书中儒家文献的数量是最多的，其次是道家。因此，在讨论"君子"政治思想与战国秦汉社会的互动之前，有必要探讨一下儒家文献何以在楚竹书中占据优势地位这一问题。

有学者指出，楚竹书的出土具有不完善性、偶然性等特征。目前已公布的郭店竹书、上博竹书中，有些可能是流传有年、相对定型的作品，有些则是文章草稿、讲习材料等。[①] 出土的偶然性使我们在利用楚竹书文本时不得不考虑如下问题：文本能否反映当时的思想主流，是否可以代表当时学者的普遍思想，能否被视作具有楚地思想特征的资料，等等。[②] 下面，笔者拟对儒家文献在楚竹书中占据优势地位的现象作一简单的揣测。

其一，儒家以"六经"教导子弟，而"六经"又是楚国教导贵

---

① 曹峰：《出土文献可以改写思想史吗？》，《文史哲》2007年第5期。傅荣贤：《简帛文献与我国早期图书和图书馆的基本面貌》，《国家图书馆学刊》2009年第3期。

② 曹峰：《价值与局限：思想史视野下的出土文献研究》，载刘笑敢主编：《中国哲学与文化》第6辑《简帛文献与新启示》，广西师范大学出版社，2009，第85—87页。

族子弟的主要官方教材，这既使得儒家与楚国有了文化上的"共同话语"，又使得儒家思想在楚地的传播具有先天的文化亲近优势。

其二，大量"经""史"类楚竹书文献与商周王官文化是一脉相承的，故"士"阶层成为社会主要阶层的论断同样适用于楚国。[①] 要想获得职权，"士"阶层就要具备军事指挥、文学修养和事务管理等方面的才能，诸子之学由此成为他们主要的进身之阶。

李振宏先生指出，"先秦诸子的划分形成于汉代，汉人根据他的时代需要，对先秦诸子学进行新阐释或改造"，并且用"'先秦学术体系'的汉代生成"的说法加以总括，这是很精到的。[②] 汉儒对于诸子学术进行溯源，谓其出于"王官"。《汉书·艺文志》将诸子各家与王官一一对应，如谓"儒家者流，盖出于司徒之官""道家者流，盖出于史官""法家者流，盖出于理官""名家者流，盖出于礼官""墨家者流，盖出于清庙之守""纵横家者流，盖出于行人之官"等。《汉志》将诸子系连于王官，其深层的意蕴是表示统一的政治权力对于学术的重要，非有政统而不能有学派。这显然适应了汉代大一统政治局面的需要。[③] 下面，笔者拟分别从社会影响思想和思想影响社会两个方面，阐述"君子"思想与战国秦汉社会的互动

（一）社会变迁对思想承传的影响

战国秦汉时期，"君子"或以德称，或以位称，或以德位相配称，楚竹书中的"君子"虽然指称"有德者"居多，但是并非专指"有德者"。如新蔡葛陵楚简中的"灵君子"：

---

① 许倬云：《春秋战国间的社会变动》，载氏著：《求古编》，商务印书馆，2014，第237—260页。

② 李振宏：《论"先秦学术体系"的汉代生成》，《河南大学学报》2008年第2期。

③ 晁福林：《诸子·王官·学统：诸子起源再认识》，《史学月刊》2014年第10期。

□灵君子、户、步、门□。(《新蔡楚简》甲三:76)

就祷灵君子一。(《新蔡楚简》乙一:28)

□君、墾地(地)宔(主)、灵君子……(《新蔡楚简》乙四:82)①

周家台秦简《病方》中的"陈垣君子":

见东陈垣,禹步三步,曰:"皋!敢告东陈垣君子,某病齲齿,筍令某齲已,请【326】献骊牛子母。"【327】②

学者多认为,"灵君子"是巫,"陈垣君子"是神灵。③此外,还有睡虎地秦简《秦律十八种》中的"君子":

未卒堵坏,司空将红(功)及君子主堵者有皋(罪),令其徒复垣之,勿计为繇(徭)。(《繇律》116)④

官啬夫节(即)不存,令君子毋(无)害者若令史守官,毋令官佐、史守。(《置吏律》161)⑤

---

① 陈伟等:《楚地出土战国简册(十四种)·葛陵1号墓简册》,经济科学出版社,2009,第418、403页。

② 湖北省荆州市周梁玉桥遗址博物馆编:《关沮秦汉墓简牍》,中华书局,2001,第129页;修订版参见陈伟主编:《秦简牍合集(叁)·周家台秦墓简牍》,武汉大学出版社,2014,第60—61页。

③ 韩伟涛:《出土文献中的"君子"新义》,《寻根》2018年第5期。

④ 睡虎地秦墓竹简整理小组编:《睡虎地秦墓竹简》,文物出版社,1990,第47页;修订版参见陈伟主编:《秦简牍合集(壹)·睡虎地秦墓简牍》,武汉大学出版社,2014,第113页。

⑤ 睡虎地秦墓竹简整理小组编:《睡虎地秦墓竹简》,文物出版社,1990,第56页;修订版参见陈伟主编:《秦简牍合集(壹)·睡虎地秦墓简牍》,武汉大学出版社,2014,第136页。

《秦律杂抄》中的"君子"：

徒卒不上宿，署乇子、敦（屯）长、仆射不告，赀各一盾。宿者已上守除，擅下，人赀二甲。【34】

所城有坏者，县司空署君子将者，赀各一甲；县司空【40】佐主将者，赀一盾。【41】①

《睡虎地秦简》中的"君子"与司空、令史相对，应该指代地方吏员。将"陈垣君子"与"署君子"联系来看，"陈垣君子"本是指管理陈垣的人，后来成为神灵的名称。秦律令中不仅以"君子"指代管理者，还有"署君子"等特定称谓。②

另一方面，"君子"思想不会脱离社会现实而存在。河南淅川下寺春秋楚墓 M2 中出土的王子午鼎（《铭图》02468–02474）、王孙诰钟（《铭图》15606–15631）及湖北宜都山中出土的王孙遗者钟（《铭图》15632）等器物铭文中出现的严恭舒迟、畏忌翼翼、肃哲圣武、惠于政德、淑于威仪等楚国贵族的精神品质与儒家推崇的君子人格风范极为相似，可见君子人格这一理想人格境界既是中原儒家的道德风范，也是楚国贵族阶层的伦理道德追求。③西汉中期以后，"君

---

① 睡虎地秦墓竹简整理小组编：《睡虎地秦墓竹简》，文物出版社，1990，第88、90页；修订版参见陈伟主编：《秦简牍合集（壹）·睡虎地秦墓简牍》，武汉大学出版社，2014，第186、190页。
② 李玥凝：《秦简"君子子"含义初探》，《鲁东大学学报（哲学社会科学版）》2016年第3期。
③ 连秀丽：《楚铭所见儒家道德对楚文化的影响》，《北方论丛》2011年第4期。

子"这一儒家理想人格经过"独尊儒术"的强化后，逐渐被主流社会认同。此亦可视作"君子"思想与社会现实互动的又一例证。

结合战国社会现实可知，儒家学派的"君子"政治思想带有较强的针对性。郭店竹书《缁衣》与今本《礼记·缁衣》《缁衣》均认识到君主的好恶对于臣下和民众具有的规范意义，故君主须成为政治上和道德上的双重典范，"好恶"论由此具有政治和道德的两种意义。

而在今本《缁衣》中，"好恶"论的政治意味明显淡化。如简本的"好美"，今本第二章改为"好贤"；简本的"有国者章好章恶"，今本第十一章改为"章善瘅恶"；简本的"章志以昭百姓"，今本第六章改为"章志、贞教、尊仁"，今本的"以子爱百姓"则不见于简本。种种迹象表明，简本《缁衣》所体现的强烈现实政治意识到汉代时弱化为一般意义上和普遍意义上的君子道德论。而简本中的"政治一元论""言行一致论"等在今本中趋于模糊。[①] 这既反映了战国儒学到汉代儒学的演变历程，又有助于我们厘清战国时期强调君主具有道德与政治两种权能的思想背景。

上博竹书《内豊》将君与臣、父与子、兄与弟并举，强调各自的责任与义务。其文云：

> 故为人君者，言人之君之不能使其臣者，不与言人之臣之不能事【1】其君者；故为人臣者，言人之臣之不能事其君者，不与言人之君之不能使其臣者。故为人父者，言人之【2】父之不能畜子者，不与言人之子之不孝者；故为人子者，言人之子之不孝者，

---

① 曹峰：《楚地出土文献与先秦思想研究》，台湾书房出版有限公司，2010，第243页。

不与言人之父之不能畜子者。【3】故为人伲（兄）者，言人之伲（兄）之不能戆（慈）俤（弟）者，不与言人之俤（弟）之不能承（承）兄者；故为人俤（弟）者，言人之俤（弟）之不能承（承）兄【4】[者，不与言人之伲（兄）之不能戆（慈）俤（弟）者。君子]曰：与……与父言、言畜子；与子言，言孝父。与伲（兄）言，言戆（慈）俤（弟），【5】与俤（弟）言，言承（承）兄。反此乱也……【6】①

《曾子立孝》对于君臣、父子、兄弟关系的论述是：

故为人子而不能孝其父者，不敢言人父不畜其子者；为人弟而不能承其兄者，不敢言人兄不能顺其弟者；为人臣而不能事其君者，不敢言人君不能使其臣者也。故与父言，言畜子；与子言，言孝父；与兄言，言顺弟；与弟言，言承兄；与君言，言使臣；与臣言，言事君。②

与《内豊》相比，《曾子立孝》中略去了"故为人君者……""故为人父者……""故为人兄者……"等内容，将君臣、父子、兄弟相互对待的"爱"和义务关系，转变为臣对君、子对父、弟对兄的绝对服从，颇有"为尊者讳"的意涵。由《曾子立孝》中的"故与父言，言畜子……与臣言，言事君"不难看出，"为人君""为人父""为人兄"三句应是在后世流传中被删除了，而被删除的原因可

　①　李朝远：《〈内豊〉释文考释》，载马承源主编：《上海博物馆藏战国楚竹书（四）》，上海古籍出版社，2004．第220—224页。
　②　[清]孔广森撰，王丰先点校：《大戴礼记补注·曾子立孝》，中华书局，2013，第94页。

能与《内豊》要求君臣父子互"爱"、互"礼"的观点与儒家强调的"三纲五常"相背离有关。

上博竹书《昭王毁室》记述的是楚昭王因服丧者诉说父亲尸骨埋在宫殿台阶下，而将新建宫殿拆除的故事。黄国辉先生指出，《昭王毁室》所反映的"亲"重于"君"，是先秦儒家学派的一个重要理念。在早期儒家的君亲观念中，"亲"要重于"君"。① 如郭店竹书《语丛（三）》云：

> 父亡亚（恶），君猷（犹）父也，其弗亚（恶）【1】也，猷（犹）三舀（军）之游也，正也。所【2】以异于父，君臣不相才（戴）也，【3】则可已；不敓（悦），可去也；不【4】我（义）而加者（诸）己，弗受也。【5】②

简文中的"不相才（在）""不敓（悦）"，"不我（义）而加者（诸）己"表明，君臣关系是可以脱离的。父子关系却是一种源于血亲的伦理关系，是无法脱离的。《语丛（一）》亦强调君臣为尊、父子为亲。其文云：

> 友君臣，母（无）亲也…【81】…君臣、朋友，其臭（择）者也。【87】

简文认为，父子出于"仁"，故无法选择；君臣源自"义"，故

---

① 黄国辉：《重论上博简〈昭王毁室〉的文本与思想》，《历史研究》2017 年第 4 期。
② 陈伟等：《楚地出土战国简册（十四种）·郭店 1 号墓简册》，经济科学出版社，2009，第 257 页。

可以选择。① 郭店竹书《六德》直接将君臣、父子关系概括为:

为父醓(绝)君,不为君醓(绝)父。【29】②

有学者指出,父子关系重于君臣关系的观点,突出反映了孔子、子思一系对贵族分治权及其文化传统的认同态度。由此不难看出,"亲"重于"君"是贵族集团对抗国家权力侵蚀的重要理论支撑。③

当然,儒家的君亲观念并非一成不变。如在"天地君亲师"观念中,"君"已位列于"亲'前。那么,"君"重于"亲"的观念是何时出现的呢? 前人的研究多追溯到《荀子》。④ 清华竹书《芮良夫毖》曰:

亡(无)父母能生,亡(无)君不能生。【27】⑤

学界虽然对于《芮良夫毖》的成书时间存在争议,但是普遍认为要早于《荀子》。此外,睡虎地秦简《为吏之道》亦云:

君鬼(惠)臣忠,父兹(慈)【46贰】子孝,政之本殹(也)。

---

① 李零:《郭店楚简校读记(增订本)》,中国人民大学出版社,2007,第217页。

② 陈伟等:《楚地出土战国简册(十四种)·郭店1号墓简册》,经济科学出版社,2009,第237页。

③ 李健胜:《出土简牍所见"亲亲相隐"观念的形成及其权力属性——兼谈法律儒家化问题》,载邬文玲、戴卫红主编:《简帛研究2019(春夏卷)》,广西师范大学出版社,2019,第41页。

④ 钱穆:《晚学盲言》,广西师范大学出版社,2004,第242页。

⑤ 李学勤主编:《清华大学藏战国竹简(叁)》,中西书局,2013,第146页。

【47 贰】①

《为吏之道》不仅把"君臣"列于"父子"之前，还将二者视为"政之本"。到了《白虎通》成书的时代，儒家正式提出以"君臣、父子、夫妇"为核心的"三纲六纪"说。在君权崛起的秦汉时期，儒家君亲观念的转变意义重大，它既符合了当时中国历史发展的潮流，在一定程度上也使得儒家学说得到较好的延续和发展。②

（二）思想传播对社会变革的影响

第一，禅让说的破产。《子羔》指出，禅让存在于理想中的古代社会，世袭则存在于现实中的战国社会。世袭与"血统"有关，禅让则重视"德行"。燕王哙禅让子之，结果却导致身死国破的惨剧，直接导致了禅让说的彻底破产。禅让说破产后，对君主德行的重视却延续下来，成为理想政治模式下选择君位继承者的主要标准。

第二，战国诸子一方面承认血统在选择君位继承者时的主导地位，另一方面又强调为政君子的德行。虽然理想状况是"德""位"相合，但现实状况是有德者不见得能够有位，在位者并非皆有德，故对此问题必须有所说解。楚竹书中有不少篇章对此问题作出解释。如上博竹书《君子为礼》指出，子产有贤之名而无王之实，禹有贤之名亦有王之实，舜则有圣之名亦有王之实，而孔子的德行事功远远胜于三人。此外，《季庚子问于孔子》亦述及"贤人"与"邦家"孰重孰轻的问题。其文曰：

---

①　睡虎地秦墓竹简整理小组编：《睡虎地秦墓竹简》，文物出版社，1999，第 169 页；修订版参见陈伟主编：《秦简牍合集（壹）·睡虎地秦墓简牍》，武汉大学出版社，2014，第 329 页。

②　黄国辉：《重论上博简〈昭王毁室〉的文本与思想》，《历史研究》2017 年第 4 期。

是故贤人大于邦，而有宭（厚）心……【18】①

简文将"贤人"置于"邦国"之上，似显示出"亲"重于"君"的观念在战国时期已开始流行。余英时先生以魏文侯和鲁缪公的礼贤下士和陈仲的不愿出仕为例，论述了春秋战国时期知识分子声望的提高。②

第三，关于诸家思想在秦不兴的原因，学者多引用《史记·秦本纪》中的一段话作为解释：

戎王使由余于秦……缪公怪之，问曰："中国以诗书礼乐法度为政，然尚时乱，今戎夷无此，何以为治，不亦难乎？"由余笑曰："此乃中国所以乱也……夫戎夷不然。上含淳德以遇其下，下怀忠信以事其上，一国之政犹一身之治，不知所以治，此真圣人之治也。"③

秦国君主对于"以诗书礼乐法度为政，然尚时乱"的观点虽有疑惑，但对由余所述"一国之政犹一身之治，不知所以治"的治国之道极为向往。居于西陲、与戎久处的客观现实，使秦国历代君主均不务虚名、只重实际，不管什么学说，能用的部分便直接拿来为

① 濮茅左：《〈季庚子问于孔子〉释文考释》，载马承源主编：《上海博物馆藏战国楚竹书（五）》，上海古籍出版社，2005，第227页。
② 余英时：《古代知识阶层的兴起与发展》，载氏著：《士与中国文化》，上海人民出版社，1987，第1—83页。
③ ［汉］司马迁撰，［唐］司马贞索隐：《史记·秦本纪》，中华书局，1959，第192—193页。

己所用。① 因此，儒、道、墨、法诸家思想汇于同篇的情形在秦简中比比皆是。《为吏之道》《为吏治官及黔首》《从政之经》便是明证。② 清华竹书《治政之道》与《治邦之道》从形式到用字习惯都有密切关联，思想内容也多吻合，很可能是同一篇文献。从总体来看，简文的思想内容虽多与儒家的核心价值理念相合，但又不同程度地吸收了作为公共资源的墨、道、法诸家思想。由此可知，无论何种政治思想，只要可为我所用，即为我可汲取之养料，应是文献流传的共性，而非秦简之个性。熊铁基先生认为，《史记·儒林列传》称《老子》书为"家人言"，是说一般人都可以学它、讲它，体现了"黄老"书的流行程度。③ 故就读者（使用者）而言，政治学说的内容、可用性要大于其学派属性。汉宣帝所谓的"汉家自有制度，本以霸王道杂之"便是此理。

最后，由楚竹书这一横断面体现的某种以德治教化为核心观念的政治思想结构，和讲求"君人南面之术"的黄老道家之学的渊源与相互运作，对历史的纵深产生了深远的影响。《论六家要旨》将黄老道家思想概括为"因阴阳之大顺，采儒墨之善，撮名法之要"。白奚先生认为，黄老之学在道、法结合基础上吸取的各家学说中，儒家所占的比重最大，对于黄老学理论体系的构建最重要。④ 北大竹书《周驯》的政治思想也是以道、法为主，又兼容儒、墨诸家。如"孝悌慈仁""慈惠温良""尊仁贵信"等来自儒家，"立贤""畏天""事

---

① 赵鹏璞：《战国政治地理格局研究》，博士学位论文，郑州大学历史学院，2018，第145—146页。

② 朱玲丽：《秦统治思想新探——以简牍为中心》，硕士学位论文，苏州大学社会学院，2015，第30—37页。

③ 熊铁基：《从"稷下黄老"到"家人之言"——黄老道家的形成问题》，《中国哲学史》1993年第1期。

④ 白奚：《学术发展史视野下的先秦黄老之学》，《人文杂志》2005年第1期。

神"等来自墨家。因此,《周驯》的思想宗旨可概括为"道法为纲、杂糅儒墨"。① 蒙文通先生指出:"百家盛于战国,但后来却是黄老独盛,压倒百家。"② 黄老道家思想在战国逐渐成为显学,在汉初被遵奉为治国思想,即反映了这一趋势。继黄老道家思想而起的、标榜"德治礼教"的儒家主体思想更是对中国古代社会影响深远。这充分体现出楚竹书"君子"文献在政治思想史研究方面的重要价值。

① 韩巍:《西汉竹书〈周驯〉若干问题的探讨》,载北京大学出土文献研究所编:《北京大学藏西汉竹书(叁)》,上海古籍出版社,2015,第249—298页。
② 蒙文通:《略论黄老学》,载氏著:《蒙文通文集》第1卷,巴蜀书社,1987,第276页。

参考文献

一、传世典籍与注释

（一）十三经

［清］阮元校刻：《十三经注疏》清嘉庆刊本，中华书局，2009。

［清］俞樾：《群经评议》，《续修四库全书·经部·群经总义类》，上海古籍出版社，1996。

［宋］朱熹：《四书章句集注》，中华书局，2012。

高亨：《周易古经今注（重订本）》，中华书局，1984。

屈万里：《诗经诠释》，（台北）联经出版事业有限公司，1983。

［宋］卫湜：《礼记集说》，《景印文渊阁本四库全书》，台湾商务印书馆，1986。

［清］孔广森撰，王丰先点校：《大戴礼记补》，中华书局，2013。

［清］洪亮吉：《春秋左传诂》，中华书局，1987。

杨伯峻：《春秋左传注（修订本）》，中华书局，2009。

（二）史著

［汉］司马迁撰，［南朝宋］裴骃集解，［唐］司马贞索隐，张守节正义：《史记》，中华书局，1959。

［汉］班固撰，［唐］颜师古注：《汉书》，中华书局，1962。

［南朝宋］范晔撰，［唐］李贤等注：《后汉书》，中华书局，1965。

［晋］陈寿撰，［南朝宋］裴松之注：《三国志》，中华书局，1959。

［唐］魏征等撰：《隋书》，中华书局，1973。

［汉］宋衷注，［清］秦嘉谟等辑：《世本八种》，商务印书馆，1957。

方诗铭、王修龄：《古本竹书纪年辑证（修订本）》，上海古籍出版社，2005。

徐元诰：《国语集解（修订本）》，王树民、沈长云点校，中华书局，2002。

［汉］刘向集录：《战国策》，上海古籍出版社，1998。

［汉］刘向撰，向宗鲁校证：《说苑校证》，中华书局，1987。

［汉］赵晔撰，［元］徐天祜音注：《吴越春秋》，江苏古籍出版社，1999。

［唐］刘知几撰，［清］浦起龙通释：《史通通释》，上海古籍出版社，2009。

［清］马骕撰，王利器整理：《绎史》，中华书局，2002。

［清］王夫之撰，舒士彦点校：《读通鉴论》，中华书局，1975。

（三）诸子

［汉］贾谊撰，阎振益、钟夏校注：《新书校注》，中华书局，2000。

［清］郭庆藩：《庄子集释》，中华书局，2004。

［清］孙诒让撰，孙启治点校：《墨子间诂》，中华书局，2001。

［清］王先谦撰，沈啸寰、王星贤点校：《荀子集解》，中华书局，1988。

［清］王先慎撰，钟哲点校：《韩非子集解》，中华书局，1998。

陈奇猷：《韩非子新校注》，上海古籍出版社，2000。

傅亚庶：《孔丛子校释》，中华书局，2011。

何宁:《淮南子集释》,中华书局,1998。

梁启雄:《荀子简释》,中华书局,1983。

王天海:《荀子校释》,上海古籍出版社,2005。

吴则虞:《晏子春秋集释》,中华书局,1962。

许富宏:《慎子集注集校》,中华书局,2013。

许维遹:《吕氏春秋集释》,中华书局,2009。

朱谦之:《老子校释》,中华书局,1984。

(四)字书

[汉]许慎撰,[宋]徐铉校定:《说文解字》,中华书局,1963。

[汉]许慎撰,[清]段玉裁注:《说文解字注》,上海古籍出版社,1988。

(五)其他

[南朝梁]刘勰著,詹锳义证:《文心雕龙义证》,上海古籍出版社,1989。

[南朝梁]萧统编,[唐]李善等注:《六臣注文选》,中华书局,2012。

[宋]洪兴祖注,白化文、许德楠、李如鸾、方进点校:《楚辞补注》,中华书局,1983。

[宋]孙奕:《履斋示儿编》,中华书局,2014。

[宋]王应麟撰,张三夕、杨毅点校:《汉制考·汉书艺文志考证》,中华书局,2011。

[宋]张载撰,[清]王夫之注:《张子正蒙注》,中华书局,1975。

[明]郎瑛:《七修类稿》,上海书店出版社,2001。

[清]顾炎武撰,黄汝成集释:《日知录集释》,上海古籍出版社,2006。

[清]徐鼒:《读书杂释》,中华书局,1997。

[清]永瑢等撰:《四库全书总目》,中华书局,1965。

[清]俞樾等:《古书疑义举例(五种)》,中华书局,2005。

[清]章学诚撰,叶瑛校注:《文史通义校注》,中华书局,1985。

二、简牍帛书著录、集释与综述

(一)简牍帛书著录与概述

黄德宽、徐在国主编:《安徽大学藏战国竹简(一)》,中西书局,2019。

北京大学出土文献研究所编:《北京大学藏西汉竹书概说》,《文物》2011年第6期。

北京大学出土文献研究所编:《北京大学藏西汉竹书(贰)》,上海古籍出版社,2012。

北京大学出土文献研究所编:《北京大学藏西汉竹书(叁)》,上海古籍出版社,2015。

武汉大学简帛研究中心主编:《简帛(第18辑)》,上海古籍出版社,2019。

河南省文物考古研究所编:《新蔡葛陵楚简》,大象出版社,2004。

湖北省荆沙铁路考古队编:《包山楚简》,文物出版社,1991。

湖北省荆州市周梁玉桥遗址博物馆编:《关沮秦汉墓简牍》,中华书局,2001。

湖北省文物考古研究所、北京大学中文系编:《九店楚简》,中华书局,2000。

裘锡圭主编:《长沙马王堆汉墓简帛集成》,中华书局,2014。

荆门市博物馆编：《郭店楚墓竹简》，文物出版社，1998。

李零：《子弹库帛书》，文物出版社，2017。

马承源主编：《上海博物馆藏战国楚竹书》（一）至（九），上海古籍出版社，2001—2012。

马王堆汉墓帛书整理小组编：《马王堆汉墓帛书（叁）》，文物出版社，1983。

马王堆汉墓帛书整理小组编：《战国纵横家书》，文物出版社，1976。

李学勤主编：《清华大学藏战国竹简》（壹）至（捌），中西书局，2010—2018。

黄德宽主编：《清华大学藏战国竹简（玖）》，中西书局，2019。

饶宗颐、曾宪通编著：《楚帛书》，（香港）中华书局，1985。

商承祚主编：《战国楚竹简汇编》，齐鲁书社，1995。

睡虎地秦墓竹简整理小组编：《睡虎地秦墓竹简》，文物出版社，1990。

陈伟主编：《秦简牍合集（壹）》，武汉大学出版社，2014。

陈伟主编：《秦简牍合集（叁）》，武汉大学出版社，2016。

武汉大学简帛研究中心、荆门市博物馆编：《楚地出土战国简册合集（一）：郭店楚墓竹书》，文物出版社，2011。

武汉大学简帛研究中心、荆门市博物馆编：《楚地出土战国简册合集（二）：葛陵、长台关楚墓竹简》，文物出版社，2013。

［美］艾兰、邢文主编：《新出简帛研究——新出简帛国际学术研讨会论文集》，文物出版社，2004。

（二）简牍帛书集释

［澳］巴纳：《楚帛书——翻译和笺注》，澳大利亚国立大学，1973。

陈伟等:《楚地出土战国简册（十四种）》，经济科学出版社，2009。

侯乃峰:《上博楚简儒学文献校理》，上海古籍出版社，2018。

季旭昇:《〈上海博物馆藏战国楚竹书（一）〉读本》，（台北）万卷楼图书股份有限公司，2003。

季旭昇:《〈上海博物馆藏战国楚竹书（二）〉读本》，（台北）万卷楼图书股份有限公司，2004。

季旭昇:《〈上海博物馆藏战国楚竹书（三）〉读本》，（台北）万卷楼图书股份有限公司，2005。

季旭昇:《〈上海博物馆藏战国楚竹书（四）〉读本》，（台北）万卷楼图书股份有限公司，2007。

季旭昇:《〈上海博物馆藏战国楚竹书（九）〉读本》，（台北）万卷楼图书股份有限公司，2017。

李零:《郭店楚简校读记（增订本）》，中国人民大学出版社，2007。

李零:《上博楚简三篇校读记》，中国人民大学出版社，2009。

李学勤等:《出土简帛与古史再建》，经济科学出版社，2017。

刘传宾:《郭店竹简文本研究综论》，上海古籍出版社，2017。

刘钊:《郭店楚简校释》，福建人民出版社，2005。

彭裕商、吴毅强:《郭店楚简老子集释》，巴蜀书社，2011。

苏建洲等:《清华二〈系年〉集解》，（台北）万卷楼图书股份有限公司，2013。

涂宗流、刘祖信:《郭店楚简先秦儒家佚书校释》，（台北）万卷楼图书股份有限公司，2001。

徐在国:《楚帛书诂林》，安徽大学出版社，2010。

詹鄞鑫:《楚简集释长编》，教育部哲学社会科学重点研究基地重大项目"战国楚简集释长编"结项报告，2004。

（三）简牍帛书文字编

白于蓝：《简帛古书通假字大系》，福建人民出版社，2017。

黄德宽：《古汉字字形表系列》，上海古籍出版社，2017。

李守奎：《楚文字编》，华东师范大学出版社，2003。

李守奎：《上海博物馆藏战国楚竹书（1—5）文字编》，作家出版社，2007。

李学勤：《清华大学藏战国竹简文字编（壹 — 叁）》，中西书局，2014

李学勤：《清华大学藏战国竹简文字编（肆 — 陆）》，中西书局，2018。

刘信芳：《楚简帛通假汇释》，高等教育出版社，2011。

刘信芳：《楚系简帛释例》，安徽大学出版社，2011。

饶宗颐：《上博藏战国楚竹书字汇》，安徽大学出版社，2012。

滕壬生：《楚系简帛文字编》，湖北教育出版社，2008。

张显成：《楚简帛逐字索引（附原文及校释）》，四川大学出版社，2013。

（四）简牍帛书综述

[日]横田恭三著：《中国古代简牍综览》，张建平译，北京联合出版公司，2017。

陈伟：《楚简册概论》，湖北教育出版社，2012。

高敏：《简牍研究入门》，广西人民出版社，1989。

胡平生、李天虹：《长江流域出土简牍与研究》，湖北教育出版社，2004。

李均明、刘国忠、刘光胜、邬文玲：《当代中国简帛学研究（1949—

2009）》，中国社会科学出版社，2011。

李均明：《古代简牍》，文物出版社，2003。

李均明：《秦汉简牍文书分类辑解》，文物出版社，2009。

廖名春等：《写在简帛上的文明：长江流域的简牍和帛书》，浙江大学出版社，2011。

林剑鸣：《简牍概述》，陕西人民出版社，1984。

骈宇骞、段书安：《本世纪以来出土简帛概述资料篇、论著目录篇》，（台北）万卷楼图书股份有限公司，2007。

骈宇骞、段书安：《二十世纪出土简帛综述》，文物出版社，2006。

骈宇骞：《简帛文献纲要》，北京大学出版社，2015。

沈颂金：《二十世纪简帛学研究》，学苑出版社，2003。

王红星：《书写历史——战国秦汉简牍》，文物出版社，2007。

王子今、赵宏亮：《简牍史话》，社会科学文献出版社，2012。

张显成：《简帛文献学通论》，中华书局，2004。

赵超：《简牍帛书发现与研究》，福建人民出版社，2005。

郑有国：《简牍学综论》，华东师范大学出版社，2008。

中国文化遗产研究院、山东省博物馆编：《书于竹帛：中国简帛文化》，上海书画出版社，2017。

三、工具书与考古报告

（一）工具书

方诗铭、方小芬：《中国史历日和中西历日对照表》，上海辞书出版社，1987。

郭沫若：《甲骨文合集》，中华书局，1978—1982。

郭锡良：《汉字古音手册（增订本）》，商务印书馆，2010。

孙启治、陈建华:《古佚书辑本目录（附考证）》，中华书局，1997。

谭其骧:《中国历史地图集》，中国地图出版社，1982—1987。

吴镇烽:《商周青铜器铭文暨图像集成》，上海古籍出版社，2012。

夏商周断代工程专家组编:《夏商周断代工程 1996—2000 年阶段成果报告（简本）》，世界图书出版公司，2000。

张培瑜:《中国先秦史历表》，齐鲁书社，1987。

中国社会科学院考古研究所编:《殷周金文集成（修订增补本）》，中华书局，2007。

（二）考古报告

[英] 奥雷尔·斯坦因著:《古代和田——中国新疆考古发掘的详细报告（第一卷）》，巫新华等译，山东人民出版社，2009。

楚文化研究会编:《楚文化考古大事记》，文物出版社，1984。

河南省文物工作队编:《河南信阳楚墓图录》，河南人民出版社，1959。

河南省文物考古研究所编:《信阳楚墓》，文物出版社，1986。

河南省文物考古研究所编:《新蔡葛陵楚墓》，大象出版社，2003。

湖北省博物馆编:《曾侯乙墓》，文物出版社，1989。

湖北省荆沙铁路考古队编:《包山楚墓》，文物出版社，1991。

湖北省荆州地区博物馆编:《江陵雨台山楚墓》，文物出版社，1984。

湖北省文物考古研究所、北京大学中文系编:《望山楚墓》，中华书局，1995。

湖北省文物考古研究所编:《江陵望山沙塚楚墓》，文物出版社，

1996。

湖南省文物考古研究所编:《湖南考古漫步》,湖南美术出版社,
1999。

荆门博物馆编:《江陵九店东周墓》,科学出版社,1995。

中国社会科学院考古研究所编:《中国考古学·两周卷》,中国社
会科学出版社,2004。

中国社会科学院考古研究所编:《中国考古学·夏商卷》,中国社
会科学出版社,2004。

四、研究专著与论文集

（一）研究专著

[美]艾兰著:《世袭与禅让——古代中国的王朝更替传说》,余
佳译,商务印书馆,2010。

[美]艾兰著:《湮没的思想:出土竹简中的禅让传说与理想政
制》,蔡雨钱译,商务印书馆,2016。

[美]顾史考:《郭店楚简先秦儒书宏微观》,上海古籍出版社,
2012。

[美]顾史考:《上博等楚简战国逸书纵横览》,中西书局,2018。

[日]池田知久:《池田知久简帛研究论集》,中华书局,2006。

[日]池田知久:《郭店楚简老子の新研究》,（东京）汲古书院,
2011。

[日]池田知久:《郭店楚简儒教研究》,（东京）汲古书院,
2003。

[日]浅野裕一:《古代思想史と郭店楚简》,（东京）汲古书院,
2005。

［日］浅野裕一：《上博楚简与先秦思想》，（台北）万卷楼图书股份有限公司，2008。

［日］浅野裕一：《战国楚简研究》，（台北）万卷楼图书股份有限公司，2004。

［日］汤浅邦弘：《上博楚简研究》，（东京）汲古书院，2007。

［日］汤浅邦弘：《战国楚简与秦简之思想史研究》，（台北）万卷楼图书股份有限公司，2006。

［日］汤浅邦弘著：《竹简学——中国古代思想的探究》，白雨田译，东方出版中心，2017。

［日］西山尚志：《古书新辨——先秦出土文献与传世文献相对照研究》，上海古籍出版社，2015。

［以］尤锐著：《展望永恒帝国——战国时代的中国政治思想》，孙英刚译，上海古籍出版社，2013。

［英］鲁惟一著：《汉代的信仰、神话和理性》，王浩译，北京大学出版社，2009。

白寿彝：《中国史学史》，上海人民出版社，2006。

白寿彝：《中国史学史论集》，中华书局，1999。

蔡先金：《简帛文学研究》，学习出版社，2017。

曹峰：《楚地出土文献与先秦思想研究》，台湾书房出版有限公司，2010。

曹峰：《近年出土黄老思想文献研究》，中国社会科学出版社，2015。

曹峰：《上博楚简思想研究》，（台北）万卷楼图书股份有限公司，2006。

曹峰：《文本与思想：出土文献所见黄老道家》，中国人民大学出版社，2018。

曹建墩：《战国竹书与先秦礼学研究》，人民出版社，2018。

晁福林：《上博简〈诗论〉研究》，商务印书馆，2013。

晁福林：《天命与彝伦——先秦社会思想探研》，北京师范大学出版社，2012。

陈慧、廖名春、李锐：《天·人·性：读郭店楚简与上博竹简》，上海古籍出版社，2014。

陈剑：《战国竹书论集》，上海古籍出版社，2013。

陈来：《竹帛〈五行〉与简帛研究》，生活·读书·新知三联书店，2009。

陈丽桂：《近四十年出土简帛文献思想研究》，（台北）五南图书出版公司，2013。

陈丽桂：《战国时期的黄老思想》，（台北）联经出版事业股份有限公司，2005。

陈仁仁：《战国楚竹书〈周易〉研究》，武汉大学出版社，2010。

崔存明：《荀子与儒家六艺经典化——出土文献视野下荀子与儒家经典生成研究》，（新北）花木兰文化出版社，2015。

崔仁义：《荆门郭店楚简〈老子〉研究》，科学出版社，1998。

丁四新：《郭店楚墓竹简思想研究》，东方出版社，2000。

范文澜：《中国通史》，人民出版社，1978。

冯友兰：《中国哲学史》，中华书局，1961。

高华平：《楚简文字与先秦思想文化》，中国社会科学出版社，2016。

高华平：《先秦诸子与楚国诸子学》，北京师范大学出版社，2016。

葛兆光：《思想史的写法：中国思想史导论》，复旦大学出版社，2004。

关万维:《先秦儒法关系研究：殷周思想的对立性继承及流变》，上海人民出版社，2015。

郭静云:《亲仁与天命：从〈缁衣〉看先秦儒学转化成"经"》，（台北）万卷楼图书股份有限公司，2010。

郭梨华:《出土文献与先秦儒道哲学》，（台北）万卷楼图书股份有限公司，2008。

郭沂:《郭店楚简与先秦学术思想》，上海教育出版社，2001。

郭永秉:《帝系新研——楚地出土战国文献中的传说时代古帝王系统研究》，北京大学出版社，2008。

韩自强:《阜阳汉简〈周易〉研究》，上海古籍出版社，2004。

侯外庐:《中国思想通史》，人民出版社，1957。

侯文华:《先秦诸子散文文体及其文化渊源》，中华书局，2017。

侯文学等:《清华简〈系年〉与〈左传〉叙事比较研究》，中西书局，2015。

后晓荣:《战国政区地理》，文物出版社，2013。

胡家聪:《稷下争鸣与黄老新学》，中国社会科学出版社，1998。

贾连翔:《战国竹书形制及相关问题研究——以清华大学藏战国竹简为中心》，中西书局，2015。

蒋伯潜:《诸子通考》，岳麓书社，2010。

孔庆典:《10世纪前中国纪历文化源流——以简帛为中心》，上海人民出版社，2011。

李佳:《〈国语〉研究》，中国社会科学出版社，2015。

李零:《简帛古书与学术源流（修订本）》，生活·读书·新知三联书店，2008。

李零:《兰台万卷：读〈汉书·艺文志〉》，生活·读书·新知三联书店，2011。

李零：《人往低处走——〈老子〉天下第一》，生活·读书·新知三联书店，2008。

李零：《丧家狗：我读〈论语〉》，山西人民出版社，2007。

李零：《长沙子弹库战国楚帛书研究》，中华书局，1985。

李启谦：《孔门弟子研究》，齐鲁书社，1987。

李锐：《人物、文本、年代：出土文献与先秦古书年代学探索》，中国人民大学出版社，2017。

李锐：《同文与族本——新出简帛与古书形成研究》，中西书局，2017。

李锐：《战国秦汉时期的学派问题研究》，北京师范大学出版社，2011。

李守奎：《古文字与古史考：清华简整理研究》，中西书局，2015。

李守奎等：《清华简〈系年〉文字考释与构形研究》，中西书局，2015。

李松儒：《清华简〈系年〉集释》，中西书局，2015。

李松儒：《战国简帛字迹研究——以上博简为中心》，上海古籍出版社，2015。

李天虹：《郭店竹简〈性自命出〉研究》，湖北教育出版社，2003。

李笑岩：《先秦黄老之学渊源与发展研究》，上海古籍出版社，2018。

李学勤：《简帛佚籍与学术史》，江西教育出版社，2001。

李学勤：《周易经传溯源》，长春出版社，1992。

梁涛：《郭店竹简与思孟学派》，中国人民大学出版社，2008。

梁振杰：《走近原始儒家——战国楚简儒家思想研究》，人民出版社，2015。

廖名春:《出土简帛丛考》，湖北教育出版社，2004。

廖名春:《新出楚简试论》，台湾古籍出版有限公司，2001。

廖名春:《中国学术史新证》，四川大学出版社，2005。

廖名春:《周易经传十五讲》，北京大学出版社，2004。

林志鹏:《宋钘学派遗著考论》，（台北）万卷楼图书股份有限公司，2009。

林志鹏:《战国诸子评述辑证——以〈庄子·天下〉为主要线索》，复旦大学出版社，2014。

刘光胜:《出土文献与〈曾子〉十篇比较研究》，上海古籍出版社，2016。

刘光胜:《清华简〈系年〉与〈竹书纪年〉比较研究》，中西书局，2015。

刘国忠:《走近清华简》，高等教育出版社，2011。

刘家和:《史学、经学与思想：在世界史背景下对于中国古代历史文化的思考》，北京师范大学出版社，2005。

刘娇:《言公与剿说——从出土简帛古籍看西汉以前古籍中相同或类似内容重复出现现象》，线装书局，2012。

刘信芳:《出土简帛宗教神话文献研究》，安徽大学出版社，2014。

刘信芳:《简帛〈五行〉研究》，高等教育出版社，2016。

刘泽华:《中国政治思想史集》，人民出版社，2008。

鲁迅:《中国小说史略》，人民文学出版社，1958年。

马积高:《荀学源流》，上海古籍出版社，2000。

马楠:《清华简〈系年〉辑证》，中西书局，2015。

蒙文通:《中国史学史》，上海人民出版社，2006。

牟宗三:《政道与治道》，广西师范大学出版社，2006。

宁镇疆:《〈老子〉"早期传本"结构及其流变研究》,学林出版社,2005。

欧阳祯人:《出土简帛中的政治哲学》,中国人民大学出版社,2017。

庞朴:《郭店楚简与早期儒学》,台湾古籍出版有限公司,2002。

庞朴:《文化一隅》,中州古籍出版社,2005。

濮茅左:《新出土战国楚竹书研究》,上海辞书出版社,2017。

钱存训:《书于竹帛:中国古代的文字记录》,上海书店出版社,2004。

钱穆:《晚学盲言》,广西师范大学出版社,2004。

钱穆:《先秦诸子系年(新校本)》,九州出版社,2011。

裘锡圭:《中国出土古文献十讲》,复旦大学出版社,2004。

瞿林东:《中国简明史学史》,上海人民出版社,2005。

饶龙隼:《上古文学制度述考》,中华书局,2009。

饶宗颐、曾宪通:《楚地出土文献三种研究》,中华书局,1993。

单育辰:《楚地战国简帛与传世文献对读之研究》,中华书局,2014。

邵汉明:《中国文化研究二十年》,人民出版社,2006。

沈颂金:《二十世纪简帛学研究》,学苑出版社,2003。

沈长云:《上古史探研》,中华书局,2002。

沈长云主编:《赵国史稿》,中华书局,2000。

宋立林:《"儒家八派"的再"批判"——早期儒学多元嬗变的学术史考察》,(新北)花木兰文化出版社,2013。

宋立林:《出土简帛与孔门后学新探》,中国社会科学出版社,2018。

孙飞燕:《清华简〈系年〉初探》,中西书局,2015。

谭宝刚:《老子及其遗著研究:关于战国楚简〈老子〉〈太一生水〉〈恒先〉的考察》,巴蜀书社,2009。

王博:《简帛思想文献论集》,台湾古籍出版有限公司,2001。

王叔岷:《先秦道法思想讲稿》,中华书局,2007。

王中江:《根源、制度和秩序:从老子到黄老》,中国人民大学出版社,2018。

王中江:《简帛文明与古代思想世界》,北京大学出版社,2011。

魏衍华:《原始儒学:早期中国的大成智慧——孔子思想与先秦社会互动研究》,山东人民出版社,2018。

萧公权:《中国政治思想史》,商务印书馆,2011。

谢君直:《郭店楚简儒家哲学研究》,(台北)万卷楼图书股份有限公司,2008。

谢耀亭:《从出土简帛看思孟学派的内圣外王思想》,科学出版社,2011。

徐少华:《简帛文献与早期儒家学说探论》,商务印书馆,2015。

徐文武:《楚国思想与学术研究》,湖北教育出版社,2012。

许兆昌:《先秦史官的制度与文化》,黑龙江人民出版社,2006。

杨博:《战国楚竹书史学价值探研》,上海古籍出版社,2019。

杨朝明:《出土文献与儒家学术研究》,台湾古籍出版有限公司,2007。

杨华等:《楚国礼仪制度研究》,湖北教育出版社,2012。

杨宽:《战国史料编年辑证》,上海人民出版社,2001。

杨泽生:《战国竹书研究》,中山大学出版社,2009。

俞志慧:《古"语"有之:先秦思想的一种背景与资源》,华东师范大学出版社,2010。

张怀通:《〈逸周书〉新研》,中华书局,2013。

张舜徽:《张舜徽集:广校雠略·汉书艺文志通释》,华中师范大学出版社，2004。

张正明：《楚文化史》，上海人民出版社，1987。

朱凤瀚、徐勇：《先秦史研究概要》，天津教育出版社，1996。

朱心怡：《天之道与人之道：郭店楚简儒道思想研究》，（台北）文津出版社，2004。

（二）简帛研究论集

［美］艾兰、［英］魏克彬编，邢文编译：《郭店〈老子〉：东西方学者的对话》，学苑出版社，2003。

［美］艾兰、邢文编：《新出简帛研究——新出简帛国际学术研讨会论文集》，文物出版社，2004。

［日］郭店楚简研究会编：《楚地出土资料と中国古代文化》，（东京）汲古书院，2007。

国际儒联学术委员会编：《中国哲学》第 20 辑《郭店楚简研究》，辽宁教育出版社，1999。

国际儒联学术委员会编：《中国哲学》第 21 辑《郭店简与儒学研究》，辽宁教育出版社，2000。

北京大学出土文献研究所编：《古简新知：西汉竹书〈老子〉与道家思想研究》，上海古籍出版社，2017。

蔡先金、张兵编：《出土文献与中国文学研究：第三届出土文献与中国文学研究学术研讨会（国际）论文集》，齐鲁书社，2013。

陈鼓应主编：《道家文化研究》第 17 辑《“郭店楚简”专号》，生活·读书·新知三联书店，1999。

陈致：《简帛·经典·古史》，上海古籍出版社，2013。

杜勇主编：《叩问三代文明：中国出土文献与上古史国际学术研讨会论文集》，中国社会科学出版社，2014。

复旦大学出土文献与古文字研究中心编:《出土文献与传世典籍的诠释——纪念谭朴森先生逝世两周年国际学术研讨会论文集》,上海古籍出版社,2010。

复旦大学出土文献与古文字研究中心编:《出土文献与古典学重建论集》,中西书局,2018。

复旦大学出土文献与古文字研究中心编:《出土文献与中国古典学》,中西书局,2018。

郭齐勇主编:《儒家文化研究》第1辑《新出楚简研究专号》,生活·读书·新知三联书店,2007。

江林昌等:《清华简与儒家经典》,上海古籍出版社,2017。

李守奎:《清华简〈系年〉与古史新探》,中西书局,2017。

李学勤、林庆彰等:《新出土文献与先秦思想重构》,台湾古籍出版有限公司,2007。

李宗焜:《第四届国际汉学会议论文集——出土材料与新视野》,(台北)"中研院"历史语言研究所,2013。

刘笑敢、郑吉雄、梁涛:《简帛思想文献研究:个案与方法》,东方出版社,2019。

刘笑敢主编:《中国哲学与文化》第6辑《简帛文献与新启示》,广西师范大学出版社,2009。

罗运环主编:《楚简楚文化与先秦历史文化国际学术研讨会论文集》,湖北教育出版社,2013。

牛鹏涛、苏辉主编:《中国古代文明研究论集》,科学出版社,2018。

清华大学出土文献研究与保护中心编:《古代简牍保护与整理研究》,中西书局,2012。

清华大学出土文献研究与保护中心编：《清华简研究（第 1 辑）》，中西书局，2012。

清华大学出土文献研究与保护中心等编：《出土文献与中国古代文明——李学勤先生八十寿诞纪念论文集》，中西书局，2016。

汤漳平：《出土文献与中国文学史研究》，河南人民出版社，2010。

王子今等主编：《出土文献与中国古代文明研究论文集》，中国社会科学出版社，2017。

武汉大学中国文化研究院编：《郭店楚简国际学术研讨会论文集》，湖北人民出版社，2000。

谢维扬、赵争主编：《出土文献与古书成书问题研究："古史史料学研究的新视野研讨会"论文集》，中西书局，2015。

谢维扬、朱渊清主编：《新出土文献与古代文明研究》，上海大学出版社，2004。

杨荣祥、胡敕瑞主编：《源远流长：汉字国际学术研讨会暨AEARU 第三届汉字文化研讨会论文集》，北京大学出版社，2017。

姚小鸥主编：《清华简与先秦经学文献研究》，生活·读书·新知三联书店，2016。

朱渊清、廖名春主编：《二博馆藏战国楚竹书研究》，上海书店出版社，2002。

五、研究论文（含专书论文、会议论文、学位论文及网络发表之论文）

（一）研究论文（含专书论文、会议论文）

[韩]李承律：《出土文字资料与中国古代思想史》，载权仁翰等编：《东亚资料学的可能性探索》，广西师范大学出版社，2010。

[韩] 李承律:《上博楚简〈鬼神之明〉鬼神论与墨家世界观研究》,《文史哲》2011年第2期。

[韩] 柳镛宾:《"汤武之德"与帛书〈衷〉篇的君子形象》,《人文杂志》2017年第9期。

[韩] 吴万钟:《〈清华简·周公之琴舞〉之启示》,载赵敏俐主编:《中国诗歌研究(第10辑)》,社会科学文献出版社,2014。

[美] 艾兰:《楚竹书〈子羔〉与早期儒家思想的性质》,载复旦大学出土文献与古文字研究中心编:《出土文献与传世典籍的诠释——纪念谭朴森先生逝世两周年国际学术研讨会论文集》,上海古籍出版社,2010。

[日] 福田哲之:《上博楚简〈内礼〉的文献性质》,载武汉大学简帛研究中心主编:《简帛(第1辑)》,上海古籍出版社,2006。

[日] 冈本光生:《上博楚简〈鬼神之明〉与〈墨子·公孟〉所见两段对话》,载任守景主编:《墨子研究论丛(八)》,齐鲁书社,2009。

[日] 谷中信一:《从郭店〈老子〉看今本〈老子〉的完成》,载武汉大学中国文化研究院编:《郭店楚简国际学术研讨会论文集》,湖北人民出版社,2000。

[日] 林巳奈夫:《长沙出土战国帛书考补正》,《东方学报》1966年3月。

[日] 浅野裕一:《上博楚简〈鬼神之明〉与〈墨子〉明鬼论》,载丁四新主编:《楚地简帛思想研究(三)》,湖北教育出版社,2007。

[日] 森和:《试论子弹库楚帛书群中月名与楚历的相关问题》,《江汉考古》2006年第2期。

[日] 汤浅邦弘:《上博楚简〈三德〉的天人相关思想》,载郭齐

勇主编：《儒家文化研究》第 1 辑《新出楚简研究专号》，生活·读书·新知三联书店，2007。

[日] 武内义雄：《老子原始》，载江侠庵编著：《先秦经籍考》中册，上海文艺出版社，1990。

[日] 西山尚志：《上博楚简〈鬼神之明〉的所属学派问题》，载任守景主编：《墨子研究论丛（八）》，齐鲁书社，2009。

[日] 西山尚志：《上博楚简〈郑子家丧〉中的墨家思想》，载王志民主编：《齐鲁文化研究（第 9 辑）》，泰山出版社，2010。

[日] 佐藤将之：《战国时代"忠信"概念的发展与王道思想的形成》，载刘笑敢主编：《中国哲学与文化》第 6 辑《简帛文献与新启示》，广西师范大学出版社，2009。

白奚：《郭店儒简与战国黄老思想》，载陈鼓应主编：《道家文化研究》第 17 辑《"郭店楚简"专号》，生活·读书·新知三联书店，1999。

白奚：《学术发展史视野下的先秦黄老之学》，《人文杂志》2005年第 1 期。

曹道衡：《庾信〈哀江南赋〉四解》，《中华文史论丛》1980 年第 3 辑。

曹峰：《〈恒先〉研究述评——兼论〈恒先〉今后研究的方法》，《中国哲学史》2008 年第 4 期。

曹峰：《〈鲁邦大旱〉初探》，载朱渊清、廖名春主编：《上博馆藏战国楚竹书研究续编》，上海书店出版社，2004。

曹峰：《〈太一生水〉"天道贵弱"篇的思想结构——兼论与黄老道家的关系》，《清华大学学报（哲学社会科学版）》2015 年第 3 期。

曹峰：《出土文献可以改写思想史吗？》，《文史哲》2007 年第 5 期。

曹峰:《出土文献视野下的黄老道家研究》,《中国社会科学》2013 年第 2 期。

曹峰:《出土文献与思想史研究方法论刍议》,《社会科学》2012 年第 11 期。

曹峰:《从〈逸周书·周祝解〉看〈凡物流形〉的思想结构》,载复旦大学出土文献与古文字研究中心编:《出土文献与传世典籍的诠释—— 纪念谭朴森先生逝世两周年国际学术研讨会论文集》,上海古籍出版社,2010。

曹峰:《价值与局限:思想史视野下的出土文献研究》,载刘笑敢主编:《中国哲学与文化》第 6 辑《简帛文献与新启示》,广西师范大学出版社,2009。

曹峰:《清华简〈心是谓中〉的心论与命论》,《中国哲学史》2019 年第 3 期。

曹峰:《上博楚简〈凡物流形〉的文本结构与思想特征》,《清华大学学报（哲学社会科学版）》2010 年第 1 期。

曹峰:《先秦时期"天人合一"的两条基本线索——兼评余英时的两重"天人合一"观》,《北京师范大学学报（社会科学版）》2019 年第 1 期。

曹建墩:《两周社会崇尚威仪之风的兴衰及其观念之演进》,《中州学刊》2018 年第 11 期。

曹锦炎:《上海博物馆藏楚竹书〈墨子〉佚文》,《文物》2006 年第 7 期。

曾振宇:《从出土文献再论荀子"天"论哲学性质》,《齐鲁学刊》2008 年第 4 期。

晁福林:《"君民同构":孔子政治哲学的一个重要命题——上博

简和郭店简〈缁衣〉篇的启示》,《哲学研究》2012 年第 10 期。

晁福林:《从上博简〈诗论〉看孔子的君子观》,《社会科学战线》2008 年第 3 期。

晁福林:《早期儒家政治理念中的"止民淫"与"见(现)民欲"——简本〈礼记·缁衣〉"上人疑"章补释》,《文史哲》2013 年第 1 期。

晁福林:《诸子·王官·学统:诸子起源再认识》,《史学月刊》2014 年第 10 期。

陈建梁:《〈世本〉析论》,《史学史研究》1996 年第 1 期。

陈剑:《上博简〈子羔〉〈从政〉篇的竹简拼合与编联问题小议》,《文物》2003 年第 5 期。

陈剑:《上博竹书〈仲弓〉篇新编释文》,载氏著:《战国竹书论集》,上海古籍出版社,2013。

陈剑:《谈谈〈上博(五)〉的竹简分篇、拼合和编联问题》,载氏著:《战国竹书论集》,上海古籍出版社,2013。

陈侃理:《上博楚简〈鲁邦大旱〉的思想史坐标》,《中国历史文物》2010 年第 6 期。

陈来:《竹帛〈五行〉篇为子思、孟子所作论——兼论郭店楚简〈五行〉篇出土的历史意义》,《孔子研究》2007 年第 1 期。

陈来:《竹简〈五行〉篇与子思思想研究》,《北京大学学报(哲学社会科学版)》2007 年第 2 期。

陈林、乐爱国:《荀子"天人关系"辨正》,《管子学刊》2012 年第 4 期。

陈梦家:《战国楚帛书考》,《考古学报》1984 年第 2 期。

陈民镇:《〈系年〉"故志"说——清华简〈系年〉性质及撰作背

景刍议》,《邯郸学院学报》2012 年第 2 期。

陈民镇:《齐长城新研:从清华简〈系年〉看齐长城的若干问题》,《中国史研究》2013 年第 3 期。

陈民镇:《清华简〈心是谓中〉首章心论的内涵与性质》,《中国哲学史》2019 年第 3 期。

陈桐生:《论孔子政治思想的真实内涵——"雍也可使南面"发微》,《江西师范大学学报(哲学社会科学版)》2014 年第 2 期。

陈伟:《清华大学藏竹书〈系年〉的文献学考察》,《史林》2013 年第 1 期。

陈颖飞:《楚悼王初期的大战与楚封君——清华简〈系年〉札记之一》,《文史知识》2012 年第 5 期。

陈颖飞:《论清华简〈子犯子余〉的几个问题》,《文物》2017 年第 6 期。

程元敏:《〈礼记·中庸、坊记、缁衣〉非出于〈子思子〉考》,载王国璎主编:《张以仁先生七十秩寿庆论文集》上册,(台北)学生书局,1999。

崔存明:《天人相参:中国文化的智慧》,《光明日报》2014 年 5 月 14 日。

崔仁义:《荆门楚墓出土的〈老子〉初探》,《荆门社会科学》1997 年第 5 期。

邓骏捷:《"诸子出于王官"说与汉家学术话语》,《中国社会科学》2017 年第 9 期。

邓佩玲:《谈上博简〈鬼神之明〉的学派问题》,《古代文明》2015 年第 1 期。

丁四新:《春秋战国时期"忠"观念的演进——以儒家文献为主

线，兼论忠孝、忠信与忠恕观念》，载吴根友主编：《学鉴（第 2 辑）》，武汉大学出版社，2008。

丁四新：《论楚简〈鬼神〉篇的鬼神观及其学派归属》，载郭齐勇主编：《儒家文化研究》第 1 辑《新出楚简研究专号》，生活·读书·新知三联书店，2007。

丁四新：《略论郭店楚简〈五行〉思想》，《孔子研究》2000 年第 3 期。

东方朔：《"无君子则天地不理"——荀子思想中作为政治之理想人格的君子》，《邯郸学院学报》2015 年第 4 期。

董楚平：《中国上古创世神话钩沉——楚帛书甲篇解读兼谈中国神话的若干问题》，《中国社会科学》2002 年第 5 期。

董珊：《读清华简〈系年〉》，载氏著：《简帛文献考释论丛》，上海古籍出版社，2014。

方铭：《先秦文人君子人格的丰富性探讨——以屈原为中心的考察》，《中国文化研究》2002 年第 4 期。

冯国超：《郭店楚墓竹简研究述评（下）》，《哲学研究》2001 年第 4 期。

冯胜君：《有关战国竹简国别问题的一些前提性讨论》，载中国古文字研究会编：《古文字研究（第 26 辑）》，中华书局，2006。

冯时：《〈郑子家丧〉与〈铎氏微〉》，《考古》2012 年第 2 期。

冯时：《六经为教与儒学的形成——论孔子正〈诗〉与〈诗〉教之重建》，《中原文化研究》2015 年第 1 期。

付林鹏：《乐仪之教与周代的君子威仪》，《中国文化研究》2014 年第 3 期。

傅荣贤：《简帛文献与我国早期图书和图书馆的基本面貌》，《国家图书馆学刊》2009年第3期。

高华平、李璇:《由楚地出土简帛文献看"六经"在楚国的传播》,《文献》2015年第4期。

高华平:《论〈吕氏春秋〉对先秦诸子百家的学术批评》,《暨南学报（哲学社会科学版）》2018年第3期。

葛亮:《〈上博七·郑子家丧〉补说》,载复旦大学出土文献与古文研究会编:《出土文献与古文字研究（第4辑）》,上海古籍出版社,2012。

葛志毅:《论中国古代学术史研究之源起》,《河北学刊》2013年第6期。

顾颉刚:《从〈吕氏春秋〉推测〈老子〉之成书年代》,载氏著:《古史辨》第四册,上海古籍出版社,1982。

郭丹:《从郭店楚简看先秦时期对儒家六经功用的认识》,《福建师范大学学报（哲学社会科学版）》2012年第6期。

郭梨华:《〈亘先〉及先秦道家哲学论题探究》,《中国哲学史》2008年第2期。

郭沫若:《稷下黄老学派的批判》,载氏著:《十批判书》,东方出版社,1996。

郭齐勇:《上博楚简所见孔子为政思想及其与〈论语〉比较》,载郭齐勇主编:《儒家文化研究》第1辑《新出楚简研究专号》,生活·读书·新知三联书店,2007。

郭齐勇:《上博楚简有关孔子师徒的对话与故事》,载武汉大学简帛研究中心主编:《简帛（第10辑）》,上海古籍出版社,2015。

郭沂:《从郭店楚简〈老子〉看老子其人其书》,《哲学研究》1998年第7期。

韩德民:《荀子"制天命"说新解》,《中国文化研究》1999年第4期。

韩高年:《春秋教育制度与文章文体的研习与传承》,《西北师大学报(社会科学版)》2017年第1期。

韩高年:《子产生平、辞令及思想新探——以清华简〈子产〉〈良臣〉等为中心》,《中原文化研究》2019年第3期。

韩巍:《西汉竹书〈老子〉的文本特征和学术价值》,载北京大学出土文献研究所编:《北京大学藏西汉竹书(贰)》,上海古籍出版社,2012。

韩巍:《西汉竹书〈周驯〉若干问题的探讨》,载北京大学出土文献研究所编:《北京大学藏西汉竹书(叁)》,上海古籍出版社,2015。

韩伟涛:《出土文献中的"君子"新义》,《寻根》2018年第5期。

侯文学、李明丽:《清华简〈系年〉的叙事体例、核心与理念》,《华夏文化论坛》2012年第2期。

胡发贵:《试论孔子君子人格的要义》,《江苏大学学报(社会科学版)》2016年第1期。

华仲麎:《诸子与诸子学》,《孔孟月刊》1984年第12期。

桓占伟:《百家争鸣中的共鸣——以战国诸子"义"思想为中心的考察》,《史学月刊》2014年第6期。

黄德宽:《略论新出战国楚简〈诗经〉异文及其价值》,《安徽大学学报(哲学社会科学版)》2018年第3期。

黄德宽:《清华简〈赤鹄之集汤之屋〉与先秦"小说"——略说清华简对先秦文学研究的价值》,《复旦学报(社会科学版)》2013年第4期。

黄国辉:《重论上博简〈昭王毁室〉的文本与思想》,《历史研究》

2017 年第 4 期。

黄人二:《上博藏简〈昭王毁室〉试释》,《考古学报》2008 年第 4 期。

贾海生:《上博简〈内礼〉发覆》,《人文论丛》2014 年第 2 期。

姜广辉:《"清华简"鉴定可能要经历一个长期过程——再谈对〈保训〉篇的疑问》,《光明日报》2009 年 6 月 8 日。

姜广辉:《〈保训〉十疑》,《光明日报》2009 年 5 月 4 日。

姜广辉:《〈保训〉疑伪新证五则》,《中国哲学史》2010 年第 3 期。

姜广辉:《郭店楚简与〈子思子〉——兼谈郭店楚简的思想史意义》,《哲学研究》1998 年第 7 期。

姜勇:《从〈论语〉的"界限"看孔子遗说的分类编纂——兼及上博简〈孔子诗论〉的史证价值》,《孔子研究》2019 年第 1 期。

金景芳:《战国四家五子思想论略——儒家孟子、荀子,墨家墨子,道家庄子,法家韩非子》,《吉林大学社会科学学报》1980 年第 1 期。

孔德立:《郭店楚简所见子思的修身思想》,《管子学刊》2002 年第 1 期。

孔德立:《子思五行说的来源》,《齐鲁学刊》2010 年第 3 期。

匡钊:《简书〈性自命出〉中"道四术"探析》,《江汉论坛》2012 年第 7 期。

匡钊:《早期儒家的德目划分》,《哲学研究》2014 年第 7 期。

李翠叶、尚学锋:《"孔子遗说"的记纂与儒家杂记类文献的文体功能》,《孔子研究》2016 年第 3 期。

李存山:《"郭店竹简与思孟学派"复议》,载郭齐勇主编:《儒家文化研究》第 1 辑《新出楚简研究专号》,生活·读书·新知三联书店，2007。

李存山：《从郭店楚简看早期道儒关系》，载国际儒联学术委员会编：《中国哲学》第20辑《郭店楚简研究》，辽宁教育出版社，1999。

李存山：《反思经史关系：从"启攻益"说起》，《中国社会科学》2003年第3期。

李存山：《先秦儒家的政治伦理教科书——读楚简〈忠信之道〉及其他》，《中国文化研究》1998年第4期。

李福建：《〈荀子〉之"子弓"为"仲弓"而非"馯臂子弓"新证——兼谈儒学之弓荀学派与思孟学派的分歧》，《孔子研究》2013年第3期。

李刚：《〈太一生水〉新探——论〈太一生水〉在老子和黄老之学之间的承前启后作用》，《安徽大学学报（哲学社会科学版）》2018年第1期。

李加武、欧阳祯人：《郭店楚简〈穷达以时〉天人关系新探》，《南昌大学学报（人文社会科学版）》2015年第2期。

李健胜：《"子思之儒"著述辨正》，《中原文化研究》2018年第1期。

李健胜：《出土简牍所见"亲亲相隐"观念的形成及其权力属性——兼谈法律儒家化问题》，载邬文玲、戴卫红主编：《简帛研究2019（春夏卷）》，广西师范大学出版社，2019。

李景林、王觅泉：《简帛文献与孔子后学思想之内转趋势》，《社会科学战线》2011年第6期。

李均明：《清华简〈邦家之政〉的为政观》，《清华大学学报（哲学社会科学版）》2018年第6期。

李均明：《清华简〈邦家之政〉所反映的儒墨交融》，《中国哲学史》2019年第3期。

李零:《重归古典——兼说胡适、冯友兰异同》,载氏著:《去圣乃得真孔子:〈论语〉纵横谈读》,生活·读书·新知三联书店,2014。

李零:《楚帛书的再认识》,载氏著:《李零自选集》,广西师范大学出版社,1998。

李零:《楚帛书与"式图"》,《江汉考古》1991年第1期。

李零:《从简帛发现看古书的体例和分类》,《中国典籍与文化》2001年第1期。

李零:《关于银雀山简本〈孙子〉研究的商榷——〈孙子〉著作时代和作者的重议》,载中华书局编辑部编:《文史(第7辑)》,中华书局,1979。

李零:《三代考古的历史断想——从最近发表的上博楚简〈容成氏〉、燹公盨和虞逑诸器想到的》,载刘东主编:《中国学术(第14辑)》,商务印书馆,2003。

李零:《说"黄老"》,载氏著:《李零自选集》,广西师范大学出版社,1998。

李零:《先秦诸子的思想地图——读钱穆〈先秦诸子系年〉》,载氏著:《何枝可依:待兔轩读书记》,生活·读书·新知三联书店,2009。

李锐、卢坤:《信阳长台关楚简索隐》,《华夏考古》2016年第3期。

李锐:《"六家""九流十家"与"百家"》,《中国哲学史》2005年第3期。

李锐:《对出土简帛古书学派判定的思索》,《人文杂志》2012年第6期。

李锐:《郭店楚墓竹书学派判定研究述评》,载饶宗颐主编:《华学（第 11 辑）》，中山大学出版社，2014。

李锐：《论上博简〈鬼神之明〉篇的学派性质——兼说对文献学派属性判定的误区》，《湖北大学学报（哲学社会科学版）》2009 年第 1 期。

李锐：《由清华简〈系年〉谈战国初楚史年代的问题》，《史学史研究》2013 年第 2 期。

李锐：《早期中国的天人合一》，《北京师范大学学报（社会科学版）》2019 年第 1 期。

李锐：《子学与经学的传承比较》，《清华大学学报（哲学社会科学版）》2013 年第 2 期。

李若晖：《"儒墨"连及与墨家消亡的时间》，载氏著：《思想与文献》，上海古籍出版社，2010。

李守奎：《〈越公其事〉与勾践灭吴的历史事实及故事流传》，《文物》2017 年第 6 期。

李守奎：《〈郑武夫人规孺子〉中的丧礼用语与相关的礼制问题》，《中国史研究》2016 年第 1 期。

李守奎：《汉代伊尹文献的分类与清华简中的伊尹》，《深圳大学学报（人文社会科学版）》2015 年第 3 期。

李天虹：《从〈性自命出〉谈孔子与诗、书、礼、乐》，《中国哲学史》2000 年第 4 期。

李笑岩：《论先秦黄老之学"内圣治心"理论》，《国学学刊》2016 年第 2 期。

李学勤、李零：《平山三器与中山国史的若干问题》，《考古学报》1979 年第 2 期。

李学勤：《〈管子·心术〉等篇的再考察》，载氏著：《古文献丛论》，上海远东出版社，1996。

李学勤：《〈归藏〉与清华简〈筮法〉〈别卦〉》，《吉林大学社会科学学报》2014年第1期。

李学勤：《〈诗论〉的体裁和作者》，载朱渊清、廖名春主编：《上博馆藏战国楚竹书研究》，上海书店出版社，2002。

李学勤：《〈筮法〉〈别卦〉与〈算表〉》，《中国文化报》2014年1月14日。

李学勤：《初识清华简》，载氏著：《通向文明之路》，商务印书馆，2010。

李学勤：《从新出楚简看齐鲁文化的影响》，载王志民主编：《齐鲁文化研究（第2辑）》，齐鲁书社，2003。

李学勤：《郭店楚简与儒家经籍》，载国际儒联学术委员会编：《中国哲学》第20辑《郭店楚简研究》，辽宁教育出版社，1999。

李学勤：《郭店简"君子贵诚之"试解》，《中国历史人物》2002年第1期。

李学勤：《简帛书籍的发现及其意义》，载氏著：《中国古代文明研究》，华东师范大学出版社，2009。

李学勤：《荆门郭店楚简所见关尹遗说》，载国际儒联学术委员会编：《中国哲学》第20辑《郭店楚简研究》，辽宁教育出版社，1999。

李学勤：《荆门郭店楚简中的〈子思子〉》，载国际儒联学术委员会编：《中国哲学》第20辑《郭店楚简研究》，辽宁教育出版社，1999。

李学勤：《孔孟之间和老庄之间》，载氏著：《文物中的古文明》，商务印书馆，2008。

李学勤：《论清华简〈保训〉的几个问题》，《文物》2009年第6期。

李学勤:《论清华简〈周公之琴舞〉的结构》,《深圳大学学报（人文社会科学版）》2013 年第 1 期。

李学勤:《清华简〈厚父〉与〈孟子〉引〈书〉》,《深圳大学学报（人文社会科学版）》2015 年第 3 期。

李学勤:《清华简〈筮法〉与数字卦问题》,《文物》2013 年第 8 期。

李学勤:《清华简〈系年〉及有关古史问题》,《文物》2011 年第 3 期。

李学勤:《清华简九篇综述》,《文物》2010 年第 5 期。

李学勤:《清华简再现〈尚书〉佚篇》,《中国教育报》2014 年 9 月 5 日。

李学勤:《清华简整理工作的第一年》,《清华大学学报（哲学社会科学版）》2009 年第 5 期。

李学勤:《试论长沙子弹库楚帛书残片》,《文物》1992 年第 11 期。

李学勤:《试释楚简〈鲍叔牙与隰朋之谏〉》,《文物》2006 年第 9 期。

李学勤:《太一生水的数术解释》,载陈鼓应主编:《道家文化研究》第 17 辑《"郭店楚简"专号》,生活·读书·新知三联书店,1999。

李学勤:《谈楚简〈慎子〉》,《中国文化》2007 年第 2 期。

李学勤:《先秦儒家著作的重大发现》,载国际儒联学术编员会编:《中国哲学》第 20 辑《郭店楚简研究》,辽宁教育出版社,1999。

李学勤:《新整理清华简六种概述》,《文物》2012 年第 8 期。

李学勤:《信阳楚墓中发现最早的战国竹书》,《光明日报》1957 年 11 月 27 日。

李学勤:《由清华简〈系年〉论〈纪年〉的体例》,《深圳大学学报（人文社会科学版）》2012 年第 2 期。

李学勤:《有关春秋史事的清华简五种综述》,《文物》2016年第3期。

李学勤:《长台关竹简中的〈墨子〉佚篇》,载四川大学历史系编:《徐中舒先生九十寿辰纪念文集》,巴蜀书社,1990。

李裕民:《郭店楚墓的年代与墓主新探》,《陕西师范大学学报(哲学社会科学版)》2000年第3期。

李源澄:《儒墨道法四家学术之比较》,《学术世界》1935年第5期。

李玥凝:《秦简"君子子"含义初探》,《鲁东大学学报(哲学社会科学版)》2016年第3期。

李泽厚:《初读郭店楚简印象记要》,载国际儒联学术委员会编:《中国哲学》第21辑《郭店简与儒学研究》,辽宁教育出版社,2000。

李振宏:《论"先秦学术体系"的汉代生成》,《河南大学学报(社会科学版)》2008年第2期。

连劭名:《长沙楚帛书与中国古代宇宙论》,《文物》1991年第12期。

连秀丽:《楚铭所见儒家道德对楚文化的影响》,《北方论丛》2011年第4期。

梁静:《上博楚简〈从政〉研究》,《故宫博物院院刊》2013年第4期。

梁静:《上博楚简〈内礼〉研究》,《文献》2012年第4期。

梁静:《上博楚简〈仲弓〉篇研究》,《中国典籍与文化》2013年第1期。

梁静:《上博楚简〈子贡〉篇研究》,《考古与文物》2014年第4期。

梁涛:《〈唐虞之道〉研读》,《国学学刊》2014年第2期。

梁涛:《〈庄子·天下〉篇"内圣外王"本意发微》,《哲学研究》

2013 年第 12 期。

梁涛:《二重证据法:疑古与释古之间——以近年出土文献研究为例》,《中国社会科学》2013 年第 2 期。

梁涛:《郭店竹简与"君子慎独"》,《光明日报》2000 年 9 月 15 日。

梁涛:《清华简〈保训〉与儒家道统说——兼论荀子在道统中的地位问题》,《邯郸学院学报》2013 年第 1 期。

梁涛:《清华简〈厚父〉与中国古代"民主"说》,《哲学研究》2018 年第 11 期。

梁涛:《荀子"天人之分"辨正》,《邯郸师专学报》2003 年第 4 期。

梁涛:《战国时期的禅让思潮与"大同""小康"说——兼论〈礼运〉的作者与年代》,载刘笑敢主编:《中国哲学与文化》第 6 辑《简帛文献与新启示》,广西师范大学出版社,2009。

梁涛:《竹简〈穷达以时〉与早期儒家天人观》,《哲学研究》2003 年第 4 期。

梁韦弦:《郭店简、上博简中的禅让学说与中国古史上的禅让制》,《史学集刊》2006 年第 3 期。

廖名春:《"六经"次序探源》,《历史研究》2002 年第 2 期。

廖名春:《郭店楚简与〈诗经〉》,《文学前沿》2000 年第 1 期。

廖名春:《郭店简〈六德〉篇新读》,《中原文化研究》2017 年第 3 期。

廖名春:《论六经并称的时代兼及疑古说的方法论问题》,《孔子研究》2000 年第 1 期。

廖名春:《清华简〈系年〉管窥》,《深圳大学学报(人文社会科学版)》2012 年第 3 期。

廖名春:《上博〈诗论〉简的作者和作年——兼论子羔也可能传

〈诗〉》,《齐鲁学刊》2002 年第 2 期。

廖名春:《上博楚竹书〈鲁司寇寄言游于逡楚〉篇考辨》,《中华文史论丛》2011 年第 4 期。

廖名春:《上海博物馆藏诗论简校释》,《中国哲学史》2002 年第 1 期。

林启屏:《心性与性情:先秦儒学思想中的"人"》,《文史哲》2011 年第 6 期。

林素清:《上博四〈内礼〉篇重探》,载武汉大学简帛研究中心主编:《简帛(第 1 辑)》,上海古籍出版社,2006。

林素英:《〈六德〉研读》,《国学学刊》2014 年第 2 期。

林志鹏:《仲弓任季氏宰小考》,《孔子研究》2010 年第 4 期。

刘冬颖:《出土文献与先秦时期的楚地儒家传〈诗〉》,《文学遗产》2009 年第 2 期。

刘冬颖:《上博简〈民之父母〉与孔子的"君子"观念》,《古籍整理研究学刊》2004 年第 4 期。

刘冬颖:《上博简〈中弓〉与早期儒学传承的再评价》,《社会科学战线》2005 年第 3 期。

刘光胜:《"儒分为八"与早期儒家分化趋势的生成》,《清华大学学报(哲学社会科学版)》2015 年第 2 期。

刘光胜:《〈大学〉成书问题新探——兼谈朱熹怀疑〈曾子〉十篇真实性的内在思想根源》,《文史哲》2012 年第 3 期。

刘光胜:《〈性自命出〉"两重境界"说》,《甘肃社会科学》2015 年第 1 期。

刘光胜:《出土文献与早期儒学传播》,《平顶山学院学报》2008 年第 3 期。

刘光胜:《德刑分途:春秋时期破解礼崩乐坏困局的不同路径——

以清华简〈子产〉为中心的考察》,《孔子研究》2019 年第 1 期。

刘光胜:《孔孟之间儒家天人之学的转进》,《中国哲学史》2014 年第 1 期。

刘光胜:《同源异途:清华简〈书〉类文献与儒家〈尚书〉系统的学术分野》,《中国高校社会科学》2017 年第 2 期。

刘光胜:《先秦学派的判断标准与郭店儒简学术思想的重新定位》,《上海交通大学学报(哲学社会科学版)》2010 年第 6 期。

刘国忠:《清华简〈治邦之道〉初探》,《文物》2018 年第 9 期。

刘九勇:《早期儒家秩序观中理想与现实的"二重奏"》,《北方论丛》2017 年第 3 期。

刘乃寅:《中国历史编纂的起源》,《中国史研究》1990 年第 2 期。

刘奇:《〈吕氏春秋〉君子观探析》,《南昌大学学报(人文社会科学版)》2018 年第 3 期。

刘全志:《论清华简〈系年〉的性质》,《中原文物》2013 年第 6 期。

刘全志:《清华简〈系年〉"王子定"及相关史事》,《文史知识》2013 年第 6 期。

刘信芳:《简帛〈五行〉核心内容及思想性质》,《学术界》2014 年第 6 期。

刘信芳:《竹书〈鲍叔牙〉与〈管子〉对比研究的几个问题》,《文献》2007 年第 1 期。

刘绪义:《墨子是先秦"新儒家"论——从墨子"非儒"看儒墨关系》,《云梦学刊》2010 年第 2 期。

刘重来:《略论先秦诸子典籍的史学价值》,《文献》1998 年第 4 期。

刘祖信:《郭店一号墓概述》,载〔美〕艾兰、〔英〕魏克彬编,邢文编译:《郭店〈老子〉:东西方学者的对话》,学苑出版社,

2003。

　　龙永芳:《湖北荆门发现一枚遗漏的"郭店楚简"》,《中国文物报》2002 年 5 月 3 日。

　　罗恭:《从清华简〈系年〉看齐长城的修建》,《文史知识》2012年第 7 期。

　　罗新慧:《从郭店楚简看孔、孟之间的儒学变迁》,《中国哲学史》2000 年第 2 期。

　　罗新慧:《孔子的历史观、入仕观及其它——从上博楚竹书〈仲弓〉篇谈起》,《史学史研究》2005 年第 3 期。

　　罗新慧:《上博楚简〈内礼〉与〈曾子〉十篇》,《齐鲁学刊》2009 年第 4 期。

　　罗新慧:《周代天命观念的发展与嬗变》,《历史研究》2012 年第 5 期。

　　罗新慧:《周代威仪辨析》,《北京师范大学学报（社会科学版）》2017 年第 6 期。

　　罗运环:《清华简〈系年〉体裁及相关问题新探》,《湖北社会科学》2015 年第 3 期。

　　马楠:《清华简〈郑文公问太伯〉与郑国早期史事》,《文物》2016 年第 3 期。

　　蒙文通:《略论黄老学》,载氏著:《先秦诸子与理学》,广西师范大学出版社,2006。

　　牛新房:《楚竹书〈容成氏〉补议》,《中国历史文物》2010 年第 4 期。

　　庞朴:《古墓新知——漫读郭店楚简》,载国际儒联学术委员会编:《中国哲学》第 20 辑《郭店楚简研究》,辽宁教育出版社,1999。

庞朴：《孔孟之间——郭店楚简的思想史地位》，《中国社会科学》1998 年第 5 期。

庞朴：《孔孟之间——郭店楚简中的儒家心性说》，载国际儒联学术委员会编：《中国哲学》第 20 辑《郭店楚简研究》，辽宁教育出版社，1999。

庞朴：《一种有机的宇宙生成图式》，载陈鼓应主编：《道家文化研究》第 17 辑《"郭店楚简"专号》，生活·读书·新知三联书店，1999。

彭国翔：《从出土文献看宋明理学与先秦儒学的连贯性——郭店与上博儒家文献的启示》，《中国社会科学》2007 年第 4 期。

彭林：《儒、道两家的性情论与天道观——从郭店楚简看儒、道性情同异》，载李学勤、谢桂华主编：《简帛研究（2002—2003）》，广西师范大学出版社，2005。

彭裕商：《禅让说源流及学派兴衰——以竹书〈唐虞之道〉〈子羔〉〈容成氏〉为中心》，《历史研究》2009 年第 3 期。

骈宇骞：《出土典籍分类述略》，《中国典籍与文化》2005 年第 2 期。

钱穆：《刘向歆父子年谱》，载氏著：《两汉经学今古文评议》，商务印书馆，2001。

乔治忠、童杰：《〈世本〉成书年代问题考论》，《史学集刊》2010 年第 5 期。

邱德修：《从上博、郭店楚简看战国儒墨之交流》，载《传统中国研究集刊》编委会编：《传统中国研究集刊（第 2 辑）》，上海人民出版社，2006。

裘锡圭：《郭店〈老子〉简初探》，载陈鼓应主编：《道家文化研究》第 17 辑《"郭店楚简"专号》，生活·读书·新知三联书店，1999。

裘锡圭:《马王堆〈老子〉甲乙本卷前后佚书与"道法家"——兼论〈心术上〉〈白心〉为慎到田骈学派作品》,载氏著:《文史丛稿——上古思想、民俗与古文字学史》,上海远东出版社,1996。

饶宗颐:《由尊卢氏谈到上海竹书(二)的〈容成氏〉——兼论其与墨家关系及其它问题》,载香港城市大学中国文化中心编:《九州学林(第十一辑)》,香港城市大学中国文化中心,2006。

任继愈:《郭店竹简与楚文化》,载武汉大学中国文化研究院编:《郭店楚简国际学术研讨会论文集》,湖北人民出版社,2000。

任继愈:《先秦哲学无"六家"——读司马谈〈论六家要旨〉》,《文汇报》1963年5月21日。

任蜜林:《论竹简〈五行〉的君子思想》,载王中江、李存山主编:《中国儒学(第11辑)》,中国社会科学出版社,2016。

商承祚:《战国楚帛书述略》,《文物》1964年第9期。

商志䶣:《记商承祚教授藏长沙子弹库楚国残帛书》,《文物》1992年第11期。

沈建华:《初读清华简〈心是谓中〉》,载中国文化遗产研究院编:《出土文献(第13辑)》,中西书局,2018。

石群勇:《〈诗经〉君子观探析》,《船山学刊》2010年第2期。

石小力:《清华简〈虞夏殷周之治〉与上古礼乐制度》,《清华大学学报(哲学社会科学版)》2018年第5期。

史树青:《信阳长台关出土竹书考》,《北京师范大学学报》1963年第4期。

宋立林:《〈缪和〉〈昭力〉与孔子易教》,《周易研究》2010年第6期。

宋立林:《楚简〈尊德义〉与孔门教化政治观》,《中山大学学报

（社会科学版）》2017年第6期。

宋立林：《上博简〈君子为礼〉与颜氏之儒》，《中国哲学史》2014年第4期。

宋立林：《由新出简帛〈忠信之道〉〈从政〉看子张与子思之师承关系》，《哲学研究》2011年第7期。

宋立林：《仲弓之儒的思想特征及学术史地位》，《现代哲学》2012年第3期。

孙次舟：《跋〈古史辨〉第四册并论老子之有无》，载罗根泽编著：《古史辨》第六册，上海古籍出版社，1982。

孙沛阳：《简册背划线初探》，载复旦大学出土文献与古文字研究中心编：《出土文献与古文字研究（第4辑）》，上海古籍出版社，2012。

谭宝刚：《近十年来国内郭店楚简〈太一生水〉研究述评》，《史学月刊》2007年第7期。

王博：《〈诗〉学与心性学的开展》，《中国社会科学》2013年第2期。

王博：《关于郭店楚墓竹简〈老子〉的结构与性质——兼论其与通行本〈老子〉的关系》，载陈鼓应主编：《道家文化研究》第17辑《"郭店楚简"专号》，生活·读书·新知三联书店，1999。

王锷：《战国楚简的发现和〈礼记〉研究的反思》，《图书与情报》2006年第3期。

王红霞：《上博简〈鬼神之明〉学派考辨——兼论鬼神研究中的思维定式问题》，《孔子研究》2016年第1期。

王晖：《出土文字资料与五帝新证》，《考古学报》2007年第1期。

王晖：《试论〈吴问〉的或文年代及其相关问题》，《东南文化》1993年第2期。

王晖:《智、圣之辨与早期儒家的认知观》,《中国哲学史》2012年第1期。

王连龙:《慈利楚简〈大武〉校读六则》,《考古》2012年第3期。

王沛:《〈论语〉法观念的再认识:结合出土文献的考察》,《华东政法大学学报》2012年第1期。

王齐洲:《"威仪"与"气志":孔子〈诗〉教的人格取向》,《清华大学学报(哲学社会科学版)》2013年第1期。

王启发:《历史的记忆与形而上之道及早期儒家的政治伦理——以郭店楚简儒家类文献为中心》,《晋阳学刊》2017年第6期。

王青:《论上博简〈容成氏〉篇的性质与学派归属问题》,《河北学刊》2007年第3期。

王淑琴、曾振宇:《"友,君臣之道":郭店楚简与孟子友朋观互证》,《陕西师范大学学报(哲学社会科学版)》2015年第6期。

王永平:《郭店楚简研究综述》,《社会科学战线》2005年第3期。

王中江:《黄老学的法哲学原理、公共性和法律共同体理想》,载氏著:《简帛文明与古代思想世界》,北京大学出版社,2011。

魏衍华:《出土文献所见战国时期儒学的传布》,《现代哲学》2011年第5期。

吴根友:《"传贤不传子"的政治权力转移程序——上博简〈容成氏〉篇政治哲学的问题意识及其学派归属问题初探》,载郭齐勇主编:《儒家文化研究》第1辑《新出楚简研究专号》,生活·读书·新知三联书店,2007。

吴龙辉:《〈论语〉是儒家集团的共同纲领》,《湖南大学学报(社会科学版)》2010年第1期。

吴默闻:《治世之道与君子之德——〈礼记·缁衣〉的政治哲学

思想探析》,《湖湘论坛》2011年第2期。

夏大兆、黄德宽:《关于清华简〈尹至〉〈尹诰〉的形成和性质——从伊尹传说在先秦传世和出土文献中的流变考察》,《文史》2014年第3辑。

肖芸晓:《试论清华竹书伊尹三篇的关联》,载武汉大学简帛研究中心主编:《简帛(第8辑)》,上海古籍出版社,2013。

萧公权:《圣教与异端——从政治思想论孔子在中国文化史中的地位》,载王曰美主编:《儒家政治思想研究》,中华书局,2003。

萧毅:《九店竹书探研》,载丁四新主编:《楚地简帛思想研究(三)》,湖北教育出版社,2007。

谢耀亭、石敏:《君子治世:从郭店简〈缁衣〉看子思学派的政治思想》,《山西档案》2014年第6期。

谢耀亭:《耳目与圣智——出土材料所见的思想传统》,《孔子研究》2010年第6期。

辛德勇:《越王勾践徙都琅邪事析义》,《文史》2010年第1辑。

熊铁基:《从"稷下黄老"到"家人之言"——黄老道家的形成问题》,《中国哲学史》1993年第1期。

徐华:《上博简〈鬼神之明〉疑为〈董子〉佚文》,《文献》2008年第2期。

徐少华:《楚简与帛书〈五行〉篇章结构及其相关问题》,《中国哲学史》2001年第3期。

徐少华:《郭店一号楚墓年代析论》,《江汉考古》2005年第1期。

徐少华:《论竹书〈君子为礼〉的思想内涵与特征》,《中国哲学史》2007年第2期。

徐在国:《安徽大学藏战国竹简〈诗经〉诗序与异文》,《文物》

2017 年第 9 期。

许抗生:《初读郭店竹简〈老子〉》,载国际儒联学术委员会编:《中国哲学》第 20 辑《郭店楚简研究》,辽宁教育出版社,1999。

许兆昌、齐丹丹:《试论清华简〈系年〉的编纂特点》,《古代文明》2012 年第 2 期。

许兆昌:《从清华简〈系年〉看纪事本末体的早期发展》,载杜勇主编:《叩问三代文明:中国出土文献与上古史国际学术研讨会论文集》,中国社会科学出版社,2014。

许兆昌:《从仲弓四问看战国早期儒家的政治关注》,《史学月刊》2010 年第 9 期。

许倬云:《春秋战国间的社会变动》,载氏著:《求古编》,商务印书馆,2014。

薛柏成:《郭店楚简〈唐虞之道〉与墨家思想》,《吉林师范大学学报(人文社会科学版)》2006 年第 2 期。

杨博:《裁繁御简:〈系年〉所见战国史书的编纂》,《历史研究》2017 年第 3 期。

杨博:《楚简帛史学价值刍议》,《中原文化研究》2014 年第 1 期。

杨博:《论楚竹书与〈荀子〉思想的互摄——以古史人物活动事迹为切入点》,载中国文化遗产研究院编:《出土文献(第 5 辑)》,中西书局,2014。

杨博:《论史料解读的差异性——由楚竹书灾异文献中的旱灾母题入手》,《烟台大学学报(哲学社会科学版)》2015 年第 1 期。

杨博:《清华简〈系年〉所记战国早期战事之勾勒》,《宁波大学学报(人文科学版)》2018 年第 3 期。

杨博:《试论新出"语"类文献的史学价值——借鉴史料批判研

究模式的讨论》,《图书馆理论与实践》2016 年第 2 期。

杨博:《新出文献战国文本的叙述差异》,《中国社会科学院研究生院学报》2018 年第 5 期。

杨博:《邢台葛家庄玄镠戈考略》,《河北青年管理干部学院学报》2010 年第 2 期。

杨博:《战国楚竹书与儒家"理想社会"构建》,《南昌大学学报(人文社会科学版)》2019 年第 1 期。

杨博:《战国早期的"四战之地":清华简〈系年〉所记战国史事》,《文史知识》2015 年第 3 期。

杨朝明:《从孔子弟子到孟、荀异途——由上博竹书〈中弓〉思考孔门学术分别》,《齐鲁学刊》2005 年第 3 期。

杨朝明:《上博竹书〈从政〉篇与〈子思子〉》,《孔子研究》2005 年第 2 期。

杨栋:《从上博简看慎子的"君人之道"》,《社会科学战线》2014 年第 1 期。

杨隽:《"君子知乐"与周代贵族的艺术修养》,《中国高校社会科学》2018 年第 1 期。

杨泽生:《长台关竹书的学派性质新探》,《文史》2001 年第 4 期。

姚小鸥、陈潇:《先秦君子风范与〈曹风·鸤鸠〉篇的解读》,《中国文化研究》2008 年第 3 期。

叶国良:《战国楚简中的"曲礼"论述》,载武汉大学简帛研究中心主编:《简帛(第 4 辑)》,上海古籍出版社,2006。

叶树勋:《上博楚简〈凡物流形〉的鬼神观探究》,《周易研究》2011 年第 3 期。

尤学工:《先秦史官与史学》,《史学史研究》2001 年第 4 期。

于凯：《上博楚简〈容成氏〉疏劄九则》，载朱渊清、廖名春主编：《上博馆藏战国楚竹书研究续编》，上海书店出版社，2004。

余英时：《古代知识阶层的兴起与发展》，载氏著：《士与中国文化》，上海人民出版社，1987。

余英时：《儒家的"君子"理想》，载氏著：《中国思想传统的现代诠释》，江苏人民出版社，2004。

袁宝泉、陈智贤：《谈〈诗经〉中的"君子"》，载氏著：《诗经探微》，花城出版社，1987。

张宝林：《〈诗经〉君子考论》，载夏传才主编：《诗经研究丛刊（第24辑）》，学苑出版社，2013。

张春海：《清华简〈系年〉或有助填补周代研究空白》，《中国社会科学报》2011年12月22日。

张岱年：《中国哲学中"天人合一"思想的剖析》，《北京大学学报（哲学社会科学版）》1985年第1期。

张海波：《从上博简孔子言论看孔子"君子观"》，《唐都学刊》2016年第4期。

张瀚墨：《新出文本与历史真实：王位继承语境下清华简〈保训〉篇解读及相关问题讨论》，《浙江大学学报（人文社会科学版）》2019年第2期。

张焕君：《论孔子礼学思想中的成人之道与君子养成》，《安徽史学》2012年第1期。

张阳：《先秦"故"体探析——由上博简中的"故"字句式谈起》，《清华大学学报（哲学社会科学版）》2019年第3期。

张铮：《湖南慈利出土楚简内容辨析》，《求索》2007年第6期。

张正明：《从考古资料看屈原在世时的楚国》，《贵州文史丛刊》

1998 年第 5 期。

赵光贤:《〈左传〉编撰考》,《中国历史文献研究集刊》1980 年第 1 集、1981 年第 2 集。

赵平安:《楚竹书〈容成氏〉的篇名及其性质》,载饶宗颐主编:《华学(第 6 辑)》,紫禁城出版社,2003。

郑吉雄:《试论子思遗说》,《文史哲》2013 年第 2 期。

郑杰文:《论战国墨家学派发展的四个阶段》,《周易研究》2011 年第 3 期。

周凤五:《读上博竹书〈从政〉甲篇札记》,载朱渊清、廖名春主编:《上博馆藏战国楚竹书研究续编》,上海书店出版社,2004。

周凤五:《郭店楚简〈忠信之道〉考释》,载国际儒联学术委员会编:《中国哲学》第 21 辑《郭店简与儒学研究》,辽宁教育出版社,2000。

周凤五:《郭店竹简的形式特征及其分类意义》,载武汉大学中国文化研究院编:《郭店楚简国际学术研讨会论文集》,湖北人民出版社,2000。

周凤五:《上博楚竹书〈彭祖〉重探》,载《传统中国研究集刊》编委会编:《传统中国研究集刊(第 1 辑)》,上海人民出版社,2006。

周淑萍:《郭店楚简与先秦学术思想史研究》,《西北工业大学学报(社会科学版)》2004 年第 2 期。

朱东润:《国风出自民间论质疑》,载氏著:《诗三百篇探故》,上海古籍出版社,1981。

朱凤瀚:《商周时期的天神崇拜》,《中国社会科学》1993 年第 4 期。

朱凤瀚:《新发现古文字资料对先秦史研究的推进》,《中国社会科学报》2009 年 9 月 24 日。

朱金发：《〈诗经〉"威仪"说》，《中州学刊》2017 年第 5 期。

朱渊清：《马承源先生谈上博简》，载朱渊清、廖名春主编：《上博馆藏战国楚竹书研究》，上海书店出版社，2002。

（二）学位论文

曹方向：《上博简所见楚国故事类文献校释与研究》，博士学位论文，武汉大学历史学院，2013。

柴永昌：《先秦儒家、道家、法家君道论研究》，博士学位论文，西北大学中国思想文化研究所，2014。

常佩雨：《上博简孔子言论研究》，博士学位论文，郑州大学文学院，2012。

陈成吒：《先秦老学考论》，博士学位论文，华东师范大学中国语言文学系，2014。

陈冬：《先秦儒法思想继承改造考——韩非对儒家思想之继承与改造》，博士学位论文，华东师范大学中国语言文学系，2014。

段丽丽：《郭店儒简人文精神研究》，博士学位论文，山东大学儒学高等研究院，2016。

冯雅仙：《郭店儒简治国之道研究》，硕士学位论文，山西大学历史文化学院，2015。

郭晨晖：《上博简〈凡物流形〉所见宇宙观及鬼神观研究》，硕士学位论文，北京师范大学历史学院，2013。

胡兰江：《七十子考》，博士学位论文，北京大学中国语言文学系，2002。

黄武智：《上博楚简"礼记类"文献研究》，博士学位论文，台湾中山大学中国文学系，2009。

蒋金金：《〈郭店楚简〉中儒家修身思想文献整理与研究》，硕士学位论文，集美大学文学院，2018。

李培志：《〈黄帝书〉与简帛〈老子〉思想渊源研究》，博士学位论文，河南大学历史文化学院，2010。

梁静：《上博楚简儒籍考论》，博士学位论文，北京大学中国语言文学系，2010。

刘承：《上博楚简与先秦儒家思想研究》，博士学位论文，郑州大学历史学院，2016。

刘建明：《清华简〈系年〉研究》，硕士学位论文，安徽大学历史文化学院，2014。

吕方：《先秦时代的"君子"与"小人"》，硕士学位论文，河南大学历史文化学院，2009。

石磊：《先秦至汉儒家天论新探》，博士学位论文，上海师范大学哲学与法政学院，2012。

苏晓威：《出土道家文献典籍考》，博士学位论文，北京大学中国语言文学系，2009。

孙德华：《子思学派考论》，博士学位论文，吉林大学古籍研究所，2010。

孙希国：《简帛文献〈五行〉篇与思孟学派》，博士学位论文，吉林大学古籍研究所，2012。

卫云亮：《楚国儒学研究》，博士学位论文，华中师范大学文学院，2014。

吴建国：《先秦儒家政治哲学研究》，博士学位论文，湖南师范大学公共管理学院，2014。

吴劲雄：《郭店楚简与诸子研究新视野》，博士学位论文，湖南大学岳麓书院，2015。

肖芸晓:《清华简简册制度考察》,硕士学位论文,武汉大学历史学院,2015。

许科:《上博简春秋战国故事类文献研究》,博士学位论文,四川大学历史文化学院,2008。

杨凡:《观念与名分——以〈论语〉为中心试论孔子的君子思想》,硕士学位论文,清华大学人文学院,2016。

张永祥:《理性的足迹:从孔子到孟子的学术思想演变研究》,博士学位论文,华东师范大学中国语言文学系,2013。

赵鹏璞:《战国政治地理格局研究》,博士学位论文,郑州大学历史学院,2018。

周学熙:《先秦君子观念研究》,硕士学位论文,河北大学历史学院,2016。

朱玲丽:《秦统治思想新探——以简牍为中心》,硕士学位论文,苏州大学社会学院,2015。

(三)网络论文

[美]顾史考:《上博七〈凡物流形〉上半篇试探》,复旦网,2009年8月24日。

[日]井上亘:《〈内豊〉篇与〈昔者君老〉篇的编联问题》,简帛研究网,2005年10月16日。

[日]浅野裕一:《〈凡物流形〉的结构》,简帛网,2009年1月23日。

[日]浅野裕一:《〈凡物流形〉的结构新解》,简帛网,2009年2月2日。

[日]浅野裕一:《上博楚简〈凡物流形〉之整体结构》,复旦网,2009年9月15日。

[日] 浅野裕一:《上博楚简〈王居〉之复原与解释》,复旦网,2011 年 10 月 21 日。

陈剑:《〈清华简(伍)〉与旧说互证两则》,复旦网,2015 年 4 月 14 日。

陈剑:《〈上博(八)·王居〉复原》,复旦网,2011 年 7 月 19 日。

陈伟:《不禁想起〈铎氏微〉——读清华简〈系年〉随想》,简帛网,2011 年 12 月 19 日。

陈伟:《读〈清华竹简(伍)〉札记(续)》,简帛网,2015 年 4 月 12 日。

复旦读书会:《〈上博七·郑子家丧〉校读》,复旦网,2008 年 12 月 31 日。

董珊:《上博简〈艸茅之外〉的再理解》,微信公众号"先秦秦汉史",2019 年 7 月 28 日。

复旦吉大古文字专业研究生联合读书会:《上博八〈王居〉〈志书乃言〉校读》,复旦网,2011 年 7 月 17 日。

复旦吉大古文字专业研究生联合读书会:《上博八〈子道饿〉校读》,复旦网,2011 年 7 月 11 日。

何有祖:《慈利楚简试读》,简帛网,2005 年 11 月 27 日。

何有祖:《慈利竹书与今本〈吴语〉试勘》,简帛网,2005 年 12 月 26 日。

李松儒:《香港中文大学藏战国简的归属》,复旦网,2010 年 6 月 7 日。

林志鹏:《读上博简第九册〈卜书〉札记》,简帛网,2013 年 3 月 11 日。

刘刚:《清华叁〈良臣〉为具有晋系文字风格的抄本补证》,复旦网，2013年1月10日。

清华读书会：《清华简第五册整理报告补正》，清华网，2015年4月8日。

史党社：《读上博简〈容成氏〉小记》，简帛研究网，2006年3月6日。

肖毅：《慈利竹书〈国语·吴语〉初探》，简帛网，2005年12月30日。

后　记

惶恐地呈现在诸位面前的这本小书的底本，是笔者博士学位论文的最后一部分《楚竹书于诸子学术与儒家政治思想研究之意义》。2015 年 5 月在北京大学李兆基人文学苑出土文献研究所举行的答辩，笔者至今仍历历在目。出土文献与古史研究，于笔者而言是一个庞大的学术命题，预答辩与答辩期间，李零、陈苏镇、赵平安、李守奎、陈絜、何晋、韩巍等诸位老师对这一部分所提意见尤多。尤记得陈絜老师建议，将来博士论文修改出版时可暂时将此部分搁下，仔细考虑后再单独出版。

2017 年 10 月，拙作《战国楚竹书史学价值探研》有幸蒙业师朱凤瀚先生提携，获得出土文献与中国古代文明研究协同创新中心的资助，忝列"北京大学出土文献与中国古代文明研究学术丛书"，由上海古籍出版社出版发行。

学术史、思想史体大精深，笔者一直自觉是门外汉。记得拟定博士学位论文写作提纲时，业师朱凤瀚先生多次强调，学术思想史也是史学研究之一种，对于稽究楚竹书的史学价值而言，学术思想史是非常重要的内容，是绕不开的。博士学位论文是攻博学术训练的一份答卷，自忖可首先从学习与模仿开始，故笔者在写作博士论文伊始，即参考晁福林、梁涛、曹峰、罗新慧、李锐、刘光胜、黄武智等诸位先生的研究成果。初稿完成后，笔者又截取部分内容，蒙梁涛、方勇、李若晖几位先生提携，陆续在"第二届国际青年儒学论坛""首届诸子学博士论坛""春秋时代的社会与思想学术研讨会"等学术会议上汇报，会上又得到廖名春、曹峰、李锐、匡钊、刘光胜等诸位先生的指点。本书有幸获得教育部、国家语委甲骨文等古文字研究与应用专项重点项目"北京大学藏秦、汉简牍文字、文本综合研究（YWZ-J020）"的资助，部分章节曾在期刊上发表。如：

第一章第一节：

《战国早期的"四战之地"——清华简〈系年〉所记战国史事》，《文史知识》2015 年第 3 期；

《清华竹书〈系年〉所记战国早期战事之勾勒》，《宁波大学学报（人文科学版）》2018 年第 3 期；

第一章第二节：

《论楚竹书与〈荀子〉思想的互摄》，载李学勤主编：《出土文献（第 5 辑）》，中西书局，2014；

《管仲相齐与早期黄老道家阴谋书》，载江林昌主编：《海岱学刊（第 20 辑）》，齐鲁书社，2020；

第二章第一节和第二节：

《试论新出"语"类文献的史学价值——借鉴史料批判研究模式的讨论》，《图书馆理论与实践》2016 年第 2 期；

《新出文献战国文本的差异叙述》，《中国社会科学院研究生院学报》2018 年第 5 期；

第二章第三节，第三章第一节：

《楚简帛史学价值浅议》，《中原文化研究》2014 年第 1 期；

《战国楚竹书早期儒、道"治世"学说的相互关系》,载方勇主编:《诸子学刊（第二十辑）》,上海古籍出版社,2020;

《墨家为何不再成为"显学"》,《解放日报》2020 年 6 月 3 日;

第三章第二节,第四章第一节:

《战国楚竹书与儒家"理想社会"构建》,《南昌大学学报（人文社会科学版）》2019 年第 1 期;

第四章第二节:

《楚竹书君子"治世"思想与战国秦汉社会》,《宁波大学学报（人文科学版）》2020 年第 4 期。

撰写本书时,笔者对上述内容进行了增补和调整。其中,绪论《君子:构筑政治理想社会的坚实基石》、第三章第一节《"天人有分"与君子"修己"》、第三章第二节《"君子"修己的目标》、结语《楚竹书"君子"思想与战国秦汉社会之互动》等均是新增的。需要指出的是,绪论部分的"楚竹书文献概说"原是笔者博士学位论文附录之一部分,鉴于其展示了战国楚竹书文献的基本情况和整体面貌,故附在绪论中。

本书的撰写和出版,与诸位师长对后学的提点、指教,相关期刊编辑的审定修改是分不开的。本书初稿改定后,蒙中国社会科学院古代史研究所王震中先生批阅并拨冗作序,并在卜宪群先生的鼎力推荐下,获得中华君子文化基金的资助。在此,向诸位师长致以最诚挚的谢意。感谢浙江大学何善蒙、彭鹏、乙小康诸先生的鼎力相助;感谢朱门、沈门的诸位师长同窗以及中国社会科学院古代史研究所同仁给笔者的关心与帮助;感谢九州出版社为本书出版付出的大量心力。

最后,还要特别感谢妻子王琳多年来无怨无悔的陪伴。她在照顾我生活起居的同时，还为小书的核校焚膏继晷。中国社会科学院古代史研究所笃实厚重的学风，既映照出我的不足，也指明了我今后努力的方向。小儿若木天真烂漫，拙稿的修订与他初入幼儿园的适应期重合，小小的人儿奋力适应新环境的努力，给初登学术思想史研究堂奥的我提供了无穷动力。三十而立，期待在走向不惑、知天命、耳顺的同时，能够开辟出越来越广阔的学术天地。

2019 年 11 月 18 日写于中山大学珠海校区

"第六届全国青年史学工作者会议"讨论间隙

2020 年 6 月 6 日改定于北京海淀和泓四季寓所